나 는
아 내 와 의
결 혼 을
후 회 한 다

KB058708

영원히 철들지 않는 남자들의 문화심리학

나는
아내와의
결혼을
후회한다

김정운 지음

21세기북스

● contents

그때는 정말 아내와의
결혼을 후회했다

이 책이 처음 나온 때가 2009년이니 벌써 6년이 지났다. 그러나 이 책의 내용은 여전히 현재진행형이다. 이 책을 통해 내가 이야기하고 싶었던 주체적인 삶, 재미와 행복이라는 궁극적 가치를 추구할 수 있는 삶은 그리 쉽게 얻어지는 것이 아니기 때문이다.

오늘날 한국의 중년 사내들에게 던져진 실존의 질문은 두 가지로 요약된다.

일단, 아주 독특하고 고통스러운 한국사회의 과거로부터 비롯되는 문제다. 이 땅의 사내들은 서구 사회가 수백 년에 걸쳐 이루어낸 근대화를 불과 수십 년 만에 해냈다는 자부심 이면에 숨겨진 소외감에 끊임없이 시달린다. 아무리 애를 써도 남성중심주의, 혹은 남근

중심주의라는 비판으로부터 누구도 자유로울 수 없다. 그 허전함은 진보, 혹은 보수라는 정치적 입장의 차이와는 아무 상관없다.

두 번째는 보다 현실적인 문제다. 생각보다 훨씬 오래 살아야 하기 때문이다. '평균수명 50세' 때에 만들어진 가치로 '평균수명 100세'를 살아가야 하는 데서 오는 문제다. 대부분 50대 중반이면 직장에서 은퇴한다. 그러나 은퇴한 후에도 멀쩡한 몸과 마음으로 최소한 30년 이상을 더 살아야 한다.

성실과 근면은 철저하게 평균수명 50세에 맞춰진 가치다. 그러나 평균수명 100세를 살면서 그저 성실하고 근면하게 살 수만은 없는 일이다. '평균수명 100세'의 가치는 재미, 행복이다. 100세 시대를 살려면 먹고사는 것보다 삶의 궁극적인 가치에 관심을 가져야 한다. 그러나 한 번도 그런 생각을 해본 적이 없다. 과거와 미래, 양쪽에서 다가오는 이 같은 문제들로 인해 시간이 흐를수록 한국 사내들의 실존적 질문은 더욱 구체적이고 명확해진다. 도대체 행복하냐는 거다!

지난 6년 동안 《나는 아내와의 결혼을 후회한다》는 30만 부 넘게 인쇄됐다. 일본어와 중국어로도 번역되었다. 많은 사내들이 내게 공감을 전해왔다. 그 사내들의 아내들도 내게 고맙다는 말을 전해왔다. 남편들이 차마 말하지 못하는, 마음 깊은 곳의 쓸쓸함을 이젠 이해할 수 있게 되었다고 한다. 요즘은 여성 독자들의 반응이 더 큰 듯하다. 지금은 제목에서 오는 오해가 많이 풀렸다.

책 제목 때문에 차마 아내들이 볼 수 없게 가방에 넣고 다녔다는 사람도 있었다. 그런 상황을 대비해서, 책을 디자인할 때부터 내가 배려한 것이 있었다. 표지의 커버를 벗겨내면 검은 바탕에 녹색 글씨로 아주 폼 나게 'Cultural Psychology of Masculinity'라고만 써 놓았다. 표지의 커버를 벗겨내고 들고 다니면 누가 봐도 폼 나는 학술서처럼 보이게 했다. 그러나 개정판에는 더 이상 그런 '꼼수'는 필요 없을 듯하다. 이제 누구나 아주 가끔은(!) 아내와의 결혼(혹은 남편과의 결혼)을 후회한다는 것을 솔직하게 이야기할 수 있는 세상이 되었기 때문이다. 그것만으로도 이 책의 존재 가치는 충분히 있었다고 생각한다.

이 책의 제목이 던지는 '결혼에 대한 후회'는 그저 상징적 질문일 뿐이다. 본질은 자신의 주체적 삶에 대한 성찰이 가능하냐는 것이다. 주체적 결정과 후회는 항상 동전의 양면처럼 맞물려 있다. 평균수명 100세 시대에 필요한 주체적 삶에 대한 성찰은 갈수록 더욱 중요해진다. 따라서 이 책이 던지는 문제 제기도 여전히 유효하다.

지금까지 이 책을 재미있게 읽어준 독자들께 감사드린다. 새롭게 읽어줄 미래의 독자들께도 감사드린다. 솔직히, 이 책보다 더 재미있는 책을 쓰기는 당분간 조금 어려울 듯하다. 그때는 정말 아내와의 결혼을 후회했었기 때문이다. 물론 아주 가끔.

요즘은? 그저 곁에서 밀려나지 않았으면 하는 바람뿐이다.

아…. 한 가지 더 밝혀야 할 것이 있다. 책이 충분히 팔렸음에도 불구하고 캠핑카를 사지 못했다. 아내가 인세를 모조리 압수해갔다. 그따위 발칙한 책 제목으로 번 돈은 모두 자신의 마음대로 쓰겠다는 거였다. 캠핑카를 응원해주신 독자들께 죄송하다.

그러나 내친김에 이젠 아예 내 친구 귀현이와 캠핑장을 할 궁리를 아주 진지하게 하고 있다. 진짜다.

2014년 12월
일본 교토 아라시야마에서

김 정 운

'가끔' 후회하는 남편과
'아주 가끔' 만족하는 아내는
'문명文明적 불만'이다!

책의 제목을 《나는 아내와의 결혼을 후회한다》로 했다고 하자, 아내가 묻는다.

"당신, 진짜로 나와 결혼한 걸 후회해?"

나는 약간 주저하다 대답했다.

"응, 가끔…."

아내는 잠시 창가로 고개를 돌렸다.

그러나 바로 몸을 내 쪽으로 향하며 이렇게 말했다.

"난, 만족하는데…."

내가 어찌 반응해야 할지 몰라 쭈뼛거리는데, 아내의 나지막한 한마디가 내 가슴을 깔끔하고도 깊숙하게 찌른다.

"아주 가끔….”

이렇게 '가끔' 후회하는 남편과 '아주 가끔' 만족하는 아내가 함께 사는 집이 우리만은 아닐 것이다.

노벨 경제학상을 받은 다니엘 카네만 교수는 '일상의 즐거움'을 행복의 가장 중요한 조건으로 생각했다. 그래서 사람들이 도대체 하루 중 언제 기분이 가장 좋은가를 구체적으로 조사했다. 피실험자들에게 삐삐를 채워주고, 매시간 신호를 보내줄 때마다 자신의 기분을 숫자로 표현하도록 했다. 연구 결과에서 아주 흥미로운 사실이 발견되었다.

30~40대 기혼 여성들의 '기분 그래프'에 아주 특이한 현상이 나타난 것이다. 기분이 아주 좋다가도 어느 특정한 순간, 기분이 곤두박질치는 경향이 공통적으로 관찰되었다. 그 시간이 얼추 비슷했다. 그 시간에 누구와 무엇을 했는가를 조사해보니, 대부분 남편이 막 퇴근했을 때였다. 함께 있으면 행복해야 할 사람과 같이 있는 시간이, 조금도 즐겁지 않다는 이야기다. 일부일처제의 비극이다.

부부관계만이 아니다.
왜 우리는 이토록 행복하기 힘든 것인가? 삶은 왜 이다지도 힘겨

운 것인가? 간단한 문제가 아니다. 인간 문명이 가지고 있는 본질적 한계이기 때문이다. 그래서 프로이트는 이를 '문명文明의 불만'으로 압축해 표현한다. 인간의 본능적 욕구를 억압하는 것을 기초로 생성된 '문명'은 그 본질에 있어 인간을 행복하게 만들어줄 수 없다는 게 프로이트의 결론이다. 내가 행복하지 않은 것은 '문명의 문제'라는 이야기다. 허나, 그렇다고 이런 식으로 평생 '세상에 불만을 갖고' 투덜거리며 살 수는 없는 일이다.

이 책은 왜 우리의 삶이 재미없는지, 행복하지 않은 이유는 도대체 무엇인지, 더 나은 삶에 대한 희망은 어디서 오는지, 아니 도대체 희망이 있기는 한지 등에 관한 '문화심리학적 해석'이다.

오늘날 각 분야의 전문가들은 서로 목소리를 높여 한국사회의 문제점을 지적한다. 대부분 경제나 사회구조에 관한 비판이다. 그러나 아쉽게도 가장 본질적인 문제를 지적하는 사람은 없다. '사람'의 문제다. 문화심리학적으로 한국사회의 가장 근본적인 문제는 '사는 게 재미없는 남자들'이다. 온갖 사회정의를 부르짖는 구호 뒤에 숨겨진 적개심, 분노, 공격성의 실체는 '재미없는 삶에 대한 불안'이다.

행복과 재미로 가득 찬 삶의 가능성에 대해 이야기하고 싶다.

개인의 구체적 삶의 조건에 관한 내 주장들이 '심리학적 환원주의'라고 비판받을 수 있겠다. 옳다. 그러나 '사회구조론적 환원주의'만큼 무책임한 이야기는 아니다. 그동안 우리는 아무도 책임지지 않는 사회·경제의 문제에 관한 거대담론에 일방적으로 설득을 강요당하며 살아왔다. 그러는 사이 오직 나만이 책임져야 할, 내 구체적 실존의 문제는 외면하도록 철저히 학습되었다. 그 결과 아무도 내 이야기를 하지 않는다. 공허한 '남의 이야기'뿐이다. 나도 마찬가지다.

2000년 독일에서 귀국한 후 오늘까지, 나는 "재미없는 삶은 삶이 아니다"라는 주장을 쉬지 않고 해왔다. 명지대학교 사회교육대학원에 국내 최초의 여가학 석사과정MLS인 '여가경영학과'를 설립해 '노는 문제'를 집중 연구하고 가르쳐왔다. 교수 이외에도, 한국여가문화학회 부회장, 휴먼경영연구원 원장, 명지대학교 여가문화센터 소장, 정부의 여가정책포럼 위원장 등등 현재 내가 맡고 있는 직함만 10개가 넘는다. 이렇게 전 국민의 노는 문제에 관여하며 정신없이 살다보니 벌써 10년이라는 시간이 흘렀다.

하루에도 수십 통의 강연 요청이 밀려든다. 그 전화를 다 받다 보면 내 일은 아예 엄두도 못 낸다. 이제 아예 강연 요청을 '거절하는' 비서를 따로 두고 있을 정도다.

아, 그러나 '잘 놀아야 한다, 행복해야 한다'는 주장을 하면서 정작 나 자신은 놀 시간이 하나도 없이 살았다. 즐겁거나 행복할 시간조차 없었다. 그러는 사이, 나는 내가 비판하던 그 문제 많은 한국의 중년 남성 가운데 하나가 되어 있었다. 쉽게 화내고, 자주 좌절하고, 사소한 자극에도 짜증부터 내는, 아주 전형적인 한국의 중년 남자.

이제까지 내가 했던 이야기를 처음부터 다시 해야 했다. 그러나 이젠 더 이상 '남의 이야기'가 아니라, 내 구체적인 이야기로 시작했다. 왜들 그렇게 아무 생각 없이 살고 있는가를 이젠 잘 이해할 수 있다. '내 문제'이기 때문이다. 그중에서도 하루도 빠지지 않고 내 불평과 갈등, 즐거움과 행복의 원인이 되는 내 아내 이야기부터 시작했다. 그래서 더욱 절절한 이야기다.

지난 2년 동안 삼성경제연구소 SERI CEO의 동영상 강의 '재미는 창조다'를 통해 '내 이야기'를 했다. 〈신동아〉의 '김정운 교수의 재미학 강의'와 〈월간조선〉의 '김정운의 클로즈업'에도 연재했다. 이것들을 정리해 책으로 묶었다. 정말 많은 분들이 내 이야기에 공감을 전해왔다. 과분할 정도의 관심과 사랑을 받았다. '남의 이야기'가 아니라, 사십대 후반의 철없는 '내 이야기'였기 때문이라고 생각한다. 삶의 재미는 '내 이야기'가 있을 때 생긴다. 건강한 사회는 각자의 '내

이야기'가 풍부한 사회다. 그래서 '스토리텔링의 시대'라고 하는 것
이다.

보다 많은 이들과 '내 이야기'를 나누고 싶다.

1

나 는

의

와 을

내 혼 다

아 결

후 회 한

CULTURAL PSYCHOLOGY
OF
MASCULINITY

하얀 침대시트에서는
누구나 잘할 수 있다

어쩌다 별 다섯 개짜리 '고급' 호텔에서 잠을 자면 너무 행복하다. 그런데 가만히 생각해보면 숙박비가 비싼 까닭만은 아닌 것 같다. 도대체 왜 초특급 호텔에선 그토록 기분이 좋은 것일까? 아니, 우리 집 침실에서는 고급호텔처럼 행복하지 않은 이유가 도대체 무엇일까? 무슨 차이일까?

한동안 내가 아주 골똘히 고민한 질문이다. 가끔 나는 이런 황당한 질문을 가지고 고민하느라 많은 시간을 보낸다. 내 가까운 후배인 고대 심리학과 허태균 교수는 이런 내 이야기를 듣더니 1초도 주저하지 않고 대답한다.

"형, 그건 간단해. 함께 자는 사람의 차이지!"

거 참, 맞는 이야기 같기는 하다. 참고로 허 교수의 별명은 '수컷의 향기'다. 가슴에 털까지 수북한 허 교수는 목욕하고 나올 때 와이셔츠에 넥타이까지 다 맨 다음에야, 비로소 팬티를 입는다. 그만큼 자신 있다는 거다. 그는 세상의 모든 남자를 둘로 분류한다. 팬티를 '가장 먼저 입는 남자'와 '가장 나중에 입는 남자'.

목욕탕에 갈 때마다 나를 한없이 동물적 열등감에 빠뜨리는 허 교수의 설명이 타당하기는 하다. 하지만 내 삶에 구체적인 도움은 안된다. 한참을 고민한 끝에, 우리 집 침실과 고급호텔의 결정적인 차이 두 가지를 찾아냈다.

우선 '조명'의 차이다.

호텔방의 조명은 모두 부분조명이다. 벽에 각이 있는 구석마다 백열등의 스탠드를 켜도록 되어 있다. 백열등의 그림자가 천장까지 길게 늘어져 있다. 반면 우리 집 침실의 조명은 형광등이다. 오래 가고, 밝다는 이유로 선택한 것이다. 그러나 형광등은 본래 작업장에서나 쓰는 불빛이다. 사람을 예민하게 하는 '각성' 기능을 가졌기 때문이다.

겨울이 긴 북구의 집들에선 형광등 불빛을 찾아보기 힘들다. 오후 세 시면 컴컴해지는 기나긴 겨울밤을 보내야 하는 이들에게 조명은 '삶의 질'과 직접적인 상관관계를 갖고 있다. 형광등에 비해 아늑한 느낌을 주는 백열등의 조명기술은 꽤 오래된 문화다. 이는 초를 켜던 과거 오랜 관습의 연장이다.

기나긴 겨울밤, 흔들리는 촛불 그림자에 비친 상대방의 얼굴을 바라보며 이야기를 나누던 문화는 지금도 이들의 일상에 빠질 수 없는 부분이다. 저녁 식탁에 초를 켜는 행위는 '함께 식사하는 이'에 대한 최상의 예의이자 접대다. 나는 지금도 다양한 종류의 초를 켜고, 진한 커피, 포도주를 마시며 보냈던 독일 유학 시절의 그 궁상스런 겨울밤들이 너무 그립다.

조명은 정서다. 형광등 아래에서 느끼는 정서와 백열등 아래에서 느끼는 정서는 근본적으로 다르다. 백열등을 이용한 부분조명은 사람에게 지극히 아늑한 느낌을 준다. 사람도 마찬가지다. 같은 사람이라 할지라도 부드러운 백열등의 부분조명을 뒤로 한 여인의 실루엣과 형광등 불빛 아래에서 창백하게 드러난 여인은 질적으로 다른 존재다. 신혼여행지의 고급호텔에서 봤던 아름다운 아내가 간 곳이 없어진 것은 바로 이 '조명' 때문이다. 모든 것을 만천하에 드러내는 형광등 불빛 아래서 예뻐 보일 여자는 없다.

과감하게 침실의 조명을 바꿨다. 형광등을 없애고 구석구석 부분조명을 설치했다. 과연 과거의 '그녀'가 다시 돌아왔다. 20년 전 제주도 특급호텔에서 만났던 바로 그 아름다운 여인이다. 물론 변화도 있다. 만져보니 팔뚝의 두께는 많이 달라져 있었다. 그때도 두꺼웠지만, 지금은 훨씬 두꺼워졌을 뿐 아니라 아주 단단해지기까지 했다. 그래도 최근까지 함께 지냈던 형광등 불빛 아래의 그녀보다는 훨씬 아름다웠다.

조명보다 더 중요한 차이가 있었다. 그건 바로 고급호텔의 트레이드마크인 '하얀 침대시트'다. 특급호텔의 침구는 하나같이 하얀색이다. 이제 막 다림질한 듯한 기분 좋은 까슬까슬함도 있다. 그 안에 들어가면 "아, 참 좋다"는 탄성이 나도 모르게 흘러나온다. 나는 조명을 바꾼 김에 아내에게 아예 침구도 하얀 시트로 바꾸자고 했다.

아내는 황당한 표정으로 한참을 물끄러미 내 얼굴만 쳐다보더니, 이렇게 대답한다.

"당신이 다 빨고 다리고, 매번 침대보 갈 거면, 그렇게 하시든지."

그날 이후로 난 매일 밤 졸랐다. '착하게 살겠다', '하얀 침대에서는 정말 열심히 하겠다', '정말 잘할 수 있다', '최선을 다하겠다'…. 아내는 요지부동이었다. 그러나 난 한번 하겠다고 마음먹은 일은 꼭 해야 하는 성격이다. 매일같이 새벽에 일어나, 낮도깨비마냥 침실과 거실을 왔다 갔다 했다. 잠든 아내가 깨도록 불을 켜고 일부러 부스럭거리며 소란을 부렸다. 잠에서 깨, 졸린 눈으로 "도대체 뭐 하나!"고 타박하는 아내에게 나는 '불면증'이라고 했다. 하얀 침대시트가 아니라서 잠이 안 온다고, 자꾸 머리카락이 빠진다고도 했다. 하얀 시트에서는 머리카락이 더 잘 자랄 거라고 했다.

결국 내 월급 전부를 손도 안 대고 아내의 통장으로 통째로 이체

한다는 조건으로 하얀 침대시트를 얻어냈다. 그래서 요즘 난 하얀 시트에서 잔다. 잠이 정말 잘 온다. 그 깔끔한 하얀색 시트의 느낌은 정말 행복하다. 아, 그리고… 매번 최선을 다한다. 아내도 하얀 침대 시트 위에서는 많이 달라졌다고 한다.

행복하고 싶은가? 그렇다면 행복을 구체적으로 '정의'할 수 있어야 한다. 내 침실의 '백열등 부분조명'과 '하얀 침대시트'처럼, 자신이 좋아하는 것을 직접 느낄 수 있게 정의할 수 있어야 한다. 이를 전문 용어로 '조작적 정의operational definition'라고 한다.

'행복이 무엇인가'를 이론적으로 정의 내리는 것을 '개념적 정의conceptual definition'라고 한다면, 조작적 정의는 행복을 구체적으로 경험할 수 있고 반복 가능한 방식으로 '설명'하는 것을 뜻한다.

노벨 경제학상을 받은 프린스턴 대학의 다니엘 카네만Daniel Kahneman 교수는 행복을 아주 '심플하게' 정의한다. 행복이란 '하루 중 기분 좋은 시간이 얼마나 되는가에 의해 결정된다'는 것이다. 기분 좋은 시간이 길면 길수록 행복하고, 기분 좋은 시간이 짧으면 짧을수록 불행한 것이다. 아주 기막힌 행복의 조작적 정의가 아닌가.

근엄한 사람들은 '행복'과 '돈'은 상관이 없다고 힘을 주어 말한다. 하지만 그렇지 않다. 일정 수준까지 '행복'과 '돈'은 아주 깊은 연관이 있다. 카네만 교수는 행복을 연구하는 과정에서 '연봉이 9만 달러 이상인 사람'은 '연봉이 2만 달러 미만인 사람'에 비해 두 배 이상 행복하다고 느낀다는 사실을 밝혀냈다. 그러나 일정 수준을 넘어서면 '돈'과 '행복'이 반드시 비례하지만은 않는다는 사실도 밝혀냈다. 연봉 5만 달러를 버는 사람과 9만 달러 이상을 버는 사람 간에 행복의 차이는 별로 없었다.

요약하자면 이렇다. '행복하기 위해서는 일정 정도는 수입이 보장되어야 한다. 그러나 일단 그 한도를 넘어서면 돈과 행복은 별 상관이 없다.'

물론 돈 이외에도 행복을 결정하는 외부적 요인들은 다양하다. 결혼, 직장, 종교, 건강, 사회의 민주화 정도 등이 행복과 연관이 있다고 심리학 연구들은 밝히고 있다. 그러나 이런 외부적 요인들은 행복을 결정하는 요인들 중 단 10퍼센트에 불과하다. 캘리포니아 주립대학의 소냐 류보머스키Sonja Lyubomirsky의 주장이다. 행복을 결정하는 요인의 50퍼센트는 흥미롭게도 '유전적인 성격'이라는 것이다. 특히 유전적으로, 외향적이고 정서적으로 안정적인 성격을 가진 사람이 '행복하다'고 한다.

행복의 60퍼센트를 결정하는 내적·외적 조건들을 정리해보면 이렇다. '우선, 외향적인 성격이어야 하고 정서적으로 안정되어 있어야 한다. 아울러 일정하고 안정적인 수입이 있는 직장을 가지고 있어야 하고, 결혼을 해야 하고, 종교를 가져야 한다. 또한 건강하고 민주적인 국가에서 살아야 한다.'

그러나 이 모두가 갖춰진다고 반드시 행복해지는 것은 아니다. 사는 게 재미있어야 한다. 사는 게 즐겁고 유쾌해야 한다는 이야기다. 이 재미있고 즐겁게 사는 '능력'이 행복을 결정하는 나머지 40퍼센트가 된다.

사는 게 재미있고 유쾌하면 사람들의 기본적인 태도에도 변화가 생긴다. 일단 다른 사람들을 돕는 일에 망설임이 없다. 심리학자들은 이 둘 간의 관계를 이렇게 증명했다.

실험실에서 아주 기분 좋은 영화를 보여주거나 재미있는 게임을 하게 한다. 그리고 이 피험자들이 실험실을 나설 때, 실험 도우미가 '우연히' 책을 떨어뜨린다. 그러면 기분 좋고 재미있는 시간을 보낸 피험자들은 바로 책을 주워준다. 반면, 지루한 시간을 보내고 나온 피험자들은 선뜻 나서서 돕지 않았다. 이렇게 보면, 결혼식장 입구나 놀이공원 입구에 자리 잡은 거지들은 대단한 심리학자들이다. '기분 좋은 사람이 더 쉽게 이타적인 행동을 한다'는 원리를 이미 간파하고 있는 것이다.

사는 게 재미있고 유쾌한 사람은 창조적이며 타인들과 보다 협조적으로 행동한다. 실험실에서 기분 좋은 코미디를 보여준 다음, 퍼즐 게임을 하면 훨씬 더 좋은 결과가 나온다. 뿐만 아니라 참가자들 사이의 협력도 더 매끄럽게 이뤄진다. 서로 다른 의견을 보다 더 세련되게 조율한다는 이야기다. 유쾌한 기분은 의사결정에도 긍정적인 영향을 미친다. 기분 좋은 의대생들은 환자의 차트를 보다 빨리 분석하고, 보다 정확한 결정을 내린다.

뿐만 아니다. 기분 좋은 상태에서는 훨씬 더 과감해진다. 평소에 하지 않았던 행동을 시도하는 용기가 생긴다는 것이다. 돈의 지출까지 과감해진다. 그래서 백화점은 즐거운 느낌을 주려고 애쓰는 것이다. 디스플레이나 조명으로 유쾌한 느낌을 극대화한다. 들려주는 음악, 풍기는 향기까지도 백화점의 매출에 중요한 영향을 미치는 까닭이다.

행복의 요건 중 50퍼센트를 차지하는 유전적 요인은 어차피 '운명'이다. 팔자다. 나머지 10퍼센트 환경은 운명과 노력, 이 두 가지의 복합적 관계로 이뤄진다. 그러나 최소한 나머지 40퍼센트의 행복은 재미와 유쾌한 느낌을 유지하려는 '노력'만으로도 얻어낼 수 있다.

사람은 죽을 때, '껄, 껄, 껄' 하며 죽는다고 한다. 호탕하게 웃으며 죽는다는 뜻이 아니다. 세 가지 아주 치명적인 실수를 후회하며 '~했으면 좋았을껄' 하며 죽는다는 것이다.

첫 번째 '껄'은 '더 베풀고 살껄!'이다. 아무리 가난한 사람이라도 죽은 다음 재산을 정리해보면 돈 천만 원은 나온다. 그 돈을 두고 가는 것이 너무 아까운 것이다. "이렇게 다 놓고 갈 걸, 왜 그토록 인색하게 살았던가' 하는 것이다.

두 번째 '껄'은 '보다 용서하고 살껄!'이다. 죽을 때 떠오르는 얼굴들이 있다. 사랑한 사람들의 얼굴도 떠오르지만, 미워하고 증오했던 이들의 얼굴도 떠오른다. "아, 이렇게 끝날 것을 왜 그렇게 미워했던

가! 이제 마지막인데, 다신 볼 수 없는데…" 하는 것이다. 그러나 이미 때는 늦었다. 화해할 시간도 이젠 없는 것이다.

마지막 '껼'이 가장 중요하다. '아, 더 재미있게 살껼!'이란다. "어차피 이렇게 죽을 걸, 왜 그토록 재미없게, 그저 먹고살기에 급급하며 살았던가!" 한다는 것이다. 죽을 때가 되니 비로소 내가 '이미' 가진 것들을 제대로 보게 된 것이다. 그러면서 드는 생각이다. '왜 그토록 내가 이미 소유한 것에 감사하지 못하고, 그 행복을 느낄 여유도 갖지 못하고, 이렇게 재미없이 살다가 가야 하는가.'

삶이 재미있으면 저절로 베풀게 된다. 삶이 재미있으면 자신도 모르게 관대해진다. 억지로 노력할 필요가 없다는 이야기다. 더 중요한 것은 재미있으려 노력하면 얼마든지 재미있게 살 수 있다는 사실이다. 그리고 재미는 자신이 유쾌해지는 상황과 느낌을 '구체적으로 정의'하는 것에서 시작한다.

하얀 시트에서는 누구나 행복해진다. 고급호텔의 경영자들은 그 기분 좋은 느낌을 조작적 정의를 통해 구체화했기에, 그 비싼 돈을 받는 것이다.

내가 좋아하는 것을 분명히 해야 한다. 죽을 때까지 자기가 좋아하는 것이 무엇인지 모르고 죽는 사람이 태반이다. 막연하게 좋은 것은 정말 좋은 것이 아니다. 좋은 것은 항상 구체적이어야 한다. 그래서 하얀 시트 위에서는 누구나 잘한다. 정말이다.

내 인생은 둘로 나뉜다

'파마하기 전'과 '파마한 후'

사실 마흔 중반이 되도록 내 외모가 사람들에게

그다지 감동을 주지 못한다는 사실을 깨닫지 못했다.

그러나 파마하기 전과 파마한 후의 사진을 비교해보면,

파마하기 전 내 아저씨 외모에 좌절하게 된다.

사실 파마를 하게 된 까닭은 아주 단순했다.

머리가 자꾸 빠져 가운데가 훤히 보여서였다.

조금 가려볼까 해서 시작한 파마가 걷잡을 수 없는 일이 되었다.

그러나 파마하러 가면 그 '비니루 모자' 쓰고

한없이 조는 것은 탈모 덕에 새롭게 발견한 꽤나 즐거운 일이다.

아 무 튼 , 나 이 들 수 록 참   가 지 가 지 한 다 .

어느 날부터인가, 아내가
아침밥을 해주지 않는다

주말 오후였다. 갑자기 의사가 전화를 했다. 독일에서는 있을 수 없는 일이다. 의사는 한술 더 뜬다. 놀라지 말란다. 이건 "완전히 놀라 뒤로 자빠질 준비를 하라"는 이야기다.

아니나 다를까. 아내가 뇌종양이란다. 계란만 한 종양이 뇌에 있단다. 양성인지 악성인지는 정밀검사를 해야 확인된다고 한다. 악성일 경우를 '뇌암brain cancer'이라고 한다고, 친절하지만 그리 고맙지는 않은 설명까지 덧붙인다. 의사는 월요일 아침 일찍, 입원시킬 준비를 해가지고 병원으로 오라고 했다. 그 전까지는 가능한 한 내색하지 말고, 아내가 원하는 맛있는 것 사주고, 좋은 주말을 보내라고 했다. 내게는 "아내와 보내는 마지막 주말이 될 수도 있으니 행복한 시간을 보내라"는 이야기로 들렸다.

독일에서 유학할 때의 이야기다. 혼자 지내야 했던 유학 초기의 외로움을 견디지 못해 나는 한국으로 돌아가 과거에 사귀었던 여인들을 차례로 만났다. 그리고 그중 가장 튼튼해 보이는 여인에게 함께 독일에 가자고 졸랐다.

당시 위장병을 앓아 몸무게가 52킬로에 불과했던 내겐 무엇보다도 튼튼한 아내가 필요했다. 스테이크도 마음대로 먹을 수 있고, 집 안에는 벽난로까지 있다고 했다. 대학 4학년의 스물 둘 먹은 이 용감한 여인은 대학교 졸업식이 끝나자마자 과감히 나를 따라 베를린으로 왔다. 내가 아내를 유혹한 미끼는 다 사실이었다. 베를린 자유 대학의 널찍한 학생식당에서는 항상 씹기도 힘들 만큼 딱딱한 스테이크가 나왔고, 우리가 신혼생활을 시작한 집은 방에서도 석탄을 때야 하는 아주 낡고 좁은 구식 연립주택이었다.

두뇌회전이 빠른 어린 아내는 독일 생활에 아주 빨리 적응했다. 한번은 독일인 가족과 함께 크리스마스 휴가를 보냈다. 그때 우리는 독일식 아침식사가 얼마나 훌륭한가를 깨달았다. 그 이후로 아내는 내게 항상 독일식 아침식사를 차려줬다. 솔직히 독일의 음식문화라고 해봐야 허접스럽기 짝이 없다. 감자와 소시지가 전부다. 살벌하기까지 하다. 하지만 아침식사는 전혀 다르다.

독일 가정의 아침 풍경은 대부분 이렇다. 남편은 갓 구운 주먹만 한 브뢰첸(겉은 딱딱하고 속은 한없이 부드러운 아침식사용 빵)을 사오고,

아내는 온갖 치즈와 소시지, 계란 그리고 꿀, 잼 등이 가득한 식탁을 차린다. 그리고 브뢰첸을 반으로 잘라 갖가지 것들을 얹거나 발라 먹는다. 그리고 한없이 진한 커피를 계속해서 들이킨다. 반숙한 계란은 위쪽 1/3 정도를 잘라 소금을 뿌려가며 작은 숟갈로 떠 먹는다. 중간중간, 채소와 과일을 섞어 먹는다. 주 중에 여유로운 아침식사를 못한 이들은 주말이 되면 브런치가 풍요로운 노천카페를 찾아 나선다. 크로이츠베르그의 작은 강 주변에는 브런치를 전문으로 하는 카페들이 늘어서 있다.

휴일 늦잠을 즐긴 이들은 한결같이 옆구리에 두꺼운 주말판 신문을 끼고 카페로 들어간다. 그곳에서는 브런치와 함께 꼭 카페라테를 시켜야 한다. 그러면 사발만 한 잔에 카페라테가 듬뿍 담겨 나온다. 그리고 천천히 신문의 각 섹션을 하나씩 읽어가며, 천천히 그리고 다양한 방식으로 빵을 먹는다. 아! 훈제연어를 빵에 얹어 먹는 것이 최고였다.

그때, 우리 부부의 아침은 항상 이런 식이었다. 아직 아기도 없었고, 달리 어울릴 만한 친구도 없었던 어린 아내는 남편을 위해 아침식사를 화려한 독일식으로 차리는 것을 취미로 삼았다.

그 행복한 아침식사가 계속되던 때, 착하고 어린 아내의 머리에 종양이 생긴 것이다. 전화를 끊은 나는 수위실 한편에 한동안 멍하니 앉아 있었다(당시 나는 아르바이트로 주말마다 공장을 지키는 경비원으로 일하고 있었다). 그리고 갑자기 울기 시작했다. 정말 엉엉 울었다.

젊고 아름다운 아내가 갑자기 죽는 〈러브스토리〉와 같은 슬픈 영화가 떠올랐기 때문이다. 그런 영화의 여주인공 병명은 항상 뇌종양이었다.

　다행히 아내의 뇌종양은 양성이었다. 그러나 수술 자체는 엄청나게 위험한 일이었다. 북한 김일성의 혹을 떼어냈다는 최고의 독일의사가 달라붙었는데도 꼬박 아홉 시간이 걸렸다. 머리를 다 깎고, 칼로 두피를 떼어내고, 톱으로 두개골을 자르고, 혹을 떼어내고, 두개골의 잘린 부분을 시멘트 같은 것으로 다시 메우고, 두피를 덮고 꿰매고…. 나는 그동안 수술실 앞에서 발만 동동 굴렀다.
　그때 나는 아주 중대한 결심을 했다. 혹시 수술이 잘못되어 아내가 죽으면, 나도 바로 따라 죽으리라! 정말이다. 진짜다. 그땐 그랬다. 그때는….

　모든 수술이 잘 끝났다. 다행히 아무런 후유증도 없었다. 뒤통수의 손바닥만 한 크기의 두개골이 사라진 것 말고는, 아내는 아무 일도 없었던 것처럼 멀쩡했다. 그러나 위험한 뇌를 건드렸기 때문에, 한동안 아내는 병원에 입원해 있어야만 했다.
　위기가 지나가자 내겐 일상의 황당함이 시작되었다. 그 풍성한 아침식사가 사라진 것이다. 요구르트와 우유 한 잔으로 아침을 때우며, 나는 내 삶에서 아침식사와 아내가 서로 어떻게 연결되어 있었는지 그 의미를 깨달았다. 내게 그 착하고 어린 아내는 아침식사의 리추얼ritual(의식)로 존재했던 것이다. 사랑은 리추얼이다. 그런데 이제 그 아내가 집에 없고, 내 삶의 리추얼은 망가져버린 것이다.

리추얼은 일상에서 반복되는 일정한 행동패턴을 의미한다. 형태상으로 보면 습관과 리추얼은 같은 현상이다. 그러나 이 둘 사이에는 아주 중요한 심리적 차이가 존재한다. 습관에는 '의미부여'의 과정이 생략되어 있다. 습관은 스스로도 인식하지 못한 채 그저 반복되는 행동패턴을 의미한다.

반면 리추얼에는 반복되는 행동패턴과 더불어 일정한 정서적 반응과 의미부여의 과정이 동반된다. '사랑받는다는 느낌', '가슴 설레는 느낌' 등등. 내 아침식사 장면에서는 아내가 따뜻한 빵을 내 앞에 두며 내 어깨를 두드리며 맛있게 먹으라고 한다. 이때, 뭔가 가슴 뿌듯한 느낌이 동반되면 그 행동은 '리추얼'이다. 그러나 그런 행동이 있었음에도 이후 전혀 기억에 없다면, 그것은 단지 습관일 따름이다. 사랑이 식으면 그렇게 된다.

사랑하는 사람이 사라져도 마찬가지다. 사랑하는 사람을 잃으면 슬퍼지는 이유는 이런 '함께 했던 리추얼'이 사라지기 때문이다.

금실 좋은 노인 부부가 함께 지내다 할머니가 먼저 죽으면 할아버지는 평균 6개월 이내에 다 죽는다. 그러나 할아버지가 먼저 죽으면 할머니는 평균 4년 정도 더 산다고 한다. 의미부여의 리추얼 때문이다. 서로 상대방을 만져주는 스킨십과 같은 가장 원초적인 상호작용의 리추얼부터, 상대방을 위해 밥상을 차려주고 소소한 이야기를 주고받으며 서로 손잡고 산책하는 일상의 리추얼들은 서로의 존재를 확인시켜준다.

문제는 할아버지의 리추얼은 대부분 할머니와 연관되어 있는 반면, 할머니의 리추얼은 할아버지 없이도 가능한 것이 많다는 사실이다. 리추얼이 다양한 삶은 풍요롭다. 느끼는 정서의 차원이 질적으로 다르기 때문이다. 일반적으로 여성의 리추얼은 남성의 리추얼보다 훨씬 다양하다. 그래서 나이가 들수록 여성의 삶은 남성의 삶보다 정서적으로 훨씬 풍요롭다.

리추얼은 개인만의 문제가 아니다. 한 사회가 유지되도록 하는 것도 바로 리추얼이다. 제2차 세계대전이 끝난 후, 독일의 지식인들은 깊이 고뇌했다. '도대체 이 엄청난 야만이 어떻게 독일에서 일어날 수 있었단 말인가? 괴테, 쉴러, 베토벤의 나라 아니던가?'
그들은 독일의 권위주의적 사회구조에서 그 이유를 찾았다. 가족, 학교, 일터에서 반복되는 권위주의적 리추얼이 권력자에 대한 일방적 복종과 충성을 강요했다는 것이다. 전쟁 이후, 독일인들은 사회 구석구석에 남겨진 이 집단 리추얼을 철저하게 해체했다. 그래서 독일의 대학에는 졸업식이 없다. 졸업식 가운도 물론 없다. 졸업식을 집단으로 모여 권위를 확인하는 세리머니로 이해했기 때문이다. 독일에서 석사, 박사학위를 받은 나는 그래서 한 번도 졸업식 가운을 입어본 적이 없다. 반성이 철저한 독일인들은 초등학교의 합창시간도 없앴다. 함께 노래하는 행위가 집단에 대한 무의식적 충성으로 이어진다는 생각 때문이다. 대신 소리가 아주 착한 리코더를 불게 한다.

그러나 리추얼이 나치 독일의 경우처럼 반드시 부정적인 것만은 아니다. 근대사회에서 집단 리추얼은 문화를 구성하는 가장 중요한 요소다. 문화심리학을 전공한 나는 문화를 '정서 공유의 리추얼'로 정의한다. 문화란 특정한 정서를 공유하는 방식이다. 공유되는 정서와 리추얼이 없는 사회는 문화가 없는 것과도 같다. 어떠한 정서적 매개나 의미부여의 과정도 없는 기계적 구조만 남는다. 개인의 삶도 마찬가지다. 리추얼이 없는 삶은 정서가 메마른 건조한 삶이다.

내 삶이 행복하려면 반복되는 정서적 경험이 풍요로워야 한다. 우리가 음악회나 미술관을 찾는 이유는 그곳의 리추얼을 통해 생산되는 정서적 경험을 원하기 때문이다. 잘 차려입은 아내의 팔짱을 끼고 음악회장의 문을 열 때 경험되는 정서는 아주 특별하다.

여행을 떠나는 이유도 마찬가지다. 낯선 곳의 낯선 문화에서 느끼는 독특한 정서적 경험을 원하기 때문이다. 그러나 그런 정서적 경험이 꼭 일상을 벗어나야만 가능한 것은 절대 아니다. 내 일상에서 즐거운 리추얼을 다양하게 개발하면 된다. 특별한 느낌과 의미를 부여하는 반복적 행위를 통해 우리의 삶은 즐거워진다. 즐거운 정서적 경험이 동반되는 까닭이다.

매일같이 반복되는 상사의 잔소리를 배경음악 삼아 오늘 점심은

뭐로 할까 생각하며 딴청 피우는 '회의 리추얼', 폭탄주와 삼겹살로 시작해서 넥타이를 머리에 묶고 탁자에 올라가 오버하는 노래방 쇼로 끝나는 '회식 리추얼'이 무한반복된다.

지쳐 집에 돌아오면 젊은 얼짱 탤런트가 나오는 연속극에 빠져 있던 아내가 그저 힐끔 돌아볼 뿐이다. 아이들은 제 방에 처박혀 나올 생각도 하지 않는다. 신문을 펼쳐보며 좀 한가하게 있으려면 옆에서 아내는 '아주 간단한 집안 문제를 아주 어렵고 복잡하게' 설명한다.

이 또한 매번 반복되는 부부의 리추얼이다. 성의 없이 대답하다가 침대로 가 웅크리고 잠을 청하는 이 중년 사내의 밤에는 어떠한 에로틱한 리추얼도 존재하지 않는다. 아직 켜놓은 TV 홈쇼핑 방송에서는 야한 속옷 광고가 언제나 같은 방식으로 돌아간다.

최근 부쩍 쓸쓸해진 나는 커피를 갈아 먹기 시작했다. 갓 볶은 싱싱한 원두를 사와 내 손으로 직접 갈아 먹는다. 아들을 협박해서 생일선물로 받은 커피 핸드밀의 손잡이를 돌리면, 원두가 갈리는 느낌이 참으로 상큼하다. 톱밥 정도의 굵기로 갈린 커피가루를 여과종이에 넣어 동으로 된 여과기에 얹는다. 그리고 다시 동으로 된 드리퍼 주전자로 병아리 오줌 누듯 물을 흘려보낸다. '커피향이 참 좋다'는 표현은 이럴 때만 쓰는 것이다. 이렇게 커피를 끓일 수 있는 아침은 정말 행복하다.

잊지 말자. 나이가 들수록, 이런 종류의 사소하지만 즐거운 리추얼이 우리의 삶을 구원해준다. 대통령이 바뀐다고 내 삶이 즐거워지지 않는다. 국회 여야의 비율이 달라진다고 우리 부부의 체위가 바뀌지 않는다. 정치인을 아무리 욕해도 내 지루한 일상이 바뀌지 않는다. 내가 정말 관심을 가져야 할 대상은 즐거운 느낌이 반복되는 나만의 리추얼이다.

아 참, 그때 그 젊고 착했던 내 아내 이야기를 마저 하자.

지금 그녀는 너무너무 건강하다. 하지만 그 풍요로운 독일식 아침 식사는 차려주지 않는다. 독일 빵을 구할 수 없다고 핑계대지만 그렇지 않다. 독일인들이 모여 사는 한남동에 가면 '악소'라는 의좋고 친절한 형제가 구워내는 브뢰첸을 얼마든지 구할 수 있다. 성의가 없는 거다. 아니, 사랑이 식은 거다. 그래서 나는 아내가 혹시 먼저 죽는다 해도 그때처럼 따라 죽을 생각 같은 건 절대 안 한다.

정말 오래 살 거다. 아침마다 커피를 갈며, 악착같이 오래 살 거다.

나는 아내와의
결혼을 후회한다

"오빠는 그런 여자와 결혼하면 큰일 나! 오빠가
말라 죽든, 그 여자가 정신이 돌아버리든, 둘 중 하나가 돼. 정신 똑
바로 차려!"

그때, 내 여동생은 아주 심각한 표정으로 나를 협박했다. 그러면
서 한마디 덧붙인다. "오빠같이 속 좁고, 뒤끝 길고, 귀 얇고, 인내심
없는 사람은 반드시 아주 튼튼하고 건강한 여자와 결혼해야 한다"는
것이다. 끝까지 아주 내 속을 후벼 파고, 쑤셔 뒤집어 엎어버린다.

결혼하기 전 이야기다.
지금도 여전히 그렇지만, 나는 예쁜 여자가 무조건 좋다. 아름답

고 우아하며, 묘하게 슬픈 에로티시즘까지 있는 그런 여자와 나는 결혼하고 싶었다. 내 친구들은 매번 그 '묘하게 슬픈 에로티시즘'은 또 뭐냐고 묻지만, 그때 내 눈에는 그런 게 확실히 보였다. 그래서 그런 여자들만 쫓아다녔다. 그러나 내 여동생의 이론은 확고했다. 다른 사람은 몰라도, 나 같은 사람은 그런 여자와 살면 정말 한쪽이 결딴난다는 거다.

내 여동생은 나보다 두 살 어리다. 그러나 어릴 때부터 나는 내 동생의 말을 무조건 신뢰하는 편이었다. 나이는 어리지만 정신연령은 확실히 나보다 성숙했다. 동생이 하는 말을 들어 손해 보는 일은 별로 없었다. 바쁜 어머니를 대신해 밥도 매번 챙겨줬다. 급할 때 돈을 빌려 달라면, 항상 내 동생에게는 돈이 있었다.

그런 여동생이 지금 내가 사귀는 여자, 그 '묘하게 슬프고 에로틱한' 여자와 헤어지라고 협박하는 것이다.

내가 전적으로 신뢰하는 여동생의 조언이니, 귀가 얇다 못해 바람만 조금 세게 불어도 귀 껍데기가 귓구멍을 덮는 나로서는 마음이 흔들릴 수밖에 없었다. 게다가 나를 가장 잘 아는 친구, 예산 촌놈 선규도 "그 여자는 아녀"라며 쫓아다니며 말렸다. 선규는 내가 좋아하는 "그 묘하게 슬픈 에로티시즘이 남자 말아먹는다"는 극언도 서슴지 않았다. 그 느릿한 충청도 사투리로 매번 그 여자는 아니라고 했다.

"그럼 도대체 어떤 여자와 사귀어야 하냐"고 동생에게 물었다. 동생은 자기가 아끼는 후배 중에, 정말 몸도 마음도 튼튼한 후배가 있으니 만나보라고 했다.

주위에서 흔들어대니 그 묘하게 슬프고 에로틱한 여자와의 만남도 이내 끝났다. 혹시나 해서 동생이 소개하는 그 여자와 한번 만나봤다. 정말 튼튼했다. 일단 성악을 전공하는 만큼 체구가 그렇게 당당할 수 없었다. 팔뚝 굵기도 장난이 아니었다. 내가 편안하게 기댈 수도 있고, 팔베개 삼아 잠을 청해도 바로 깊은 잠에 빠질 수 있을 것 같았다.

아, 그러나 내가 꿈꾸던, 그 묘하게 슬프고 에로틱한 여인과는 한참 거리가 있었다. 묘하게 슬픈 에로티시즘에 대한 내 환상을 이렇게 빨리 포기할 수는 없는 일이었다. 튼튼한 그녀도 몇 번 만나고 나더니, 삐쩍 마른 복학생 아저씨는 싫다고 했다. "많이 피곤한 스타일"이라는 말도 동생을 통해 전해왔다. 그렇게 그녀와의 만남은 끝이 났다.

그 후, 나는 독일로 혼자 유학을 떠났다. 그러나 머나먼 북구의 낯선 땅은 몸도 마음도 허약한 내가 혼자서 견뎌내기엔 너무 거친 곳이었다. 일 년을 겨우 버티고 방학을 맞아 서울에 왔다. 피골이 상접한 내 모습을 보고 온 가족이 난리가 났다. 다들 그런 상태로 독일에 다시 보낼 수는 없다고 했다. 솔직히 나도 혼자 버틸 자신이 없었다. 동생에게 넌지시 그 튼튼한 후배에 관해 물었다. "졸업을 앞두고 있는데, 아직 특별히 사귀는 남자친구는 없다"고 했다. 나는 다시 만나

자고 했다. 영혼마저 철저히 고독한 곳에서 혼자 살아보니, 묘하게 슬프고 에로틱한 것 따위는 정말 아무짝에도 쓸데없었다. 그저 몸과 마음이 건강하고 튼튼한 게 무엇보다 중요했다. 몇 년 전보다 훨씬 더 튼튼하고 용감해진 그녀는 나를 따라 나서겠다고 바로 결정했다.

그렇게 결혼한 지 이제 20년이 지났다. 내가 한 여자와 20년이 넘도록 살았다니, 생각해보면 정말 신통한 일이다. 지난 연말, 결혼 20주년 기념반지와 목걸이를 정말 큰돈 들여 아내에게 선물했다. 살면 살수록, 아내가 건강한 것에 고맙고 감사한 마음이 생기는 까닭이다. 내면이 섬세하기 그지없는(아내 입장에서는 소심하고 복잡하기 그지없는) 내게, 몸과 마음이 건강한 아내는 큰 위안이 된다. 결정적으로 내 아내에겐 걱정과 후회가 별로 없다. 걱정이나 후회를 해도 아주 짧고 간단하다. 그리고 바로 잊어버린다.

끊임없이 돌이켜 생각하고, 후회하며 괴로워하는 나와는 전혀 다른 삶의 방식이다. 집안에 걱정할 만한 일이 벌어지면, 나는 괴로운 생각에 밤새도록 잠 못 이룬다. 그러나 아내는 매번 아주 편하게 코까지 골며 자고 있다. 나는 어떻게 이 상황에 잠을 자냐며 황당해하지만, 아내의 대답은 "잠을 제대로 자야 걱정을 해도 제대로 할 수 있다"는 것이다.

우리 아이들도 아내를 닮아 걱정이 별로 없다. 아무리 혼나도 그때뿐이다. 돌아서면 바로 자기들끼리 낄낄거린다. 성적이 아무리 곤두박질쳐도 별로 개의치 않는다. 우리 집의 모든 걱정은 매번 나만

한다. 그래서 항상 억울하다.

심리학적으로 한 사람의 정신건강은 그 사람이 하는 걱정과 후회의 내용으로 판단할 수 있다. 특히 후회의 '양상'은 그 사람의 특징을 아주 잘 보여준다. 인간은 항상 후회하며 산다. "후회 없는 삶을 살아라"라는 어른들의 충고는 심리학적으로 보면 틀려도 한참 틀린 이야기다. 후회 없는 삶이란 없기 때문이다.

우리의 삶은 매 순간 선택과 결정의 연속이다. 한번 결정을 하게 되면, 내가 선택하지 않은 것에 대해 어떠한 방식으로든 후회하게 되어 있다.

'만약 내가 그때, 그렇게 하지 않고 저렇게 했더라면….'

후회한다는 것은 내가 주체적인 삶을 살았다는 뜻이다. 내가 행한 일이 선택의 여지가 없는 일이었다면 후회란 있을 수 없다. 내 삶의 주인으로서의 권리와 책임은 후회라는 부작용을 낳게 되어 있다. 로버트 프로스트의 〈가지 않은 길〉이란 시는 끝없이 후회하며 사는 인간의 모습을 아주 잘 표현하고 있다. 특히 마지막 구절이 그렇다.

훗날에, 훗날에 나는 어디선가 한숨을 쉬며 이야기할 것입니다.
숲속에 두 갈래 길이 있었다고.
나는 사람이 적게 간 길을 택하였다고.
그리고
그것 때문에 모든 것이 달라졌다고.

후회는 나쁜 것이 아니다. 오히려 심리적 건강을 유지하는 데 필수적이며 결정적인 기능을 한다. 외부로부터 병균이 우리 몸에 침입했을 때 몸의 면역세포가 분주히 활동하여 몸의 건강을 지켜내는 것처럼, 후회는 정신적인 병이 들지 않도록 우리 마음을 지켜내는 심리적 면역체계로 기능한다. 그래서 인간은 후회를 할 수밖에 없고, 또 해야만 한다. 문제는 어떤 후회를 하느냐는 것이다.

후회는 크게 두 가지로 나눠진다.
자신이 '행한 행동에 대한 후회', 그리고 '하지 않은 행동에 대한 후회'.

'행한 행동에 대한 후회'는 '어떤 일을 하지 말았어야 했는데…' 하는 후회다. 대개는 아무 생각 없이 섣부르게 뛰어든 행동에 대해 후회한다.
반면 '하지 않은 행동에 대한 후회'는 '어떤 일을 했어야 했는데…' 하는 후회다. 했어야 했는데 하지 않은 것을 후회한다는 것이다. '생각이 너무 많은 사람'이 흔히 하는 후회다. 그러나 이 두 후회가 미치는 심리학적 결과는 근본적으로 다르다.

'사후가정사고counterfactual thinking'에 관한 세계적 권위자인 미국 노스웨스턴 대학의 닐 로즈Neal Roese 교수는 《IF의 심리학》이라는 책에서 이 두 가지 종류의 후회에 관해 자세히 설명하고 있다. 로즈 교수에 따르면 '행한 행동에 대한 후회'와 '하지 않은 행동에 대한 후회'의 결정적 차이는 '시간'이라는 것이다. '행한 행동에 대한 후회'는 '최근'에 일어난 일과 관련되어 있는 반면, '하지 않은 행동에 대한 후회'는 '오래전'에 일어난 일과 관련되어 있다. 뒤집어 말하면, '하지 않은 행동에 대한 후회'는 오래가는 반면, '행한 행동에 대한 후회'는 바로 끝난다는 이야기다.

예를 들면 이런 식이다.

A라는 사람은 교사 임용고시에 지원했다 떨어졌다. 반면 B라는 사람은 교사 임용고시의 높은 경쟁률에 지레 겁먹고 지원조차 하지 않았다. 이후 두 사람의 후회의 양상과 내용은 전혀 다른 방향으로 진행된다.

A나 B 모두 임용고시가 끝난 후 후회한다. 그러나 A는 얼마 후, 자신은 교사 체질이 아니라고 말한다. 그리고 새로 취직한 직장에서 일하는 것이 교사가 되는 것보다 얼마나 흥미로운 일인지 침을 튀어가며 이야기한다. 반면 B는 몇 년이 지나도록, 아니 평생토록 후회하게 된다. "그때, 그 임용고시를 봤어야 했는데…" 하면서.

'행한 행동에 대한 후회'의 경우 '하지 않은 행동에 대한 후회'에 비해 심리적 면역체계가 훨씬 빠르고 효율적으로 작동한다. '하지 않은 행동'에 비해 '행한 행동' 쪽은 훨씬 더 쉽게 합리화된다. 우리는 눈에 보이는 행동에 훨씬 더 많은 신경을 쓰게 되어 있다. 즉 '하지 않은 행동'에 비해 '행한 행동'에 대해 훨씬 더 많은 관심을 가진다는 이야기다. 만약 어떤 행동을 했는데, 그 결과가 신통치 않게 나왔다면 심리적 면역체계는 그 부정적 영향을 최소화하는 데 집중하게 된다. 결국 원하지 않는 방향으로 흘러갔더라도 별일이 아니라고 합리화한다. 그래야 마음이 편해지기 때문이다. 반면 '하지 않은 행동'에 대해서는 심리적 면역체계가 그리 쉽게 작동하지 못한다. '일어나지 않은 일'에 대해서는 심리적으로 주의집중이 잘 일어나지 않기 때문이다. 그래서 아주 오랫동안 나를 괴롭힌다. '하지 않은 행동에 대한 후회'가 정신건강에 훨씬 더 해롭다는 이야기다.

살아 있는 이상, 우리는 반드시 후회를 하게 되어 있다. 그러나 어차피 후회를 해야만 하는 것이라면 가능한 한 짧게 하는 게 좋다. 그래야 심리적인 건강을 유지할 수 있다. 짧게 후회하려면 '행동'해야 한다. 확 질러버리는 편이, 고민하며 주저하다가 포기하는 것보다 심리적으로 훨씬 건강하다. 후회가 오래가지 않기 때문이다.

시작도 하지 않고 포기한 일은 반드시 오래, 아주 집요하게 나를 괴롭히게 되어 있다. 그래서 어른들은 결혼을 망설이는 이들에게 한결같이 이렇게 이야기했던 것이다. "하고 후회하는 편이, 안 하고 후회하는 것보다 낫다"고.

아내에 비해 결정이 느리고 후회가 긴 것은 나만의 문제가 아니다. 보편적으로 여자에 비해 남자의 후회가 훨씬 더 오래가며, 지속적으로 스스로를 괴롭힌다. 남자가 여자에 비해 첫사랑을 못 잊고 훨씬 더 오래 괴로워한다고 한다. 실제로 이런 통념이 심리학적으로도 근거가 있는 것으로 드러났다.

인간이 흔히 하는 후회는 크게 두 가지로 나뉜다. 학업과 직업과 같은 '자기계발'과 관련된 후회와 '인간관계'에 관한 후회.

남녀 공히 '자기계발'과 관련된 후회를 제일 많이 한다. "좀 더 공부를 열심히 했어야 했는데…", "그때, 그 직장에 갔어야 했는데…" 등등. '자기계발'과 관련된 후회는 남녀 간에 그리 큰 차이가 없다. 그러나 '인간관계'와 관련한 후회에서는 남녀 간에 아주 결정적인 차이가 나타난다. 남자들은 '하지 않은 행동'에 대한 후회를 훨씬 더 많이 하는 반면, 여자들은 이미 '행한 행동에 대한 후회'를 훨씬 더 많이 한다는 것이다.

예를 들면 이런 식이다. 남자들은 "그때, 내가 좀 더 용기 내서 접근했어야 했는데…"와 같은 후회를 하는 반면, 여자들은 "그때, 내가 그렇게 쉽게 응하는 게 아니었는데…"와 같은 후회를 한다는 것이다. 성관계에 관해서도 그렇다. 남자들은 "그때, 그 여자와 바로 관계를 가질걸…" 하는 후회를 주로 하는 반면, 여자들은 "그 남자와 좀 더 나중에 관계를 가질걸…" 하는 후회를 많이 한다는 것이다. 여자들이 "그때 그 남자와 관계를 가졌어야 했는데…" 하며 후회하는 경우는 별로 없다. 여자들의 후회는 그래서 짧다. '하지 않은 행동에 대한 후회'보다 '행한 행동에 대한 후회'를 더 많이 하기 때문이다.

그래서 여자들이 남자들보다 스트레스 상황에 훨씬 더 잘 적응하고, 남자들보다 훨씬 더 오래 사는 것이다.

인간이라면 반드시 후회를 하게 되어 있다. 그러나 어차피 해야 할 후회라면 짧게 하는 편이 낫다. 그래서 어떤 일을 해야 할까 말까를 망설인다면 일단은 저지르는 편이 정신건강에 좋다.

새해가 되면, 모두들 많은 계획을 세운다. 한번 세운 계획은 성공하든 실패하든 반드시 시도해야 한다. 그래야 성공한다. 일이 원하는 대로 이뤄지지 않더라도 심리적으로는 성공하게 되어 있다는 이야기다. 그래서 나이키가 옳다. 'Just do it!'

마지막으로 한마디 더.

나는 가끔 내 아내와 결혼한 것을 후회한다. 아주 가끔…. 그러나 그때, 그 '묘하게 슬프고 에로틱한 여인'과 결혼하지 않은 것에 대해서는 절대 후회하지 않는다.

참 에로틱한 산!

눈 덮인 산은 에로틱하다.
밑은 까맣고 끝만 하얗기 때문이다.
밑 은 까 맣 고
끝 만 하 얀 모 든 것 은
참 에 로 틱 하 다.

첫사랑의 그녀는
나를 모른다 했다

학부모들을 대상으로 한 강연이었다. 주로 초등학생 어머니들이었다. 족히 2,000명은 모인 듯했다. 강연이 끝나자 입구에 어머니들 수십 명이 내가 쓴 책을 들고 서 있었다. 사인을 해달라는 것이었다. 참 마케팅을 잘하는 출판사다. 내 강연장마다 쫓아다니며 입구에 내 책을 진열해놓는다.

그런데 사인을 하고 고개를 들 때마다, 줄 바깥쪽의 한 여자가 계속 눈에 걸렸다. 사인을 받으려는 것 같지는 않았다. 가볍게 웃고 있었다. 그 미소가 참 익숙했다. 그러나 누군지 전혀 기억이 나질 않았다. 사인을 마치고 그녀 쪽으로 돌아섰다. 그녀가 내게 희미하게 미소 지으며 다가왔다.

"저…, 모르겠어요?"

한참 걸렸다. 아, 그녀였다.

〈TV는 사랑을 싣고〉라는 프로그램을 보면서 누구나 한 번쯤 생각한다. '만약 저 프로그램에 나간다면 누굴 찾아야 할까?'

내가 나간다면 꼭 찾으리라 했던 바로 '그녀'가 지금 내 눈앞에 나타난 것이었다. 여전히 예뻤다. 나와 동갑인데, 제길! 나이는 나만 먹은 듯했다. 착하게 떨리는 목소리도 여전했다. 언제였던가, 이 떨리는 목소리를 들었던 것이….

나와의 대화를 엿듣던 그녀의 어머니는 불쑥 그녀에게 수화기를 내리라고 호통쳤다. 이어 내게 "군 생활이나 열심히 잘하라"고 했다. 그리고 "딸아이에게 다시는 전화하지 않았으면 한다"고 했다. 그러고는 '뚜뚜뚜…'.

30여 년 전, 화천의 민통선 입구의 한 구멍가게에서였다. 나는 교환을 거쳐 그녀의 집에 다시 전화를 걸었다. 그러나 더 이상 아무도 전화를 받지 않았다. 전화기 앞의 구멍가게 주인아줌마는 그런 일에는 아주 이골이 난 듯한 표정으로 어색하게 웃었다.

난 그녀에게 이 전화를 하기 위해 여덟 시간을 걸어 나왔다. 그것도 외출이 불가능한 철책에서 중대장의 특별허가까지 받고 나왔다. 서울의 그녀에게 전화 한 통만 하게 해달라고 졸랐다. 안 그러면 정말 내가 어떻게 될지 모른다고 하소연했다. 당시 최전방 철책선의 병사들은 가슴에 항상 수류탄 두 개를 달고 다녔다. 허리에는 실탄이 가득한 탄창을 몇 개씩이나 차고 다녔다. 중대장은 입대하기 전, 내가 채 일 년도 마치지 못하고 제적당한 대학에서부터 이미 알고 지낸 사이였다. 위탁교육으로 그 학교에서 석사학위를 받은 육사 출신 중대장은 내가 그래도 대학 후배라고 매번 불안해했다. 남자 대 남자로 맹세까지 하고 외출허가를 내줬다.

그런데 그 전화가 그렇게 허무하게 끝난 것이었다. 철책 소대로 다시 돌아가는 길이 그리도 멀 수가 없었다. 눈까지 내렸다. 강원도 산속의 눈은 한번 내리기 시작하면 미친 듯이 퍼붓는다. 그 깊은 화천 북방의 산골짜기 오르막 내리막 눈길을 가슴 한구석이 무너지도록 한숨을 쉬며 걸었다. 돌아보고 또 돌아봤다. 하지만 그 산길의 눈 위로는 내 발자국밖에 없었다. 밤길이었지만 달빛에 비친 내 발자국은 저편 골짜기 끝까지 이어지고 있었다. 발자국은 술 취한 듯 비틀비틀 찍혀 있었다. 내 인생의 가장 길고 슬프고, 외로웠던 길이었다.

그때 그녀가…, 지금 내 앞에 있는 것이다.

나는 그녀에게 이 산길 이야기부터 했다. 내가 30년 가까이 잊지 않았던, 그 눈길 위의 비틀거리는 발자국 이야기도 했다. 그러나 그녀는 전혀 생뚱맞은 표정을 짓고 있었다. 우리가 그렇게 슬프게 헤어진 적이 없다는 것이다. 어머니가 못 만나게 한 것은 사실이지만, 나와 그렇게 애틋한 관계였던 기억은 없다고 했다.

그럼 내가 첫 휴가 나갔을 때, 갈라지고 피가 나도록 튼 내 험한 손과 동상에 걸려 벌겋게 된 내 발을 보고 흘린, 그녀의 그때 그 눈물은 도대체 뭐냐고 했다. 그녀는 전혀 기억이 안 난다고 했다. 그럼 귀대하던 날, 버스터미널에서 내 튼 손에 바르라고 준 그 바셀린 한 통과 동상 걸린 발에 신으라고 준 나이키 양말은 기억나느냐고 물었다. 다행히 그건 기억난다고 했다. 하지만 자신은 단지 엄살떠는 그 엉터리 군인 아저씨가 너무 불쌍해서 그랬을 뿐이라고 한다. 그럼 내 그 슬픈 산길의 기억은 모두 '자작극'이었냐고, 나는 따졌다. 그녀는 그저 모르겠다는 듯이 귀엽게 웃고 있었다. 사십 후반이 되어가는데도 귀엽게 웃는 것은 그때나 똑같았다.

제대한 후, 나는 만나는 여자마다 그 눈 내리는 산길의 내 절망을 절절하게 이야기했다. 가끔 내 이야기에 눈물을 보이는 순수한 영혼의 여인들도 있었다. 일단 내 이야기에 눈물을 보이면 그 이후는 아주 간단했다. 그 눈길의 발자국 이야기처럼 효과적인 감정이입의 기술은 없었다.

화천 북방의 30개월 군 생활 내내, 나는 그 눈길의 휘청거리던 내 발자국을 기억하고 또 기억했다. '가슴을 도려내듯 아픈, 내 슬픈 이야기를 듣고 감동하지 않는 여인은 어머니가 될 자격이 없다!' 난 그렇게 생각했다. 그런데 그 처절한 기억이 실제 일어난 사건과는 전혀 일치하지 않는 것이었다. 그녀보다 내가 더 놀랐다.

기억은 언제나 자작극이다.

그녀의 기억과 일부 겹치기는 하지만, 내가 기억하는 그녀와의 슬픈 이야기는 실제 일어났던 일이 아니다. 우리는 실제 일어난 사실을 기억하지 않는다. 사실에 대한 '해석과 편집'이 실제 내가 기억하는 내용이다. 우리의 삶을 지탱해주는 의미는 해석과 편집의 결과다. 실제 일어났던 사실과는 그리 큰 상관이 없다. 중요한 것은 그 일부의 사실을 근거로 만들어낸 내 '의미부여'다.

그래서 옛 연인을 만나면 절대 안 되는 것이다. 해석과 편집으로 인한 왜곡이 확인되기 때문이다. 마치 내가 어릴 적 반나절을 걸어 다녔던 초등학교까지의 그 먼 길이 고작 몇 킬로미터에 불과하단 것을 확인했을 때의 허전함과 같다.

우리의 기억은 얼마든지 조작될 수 있다. 심리학자들은 실제로 실험을 통해 이를 증명해냈다.

우선, 실험에 참가한 이들에게 그들의 어린 시절 경험이 적힌 종이를 나눠준다. 피험자가 쇼핑몰에서 길을 잃고 울었던 사건이다. 그러나 그 일은 실제가 아니었다. 피험자들이 믿게 하기 위해, 친척들의 증언까지 덧붙여 그럴듯하게 꾸몄을 뿐이었다.

하지만 피험자들에게 그때의 느낌과 기억에 대해서 상세하게 설명하게 하자, 그들 중 일부는 진짜 일어난 사건인 양 상세하게 증언했다. 바로 어제 일어난 일인 듯 아주 생생하게 묘사했을 뿐만 아니라, 또 다른 기억까지 보태 설명했다. 실험이 끝난 후, 심리학자가 피험자에게 '당신은 쇼핑몰에서 길을 잃어버린 적이 없다'고 설명해주고, 실험의 목적상 왜곡된 기억일 뿐이라고 말해주어도 피험자들은 자신들의 기억이 옳다고 강변했다. 친척들이 '우리들이 꾸며낸 이야기'라고 직접 나와서 증언해도, 반신반의했다.

우리의 기억이란 이런 식이다. 현재 우리가 어떤 심리적 상황에 처해 있느냐에 따라, 기억하는 사건의 종류가 달라지기도 한다. 현재의 직업에 따라, 자신의 과거를 기억하는 방식이 달라지기도 한다. 과학자나 의사와 같이 자연과학의 영역에서 활동하는 이들은 자신의 과거를 일련의 사건들의 연속으로 기억한다. 지속적인 성장의 과정으로 서술한다는 이야기다. 그러나 예술가들은 자신의 과거를 설명할 때, 비연속적이고 단절된 사건들을 건너뛰어가며 드라마틱하게 서술한다. 예술가들의 이야기가 대부분 '구라'인 것도 그 때문이다.

문단의 일부 시인이나 소설가의 기행은 전설처럼 회자된다. 화단의 일부 화가에 관한 이야기도 마찬가지다. 그러나 그 기행을 실제 목격한 이들은 별로 없다. 그렇다고 완전 거짓은 아니다. 실제 일어난 10퍼센트의 사건에 90퍼센트의 창의적 해석을 더한 것이 그 전설의 실체다. 개인의 기억뿐만 아니라 집단적 기억도 대부분 이런 식이다. 그래서 사람들은 사실과 진실을 구별하고, 그것도 부족해 '실체적 진실'을 이야기한다. 그러나 오버다. 실체적 진실 같은 것은 없다. 해석과 의미부여 없이 기억되는 사건은 없기 때문이다.

길을 걸으며 수많은 여인들이 내 앞을 지나가지만, 난 유독 망사 스타킹을 신은 여인들만 기억한다. 안식년으로 일본의 와세다 대학에서 일 년을 보낸 후 생긴 이상한 습관이다.

도쿄의 기억은 내게 '망사스타킹'이다. 신주쿠 거리의 그 다양한 망사들에 나는 눈길을 어디에 둬야 할지 몰라 매번 가슴이 뛰곤 했다. 아, 그 빨간 망사, 파란 망사, 찢어진 망사! 그뿐인가? 망사의 촘촘함에 햇빛이 반사되는 무지갯빛 망사부터, 각 변의 길이가 거의 10센티에 이르는 그물형 망사에 이르기까지 참으로 다양했다. 오늘도 내 앞으로 수많은 여인이 지나가지만, 망사만 보면 나는 저절로 눈이 돌아간다. 심지어는 낚시가게 앞의 그물에도 눈이 돌아갈 지경이다.

우리의 기억이 '실체적 진실'과 거리가 멀 수밖에 없는 것은 자극을 받아들이는 단계에서부터 왜곡이 일어나기 때문이다. 방금 지나간 여인을 두고, 내 아내는 "코를 수술했다"고 한다. 나는 그녀의 코 따위에는 관심도 없다. 그러나 그녀의 망사스타킹이 초록색이었음은 분명히 기억한다. 동일한 사건을 서로 다르게 지각하고, 서로 다르게 기억한다는 이야기다. 그래서 우리는 그토록 서로 할 이야기가 많은 것이다. 만약 내 아내나 내가 결혼한 이후로 동일한 사건만을 기억한다면, 도대체 서로 나눌 수 있는 이야기가 뭐가 있을까?

그렇다고 항상 자신이 원하는 방식으로만 지각하고 기억하는 것은 또 아니다. 원치 않는 일이 자꾸 기억나고, 보고 싶지 않은 것들만 자꾸 보이는 경우도 많다.

우울증 환자들은 자신을 둘러싼 자극들 중, 우울한 자극들만 극대화해서 받아들인다. 우울한 자극들에 습관이 되면, 그 우울한 자극들이 보이지 않을 때 오히려 더 불안해진다. 인터넷에 자신을 둘러싼 온갖 허접한 욕설들에 절망해 자살한 여배우도 마찬가지다. 다른 사람들은 "그까짓 것 보지 않으면 되지" 하겠지만, 당사자들은 그게 아니다. 자꾸 그것들만 보인다. 그것들이 보이지 않으면 오히려 불안해진다. 그래서 이젠 아예 그것들을 찾아서 보려고 한다. 그 우울한 자극들을 보며 괴로워하는 것이 일상이 되어버리는 것이다. 보지 않으려고 하면 할수록, 기억하지 않으려고 하면 할수록, 기억하게 되는 것이다.

기억에 관한 또 다른 심리학 실험이다. 실험에 참가한 사람에게 이야기한다.

"5분 동안 자유롭게 생각하고, 떠오르는 생각을 말하세요."

피험자는 아무런 부담 없이 자신이 떠올리는 생각에 대해 이야기한다. 여기까지는 아무 이상 없다. 이어 심리학자가 지시한다.

"이번에도 똑같이 5분 동안 자유롭게 생각하고 이야기하세요. 그러나 이번에는 한 가지만 주의하세요. '흰곰'을 생각하면 안 됩니다."

"웬 흰곰?" 피험자들은 뜬금없는 요청에 코웃음 친다. 실제 실험이 시작되었다. 한데 이런…. 전혀 의외의 상황이 일어나기 시작한다. 아무 맥락 없는 '흰곰'을 자꾸 생각하게 되는 것이다. 사고 싶은 자동차를 떠올려도 그 안에 흰곰이 앉아 있다. 비키니의 여인을 기억하려 해도 흰곰이 비키니를 입고 헤엄친다. 아무리 애써도 흰곰이 사라지지 않는다. 결국 어떤 피험자도 흰곰 생각을 피해갈 수 없었다.

좌절한 피험자들에게 심리학자는 이제 다시 쉬운 과제를 내준다. 이번에는 처음처럼 마음에 떠오르는 생각을 자유롭게 이야기하라고 한다. 대신 이번에는 '흰곰'이 떠올라도 아무 상관없다고 한다. 그랬더니 이젠 아주 희한한 현상이 일어났다. 모두들 온통 '흰곰' 생각 외에는 다른 어떤 생각도 할 수 없었던 것이다.

'흰곰'은 우리가 원치 않는 기억이나 생각을 의미한다. 그 기억과 생각을 억압하려 하면 할수록, 그것에 집착하게 된다는 것이다. 억압은 집착으로 이어진다. 사랑과 증오가 동시에 존재하는 애증과 같은 모순적 감정도 결국 이 억압과 집착의 변증법적 관계인 것이다.

누구나 이 '억압과 집착의 악순환'에 빠질 때가 있다. 한번 빠지면 웬만해선 헤어 나오기 어렵다. 그래서 어떤 시인은 '누구나 가슴에 깊이 박힌 대못 하나'를 품고 있다고 이야기한다. 빼려 해도 뺄 수 없고, 빼려 하면 할수록 더 깊이 박히는 대못이다.

그럴 때는 걷는 것이 제일 좋다. 가만히 앉아 있으면 있을수록, 그 망할 놈의 '흰곰'이 나를 자꾸 끌어당긴다. 그러나 집이나 사무실을 나와 걷다 보면 지금까지와는 또 다른 시각, 후각, 청각의 자극들을 받아들이게 된다. 깊이 박혀 있는 대못 같은 기억들을 억압하려 해선 절대 안 된다. 다른 사소하고 다양한 자극들을 자연스럽게 받아들이다 보면, 그 대못은 대못대로 다양한 자극들의 일부가 되어 작아진다.

밤새 잠 못 들고 고민한 일들이 깨어 보면 별것 아닌 경우가 많다. 도대체 내가 왜 그런 일로 고민했는지 의아할 정도다. 모두 그놈의 '흰곰' 때문이다. 아침의 햇살과 더불어 경험하는 다양한 자극이 밤새 나를 괴롭혔던 그 '흰곰'에 대한 억압과 집착으로부터 자유롭게 만들어주는 것이다. 그래서 우울한 생각이 들면 무조건 몸을 움직여야 한다. 임상심리학자나 정신과 의사들이 우울증 환자들에게, 가만히 있지 말고 무조건 몸을 움직이라고 하는 이유도 바로 이 때문이다.

요즘 온통 어렵다는 이야기뿐이다. 다 그놈의 '흰곰' 때문이다. 다른 이야기를 꺼내서 분위기를 바꿔보려 해도 조금 지나면 다시 그 '흰곰' 이야기로 돌아와 있다.

그래서 무조건 산책을 나가야 한다. 동네 앞길의 가게 간판만 보고와도 '흰곰'은 사라진다. 혹시 망사스타킹의 여인이라도 볼 수 있다면 그건 정말 행운이다. 10센티 크기의 굵은 망사스타킹이라면 더욱더 감사하고… 크흐!

갓 스물 넘긴 청년들에게

분단의 철책은

그저 그리움일 뿐이었다

다들 그렇게 막 스물을 넘긴 철없는 나이였다.
가슴에는 수류탄 두 개씩 걸고, 허리 가득 총탄을 차고 밤을 꼬박 샜다.
그러나 이쪽 산에서 저쪽 산으로 끝없이 이어지는 철책을 보며
민족의 분단을 슬퍼할 나이는 전혀 아니었다.
그저 밤새도록 고향에 두고 온 그리운 이들에 대한 이야기를 할 뿐이었다.

졸음을 이기려 시작된 여자 이야기에는
이십대 초반의 청년이 발휘할 수 있는 모든 상상력이 발휘되었다.
그저 한 번 만났던 게 전부인 여자는 뜨거운 키스를 나눈 여자가 되고,
손 한 번 잡아봤던 여자는 밤새 뜨거운 사랑을 나눈 여자가 되었다.
밤새 전방 철책에서 그들이 나눈 이야기에 나온 여자들을 모아보면
대한민국에 숫처녀는 없다.

한 명도 없다.

어느 날부턴가
김혜수가 좋아지기 시작했다

세상에는 이해할 수 없는 일들이 너무나 많다. 내가 가장 이해할 수 없는 일은 '맛없는 식당'이다. '어떻게 이렇게 맛없는 음식을 돈 받고 팔 생각을 했을까', '도대체 주인은 이 음식을 먹어보기나 했을까', 이런 생각이 드는 식당이 가끔 있다.

이런 식당에 다녀온 날이면 하루가 정말 우울하다. 때론 분노까지 치민다. 내 하루의 행복을 빼앗겼기 때문이다. 맛없는 식당은 죄악이다. 그러나 그 식당 주인은 자기 식당의 음식이 맛없는 것을 모른다. 오히려 반대다. 자기 식당의 음식이 정말 맛있다고 생각한다. 그러니까 장사를 계속하는 것이다. 스스로도 맛없다고 생각하면서 장사를 계속할 바보는 없을 것이다. 그 식당은 결국 망하게 되어 있다.

'맛없는 식당 주인의 딜레마'는 오늘날 한국사회가 씨름하고 있는 문제의 본질이 무엇인지 잘 보여준다. 맛있는 게 뭔지를 알아야 맛있는 음식을 만들어낼 수 있는 것처럼, 삶의 재미와 행복이 뭔지 알아야 즐겁고 살 만한 세상을 만들어낼 수 있다. 행복하고 재미있는 삶의 구체적 조건에 대한 이해가 없는 사람이 만들어내는 상품이 경쟁력이 없는 것은 당연하다. '명품'은 사람을 행복하게, 재미있게 만들어준다. 이는 단순히 상품 생산에만 적용되는 것이 아니다. 우리가 매일같이 일궈나가야 하는 구체적 삶의 조건들도 '행복과 재미'라고 하는 가치를 구현할 수 있어야 한다. 그러나 스스로 좋은 것이 뭔지 도무지 아는 바가 없는데, 어찌 좋은 것을 만들어낼 수 있을까?

사실 불과 얼마 전까지만 해도 나는 김혜수를 싫어했다. 왠지 불필요하게 도도한 배우라고 생각했다. 하지만 영화 〈타짜〉를 본 이후, 나는 김혜수에 대한 내 편견을 한 번에 다 날려버렸다. 이제 나는 그녀가 무슨 짓을 해도 다 용서할 수 있다. 살펴보니, 배 나오고 탈모로 고민하는 내 주위의 중년 남자들은 거의 다 김혜수를 좋아한다. 대부분 그 영화를 본 후부터라고 한다. 〈타짜〉.

다 그녀의 엄청난 가슴 때문이다. 김혜수는 영화 〈타짜〉에서 단 몇 초간 자신의 가슴을 보여줬을 뿐이다. 그러나 바로 그 장면에서 철없는 중년들은 한결같이 정신이 혼미해진다. 김혜수의 과감한 노출 이후로 가슴 큰 여배우들은 아주 노골적으로 자신의 가슴을 드러

낸다. 영화제 시상식이나 시사회가 있는 날의 뉴스에서는 어김없이 그녀들의 가슴을 볼 수 있다. 이들이 가슴을 드러내는 이유는 단순하다. 이 가슴을 훔쳐보는 철없는 이들이 너무나 많기 때문이다.

왜 이토록 남자들은 큰 가슴에 집착하는 것일까? 미국식 포르노에 길들여졌기 때문이라고 폄하하는 것은 너무 단순한 해석이다. 미국식 포르노에서는 큰 가슴 이외에도 정말 많은 것을 보여준다. 채찍, 가죽장화 등등. 그러나 이 땅의 사내들은 그중에서 유독 큰 가슴에만 집착한다.

사는 게 재미없기 때문이다.

삶에서 어떠한 즐거움도 찾을 수 없는 이 땅의 사내들에게 나타나는 첫 번째 현상은 '큰 가슴으로의 퇴행'이다. 아무도 자신을 이해해주지 않기 때문이다. 너무나 많은 이야기를 하고 살지만, 정작 자신의 내면 깊숙한 곳의 이야기를 들어줄 사람은 아무리 둘러봐도 없다. 게다가 세상은 갈수록 이해하기 어려워진다. 변화의 속도를 따라갈 수 없어 무기력해질 때가 한두 번이 아니다. 내가 정말 잘 알고 있다고 생각했던 상황이 온통 뒤바뀌어 황당했던 경험이 반복되면, 오히려 스스로를 의심하게 된다.

의사소통의 문제다. 진정한 의사소통 행위에는 '정서공유'가 전제되어야 한다. 그러나 서로의 정서를 공유하는 과정이 박탈된 논리적 의사소통 행위는 사람을 불안하게 만든다. 이러한 소통의 부재로 인한 불안 때문에 한국 남자들은 큰 가슴을 그리워하는 것이다. 그 큰 가슴에 머리를 깊이 처박고 울고 싶은 것이다.

인간이 가장 완벽한 소통을 경험하는 곳은 어머니의 가슴이다. 심층심리학적으로, 어머니의 젖을 빨 때 아기는 자신을 가장 완벽하게 이해해주는 또 다른 사람이 세상에 있다는 것을 느낀다. 자신이 현재 느끼는 감정을 똑같이 느끼는 또 다른 존재가 세상에 있다는 사실로부터 인간의 의사소통 행위는 시작된다. 이를 철학적인 개념으로는 '상호주관성inter subjectivity'이라고 한다.

생각해보라. 내가 지금 이야기하는 '가슴'이라는 단어의 의미와 이 글을 읽고 있는 독자들이 이해하는 '가슴'이라는 단어의 의미가 똑같다고 도대체 누가 보장해줄 수 있을까. 그러나 우리는 서로 같은 의미로 이해하고 있다고 믿는다. 이 근거 없어 보이는 '상호주관성'의 믿음은 도대체 어디에서 기인하는 것일까? 바로 어머니의 가슴이다. 어머니와 피부를 맞대고 정서를 교환하는 행위로부터 인간은 세상과 소통할 수 있는 능력이 생기는 것이다. 세상과 내가 서로 소통할 수 있다는 신념은 바로 어머니의 가슴에서 시작된다. 소통이 어려워질수록 인간은 불안해진다. 이 불안함을 극복하는 방법은 지극히 원초적인 방식으로 나타난다. 어머니의 가슴에서 완벽했던 정서의 소통 경험에 대한 기억이 큰 가슴에 대한 열광으로 이어지게 되는 것이다.

아기가 자라나게 되면, 어머니 이외의 사람들과 또 다른 정서 공유의 소통 경험을 하게 된다. '놀이'다. 놀이는 어머니의 가슴에서 경험했던 의사소통의 원형이 확대되는 과정이다. 놀이에 참여하는 이들은 동일한 성질의 정서적 경험을 하게 된다. '재미'다. 놀이에서 경험되는 '재미'라고 하는 심리적 경험은 어머니의 가슴에서 경험되었던 상호주관성이 확대된 형태다. 결국 나와 같은 철없는 중년들의 '김혜수의 가슴'에 대한 열광은 소통 부재의 불안과 재미없는 삶으로부터 도피하려는 퇴행적 현상인 것이다.

전혀 재미없는 삶에 지친 한국의 중년들에게 최근 나타난 두 번째 이상현상이 있다. '마라톤'이다. 몇 년 전부터 마라톤대회가 열리면 사람들로 미어진다. 죄다 40~50대 중년들이다. 대부분 건강을 위해 뛴다고 한다. 그러나 왜 하필 마라톤인가? 군대에서 10킬로미터 구보를 해본 남자들은 충분히 짐작할 수 있다. 42.195킬로미터를 안 쉬고 달린다는 것이 얼마나 고통스러운 일인가를. 그러나 이 땅의 사내들은 죽어라고 달린다.

요즘 마라톤대회는 절대 적자 나는 법이 없다고 한다. 전국에서 고통을 자처하는 사내들이 밀려들기 때문이다. 이들의 마라톤 완주 횟수는 일 년에 10~20회에 육박한다. 그러나 이봉주 선수와 같은 전문 마라토너도 일 년간 완주 횟수는 3~5회에 불과하다고 한다. 한 번 마라톤 완주를 하려면 엄청난 체력을 소진해야 하기 때문이다. 그런데도 이 땅의 중년들은 죽어라고 뛴다. 잘못하면 생명까지도 위협하는 이 고단한 달리기를 하는 이유는 단순히 건강 때문만이 아니다.

물론 건강을 위해 달리는 이들도 많다. 내가 궁금한 것은 이 느닷없는 마라톤 '열풍'이다. 건강을 위해 할 수 있는 스포츠가 셀 수 없이 많은데, 왜 하필 그 재미없고 고통스러운 마라톤에 열광하는 것일까?

존재를 확인할 수 없기 때문이다.

세상과 더 이상 소통할 수 없을 것 같은 불안에 시달리는 이들이 택할 수 있는 가장 쉬운 존재 확인 방식은 '자학'이다. 온몸으로 느껴지는 고통을 통해, 존재를 확인하려는 것이다. 사회적 관계와 소통을 통해 더 이상 확인되지 않는 자신의 존재를 자신의 몸에 가해지는 고통을 통해 느끼고 싶은 것이다. 마라톤대회에 참가하여 완주한 이들에 대한 인터뷰에 한결같은 대답이 있다. "나 자신과의 싸움에서 이기기 위해서 뛰었다"는 것이다. 아, 그러나 나 자신은 '싸워서 이겨야 하는' 대상이 절대 아니다.

나 자신과 소통하는 행위를 철학에서는 자기반성self-reflection이라 한다. 거울에 자신의 모습을 비추듯, 자신과 마주보며 스스로 이야기하는 행위가 자기반성인 것이다. 그러나 이 땅의 사내들은 자신과 마주 대하며 이야기하기보다는 자신과 싸워 이기려고 한다. 하지만 이런 방식으로 내 진정한 존재가 회복되지는 않는다. 소통 행위의 부재로 야기된 불안은 소통의 회복으로만 가능하기 때문이다. 그러나 그들은 여전히 고통스럽게 달린다. 이것이 사는 게 도무지 재미없는 이 땅의 사내들에게 나타나는 두 번째 현상, 즉 '자학적 존재 확인'이다(내가 이런 주장을 하니 어느 마라톤 단체의 회장이 아주 심하게 여러 번 항의를 해왔다. 그러나 제발 내 이야기의 본질을 이해하기 바란다. 건강을 위해 뛰는 것에 대해 뭐라 하는 것이 아니다. 내 주장은 이 느닷없는 중년들의 마라톤 열풍에 대한 문화심리학적 해석일 뿐이다).

삶이 재미없는 한국 남자들에게 나타난 세 번째 병적 현상은 '폭탄주'다. 이건 정말이지 심각하다. 마라톤은 그 자체로 해결책은 될 수 없으나, 그래도 불안에서 벗어나려는 진지한 노력이라고 여겨진다. 그러나 마라톤에 비해 폭탄주는 아주 악질이다. 문제를 해결하려면 문제를 인식할 수 있어야 한다. 그래야 해결책이 나온다. 하지만 폭탄주는 문제로부터 도피하려는 아주 심각한 퇴행적 현상이다.

내가 오랜 외국생활을 마치고 한국에 돌아왔을 때, 견딜 수 없이 신기했던 것이 폭탄주였다. 저녁마다 모여 폭탄주를 돌리는 모습을 도무지 이해할 수 없었다. 고등학교 시절, 친구 집에서 친구 아버지가 아끼는 양주를 몰래 마시고 보리차로 채워 넣었던 기억은, 나름 놀았던 이들이라면 누구나 가지고 있다. 그런데 그 아까운 양주를 사람들은 밤마다 정말 보리차 마시듯 마셔버린다. 무엇보다도 그 아까운 술을 그런 식으로 마셔 '버릴' 수는 없는 것이다. 왜 폭탄주를 마시느냐고 물었다. 빨리 취한다고 했다. 나는 또 물었다.

"왜 빨리 취하려고 하느냐?"

맨 정신으로 서로 멀뚱멀뚱 바라보며 이야기하기가 힘들다고 했다. 그래서 빨리 취하려고 폭탄주를 돌린다고 했다. 폭탄주가 몇 잔 돌아가고 눈이 흐릿해지면 그제야 비로소 맘을 터놓고 이야기한다고 했다. 이런! 취한 후에 서로 '한 이야기 하고 또 하는 것'을 두고 아무도 '이야기를 나눈다'고 하지 않는다. '취해 주정부린다'고 한다.

서로 마주보며 이야기하기를 두려워하는 것을 정신병리학에서는 '자폐증'이라고 한다. 폭탄주는 집단 자폐증상이다. 자폐증은 정상적인 사회생활이 불가능한 아동들에게만 나타나는 현상이 아니다. 멀쩡하게 사회생활을 잘하고 있는 이들에게도 자폐현상은 나타난다. 오랫동안 알고 지냈음에도 불구하고, 그 사람의 구체적 신상에 대해 전혀 아는 바가 없는 경우가 가끔 있다. 절대 자신의 이야기를 하지 않기 때문이다. 이들은 자신의 내면세계가 타인과 공유되는 것을 두려워한다. 이런 경우도 약한 정도의 자폐증상이라 할 수 있다.

자폐증의 원인은 아직도 명확하게 밝혀진 바 없다. 그러나 타인과 자신의 생각과 정서를 공유하는 것을 두려워하는 증상을 폭넓게 자폐증이라고 정의할 수 있다. 심각한 자폐환자든, 정상적 사회생활이 가능한 자폐환자든, 모든 종류의 자폐환자들이 공유하는 증상이 있다. 서로의 눈을 절대 마주치지 않는다. 자신의 내면이 드러날까 두려운 까닭이다.

마찬가지다.

폭탄주를 마시고, 눈앞이 흐릿해져야만 타인과 마주보고 이야기할 수 있는 이 땅의 사내들 또한 아주 심각한 자폐증을 앓고 있다.

술을 마시지 말란 이야기가 아니다. 제대로 마시란 이야기다. 술이란 서로 이야기를 나누며 세계관을 공유하거나, 지난 이야기를 주고받으며 정서를 공유하려고 마시는 것이다. 그런데 서로 정서를 공유하며 이야기를 나누는 것이 두려워, 빨리 취하려고 마시는 술자리가 어찌 정상이라 할 수 있을까.

더 심각한 것은 일반 샐러리맨들만 폭탄주를 마시는 것이 아니라는 사실이다. 교수들도 모이면 폭탄주를 마신다. 관공서의 공무원들도 마신다. 정치인들도 밤마다 폭탄주다. 소통 부재의 두려움에서 벗어나기 위해 전 국민이 밤마다 폭탄주라는 집단 자폐증에 걸려 휘청거린다.

큰 가슴, 마라톤, 폭탄주와 더불어 삶이 재미없는 이 땅의 사내들이 몰두하는 새로운 현상이 있다. 스포츠마사지, 각종 스파 시설부터 안마시술소, 퇴폐이발소에 이르기까지 다양한 방식으로 피부를 자극하는 서비스 산업의 엄청난 호황이다. 동네마다 다 있는 운동장만 한 찜질방도 크게는 이 범주에 넣을 수 있다. 도대체 왜 갑자기 이런 현상이 나타났을까? 나는 이를 '피부자극결핍증후군'이라고 부른다. 의사소통 장애로 인해 나타나는 네 번째 현상이다.

만지는 행위는 상호작용의 가장 기본적 형태다. 우리가 남의 몸을 손으로 만질 때, 우리의 손은 상대방의 몸에 의해 만져진다. 만질 때 만져지는 것이다. 사랑하는 사람끼리 만나면 서로 껴안는다. 만지고, 또 만져지고 싶기 때문이다. 그러나 나이가 들어갈수록 아무도 나를 만져주지 않는다.

모든 포유류는 본능적으로 피부접촉을 통한 정서적 안정을 추구하게 되어 있다. 스킨십이 박탈된 상태에서 자란 원숭이는 면역력이 떨어질 뿐만 아니라, 불안증세를 보이다 일찍 죽는다. 새끼 쥐를 둘로 나누어 한 집단에게는 물을 묻힌 붓으로 피부를 계속 자극해주고, 다른 집단에게는 그저 먹을 것만 제공했다. 물 묻힌 붓은 어미 쥐가 혀로 핥아주는 것과 마찬가지 효과를 보였다. 먹을 것만 제공받은 쥐는 불과 몇 주를 못 버티고 죽은 반면, 붓으로 계속 자극해준 쥐는 건강하게 살아남았다.

인간도 마찬가지다. 간호사들이 지속적으로 만져주며 위로해주는 중환자실의 생존율은 다른 중환자실의 생존율에 비해 훨씬 높았다고 한다.

뇌생리학자인 와일드 펜필드Wild Penfield가 뇌가 담당하는 신체 부위의 차이를 분석했다. 신체 부위를 담당하는 뇌의 부위는 각각 다르고, 그것의 크기 또한 다르다. 이에 따라 각각의 신체 부위를 맡고 있는 뇌의 비율을 역으로 계산하여 신체의 크기를 다시 계산한 것이다. 그 그림을 보면, 우리가 아주 중요하다고 생각하고 자주 만져주길 원한다고 여기는 성기가 차지하는 비중은 의외로 작다. 우리의 뇌는 그 부분에 그리 큰 신경을 쓰지 않는다는 이야기다. 그런데도 자꾸 그 부위만 만져달라고 한다. 헛발질이다.

뇌가 가장 많은 신경을 쓰는 부위는 손과 입술, 혀의 순서다. 그래서 사랑하는 이를 끊임없이 만지고 싶은 것이다. 키스도 그래서 하는 것이다. 보다 많은 뇌를 사용하여 느끼고 싶은 까닭이다. 더 많이 느끼고 싶은 젊은 연인들은 혀도 아주 자주, 다양하게(!) 사용한다. 뇌에서 차지하는 혀의 비중을 보면, 왜 혀를 사용해야 하는가를 바로 이해할 수 있다. 입술만큼이나 혀도 중요하기 때문이다. 우리가 맛있는 음식에 그토록 집착하는 이유도 마찬가지다.

"만지고 만져지는 자연스러운 스킨십을 통한 의사소통 과정이 박탈당하면서 에로티시즘의 왜곡이 나타났다"고 영국의 사회학자 앤서니 기든스Anthony Giddens는 주장한다. 온몸으로 느껴야 하는 상호관계성이 성기에만 집중되어 나타나는 왜곡된 남근중심주의적 포르노물의 범람이 그 예다. 한국의 안마시술소, 퇴폐이발소는 이러한 이론적 맥락에서 제대로 이해될 수 있다. 단순한 변태 성매매가 아니다. 건강한 일상의 재미가 사라지면서 자연스러운 정서적 교류가 박탈된 한국 남자들의 의사소통 장애가, 범람하는 안마시술소, 퇴폐이발소의 진짜 원인인 것이다. 이 본질적인 문제가 해결되지 않는 한, 한국의 각종 변태영업은 성매매금지법 따위로는 절대 해결할 수도, 해결될 수도 없는 일이다.

사회적으로 건전하다고 여겨지는 스포츠마사지, 스파, 안마와 같은 서비스 시설 또한 이러한 근원적인 소통 부재의 불안을 치유하기 위해 나타난 자본주의적 해결책이다.

21세기에 나타난 대부분의 웰빙 산업은 바로 이러한 맥락에서만 제대로 이해할 수 있다. 정말 '블루오션'이 아닐 수 없다. 만지고 만져질수록 자신과 상대방의 존재는 커진다. 상호작용적 존재감이 커진다는 이야기다. 그러나 자본주의적 해결책은 '엄한' 특수부위만 자꾸 커지게 한다.

어쨌든 만질수록 커진다. 어느 부위든.

정말 사랑스러운

포도알

어쩌다 이런 희한한 포도알을 만나면, 너무 기분 좋다.
아무 말도 필요없다.
그저… 아휴… 아휴… 한다.

세상 모든 남편에게 아내는 죄다 포도알이었다.
좋아서 어쩔 줄 몰라 그저 아휴… 아휴… 했었다.

처 음 에 는 …
모 두   다 …
그 랬 었 다 .

영원히
철들지 않는
남자들의
문화심리학

2

계 절 이 바 뀌 면

남 자 도 **생 리** 를

한 다

CULTURAL PSYCHOLOGY
OF
MASCULINITY

봄에는 발정하는 수컷처럼
설레야 옳다

봄은 식물의 발정기다. 흩날리는 꽃가루와 꽃잎은 식물의 정자, 난자다. 봄만 되면 우리가 설레는 이유는 바로 이 때문이다.

사방이 식물의 포르노다. 어찌 흥분되고 설레지 않을까?

봄꽃들 중에 난 배꽃이 제일 좋다. 벚꽃은 너무 빨리 진다. 조루다. 게다가 내 경험상 벚꽃 필 때는 항상 추웠다. 바람도 매번 강하게 불었다. 한나절 흐드러지게 피었던 꽃들이 찬바람 한 번 불면 이내 사라져버린다. 조루에 성격까지 고약한 거다. 반면 조금 늦게 피는 배꽃은 약간 촌스러운 듯하지만, 그렇게 쉽게 떨어지지 않는다. 게다가 배꽃은 나지막하다. 착하다. 그 꽃그늘에 숨어 있자면, 참 많이 행복해진다.

압구정동 전체가 온통 배밭이었던 때가 있었다. 당시 고등학생이었던 난, 봄이 되면 온갖 이유로 학교를 조퇴하고 그 배나무 아래서 해가 질 때까지 혼자 뒹굴곤 했다. 007가방만 한 카세트데크를 끌고 배나무 밑으로 들어가, 존 덴버의 '선샤인 온 마이 숄더'만 죽어라 들었다. 그때 나는 '사랑하는 여자가 생기면, 첫 키스는 반드시 배나무 아래서 하겠다'는 생각을 했다. 꽃의 발정기에 어린놈이 환장한 거다.

그러나 살면서 지금까지 배꽃 그늘에서 키스해본 적은 한 번도 없다. 아내와의 첫 키스도 당시 아내가 살던 아파트 노인정 화장실 담벼락에 밀쳐놓고 했다. 결혼한 지 20년이 지난 지금도, 그때 이야기가 나오면 아내는 아주 심하게 열 받아 한다. 욕먹어 싸다.

봄이 되었는데도 더 이상 설레지 않는다면, 그건 살아 있는 게 아니다. 봄이 되면 내 가까운 친구들도 모두 다 발정기다. 대학 때부터 친구인 귀현이, 인수, 응원이, 나 이렇게 넷은 요즘 자주 만나 골프를 친다. 그러나 골프는 핑계다. 모두 100타 언저리에서 왔다 갔다 할 따름이다. 다른 사람들과는 절대 나눌 수 없는 아주 편하고 적나라한 이야기를 하고 싶어 만난다. 모두 사십 끝줄의 철없는 수컷들의 발정기 이야기다.

자신의 에로틱한 상상력이 아내 앞에만 서면 왜 형편없이 무너지는가를 고민하는 귀현이는 저녁마다 베이비오일 한 통을 사가지고 집에 들어간다. 처음에는 기겁하던 아내가 이젠 '저 인간이 언젠가는 제풀에 지치겠거니' 하며 아예 거들떠보지도 않는단다. 그러나 귀현이는 매번 베이비오일의 효능에 대해 입의 침이 마르도록 이야기한다. 아끼지 말고 한 번에 한 통을 다 써야 한단다.

남들은 자식들 대학 보낼 나이에 겨우 장가든 인수는 최근에 딸을 봤다. 밤마다 우는 애 달래느라 눈은 항상 벌겋다. 그러나 가만히 이야길 들어보면 인수의 에로틱한 상상력은 친구들 중에 가장 활발하고 왕성하다. 상상하는 만큼 반드시 실천하는 듯하다. 매번 '플로우flow' 경험이란다.

인수는 최근 각광받고 있는 '플로우' 이론의 창시자인 시카고 대학 심리학과 미하일 칙센트미하이Mihaly Csikszentmihalyi 교수의 수제자다. 베스트셀러인 《몰입flow》이라는 책도 인수가 번역한 거다. 성균관 대학 교수로 있는 인수는 창의성 이론에 관해서는 국내 최고다. 다 에로틱한 상상력 덕분이다.

프로젝터 유통회사 사장인 응원이는 사람 참 좋다. 다들 100타 언저리의 실력이지만 그중에서도 실력이 가장 처진다. 내기를 하면 매번 돈을 잃는다. 하지만 아무리 약 올려도 화 한 번 내는 법이 없다. 그러나 발정기 이야기에는 눈이 가장 반짝거린다. 아침마다 조기축구에 빠지지 않고 나가는 이유도 다 아내의 행복과 만족을 위해서란다. 우리가 허풍으로 하는 이야기도 집에 가면 어떻게든 실험해보는 것 같다. 겉은 점잖고 멀쩡한 녀석이 속은 그렇게 음란할 수가 없다.

나? 나는 요즘 발정기는커녕, 아내에게 삐쳐 말도 안 한다. 갈수록 나보다 더 바빠지는 아내가 이젠 내놓고 나에 대해 무관심해지는 까닭이다. 천안 부근 대학의 교수인 아내는 아침이면 정신없이 나가기 바쁘다. 어느 순간부터 아침식사를 안 챙겨주기 시작하더니, 이젠 아예 보약도 알아서 챙겨 먹으라고 한다. 그러나 "내 보약은 나만을 위한 것이 아니다, 아내를 위한 것이기도 하다"고 투덜거리면 귀현이, 인수, 응원이는 합창하듯, 동시에 내게 욕을 바가지로 한다.

우리가 나누는 이야기는 20대 초반의 군인들이 밤에 보초 서며 나누는, 딱 그런 수준의 이야기들이다. 매일 밤, 대한민국의 모든 군인들은 밤새 여자 이야기만 한다. 그것도 말도 안 되는 상상력과 비약으로 뭉뚱그려진 이야기다. 군인들의 이야기를 종합하면 대한민국에 숫처녀는 한 명도 없다. 딱 한 번 만난 여자는 뜨거운 키스를 나눈 여인으로 둔갑한다. 어쩌다 커피 한잔 한 여인은 함께 긴 밤을 보낸 여인이 된다. 그런 여인이 한두 명이 아니다. 어떤 때는 내가 이틀 전에 다른 고참에게 한 이야기를 오늘 밤 또 다른 졸병이 마치 자기 이야기처럼 늘어놓는다. 이렇게 서로 하는 모든 여자 이야기가 100퍼센트 B&G, 즉 '뻥 앤 구라'라는 것을 모두 빤히 안다. 그렇지만 각자 온갖 상상력을 동원해 흥분하며 감탄한다.

요즘 내가 친구들과 나누는 이야기의 내용이나 형식도 보초 서는 군인들의 B&G에서 크게 벗어나지 않는다. 그러나 키득거리며 이런 이야기를 주고받다 보면 20대 초반의 설레던 대학시절로 다시 돌아간 기분이다. 따져보자. 아니, 이런 이야기를 이 친구들 아니면 도대체 누구와 할 수 있을까? 철없는 농담에 서로 정말 행복해한다. 중간중간 진지하게 서로의 건강을 진심으로 걱정해준다. 하나라도 아프지 말자고, 건강하게 오래오래 이렇게 어설픈 음담패설을 나누며 골프나 함께 치자고.

나이가 들수록, 사회적 지위가 높아질수록, 아무 이야기나 속 터놓고 낄낄거리며 음담패설을 나눌 친구가 사라지는 까닭이다. 의무감으로, 하나도 재미없는 이야기를 나눠야 하는 사람들을 자꾸 만나야만 한다. 하는 이야기야 정말 뻔하다. 주가 떨어진 이야기, 땅값 오른 이야기, 누구누구가 떼돈 번 이야기, 아니면 정치인 욕하는 이야기. 특히 정치인 욕하기는 전 국민의 여가활동이 된 듯하다. 물론 가끔 농담도 한다. 그러나 그 내용이라야 돌고 돌아, 모든 사람이 다 아는 유머다. 썰렁하기 짝이 없는 이런 종류의 유머를 '아저씨 유머'라고 한다. 캐디 언니들도 억지로 웃어줄 따름이다. 어찌 행복할 수 있을까?

마흔 끝줄의 사내들이 정말 싱겁기 그지없는 음담패설을 나누며 키득거릴 수 있다는 것은 심리적으로 '자유로움'을 느낄 때만 가능한 일이다. 심리학자들은 행복을 가능케 하는 심리적 요인 중에 가장 중요한 것이 바로 이 '지각된 자유perceived freedom'라고 주장한다. 행복은 얼마나 자유로움을 느끼느냐에 달려 있다는 이야기다. 우리가 돈을 많이 벌고 높은 지위에 올라가고 싶은 것은, 많이 벌수록, 높아질수록 그만큼 '자유로워질 것'이라고 생각하기 때문이다. 이런 생각이 착각이란 것은 누구나 안다. 그러나 달리 자유로울 방법을 모른다. 그저 남들 가는 대로, 막힌 길을 달려갈 뿐이다. 한참을 지난 후, 스스로 막다른 벽에 부딪혀봐야 비로소 후회한다. 아, 그러나 그때는 이미 늦었다. 그래서 세월이 갈수록, 스스럼없는 친구들과 함께하는 심리적 자유로움이 귀하게 느껴지는 것이다.

흥미로운 사실은 심리적으로 경험하는 자유는 실제 자신을 둘러싼 공간의 자유로움과 밀접한 상관이 있다는 것이다. 탁 트인 자연을 언제나 접하는 시골에서 자란 사람이 정서적으로 훨씬 자유로움을 느낀다고 한다. 미국 콜로라도 대학 경영학과의 로렌스 윌리엄스 Lawrence Williams와 예일 대학교 심리학과의 존 바그John Bargh는 최근 〈심리과학Psychological Science〉지에 발표한 논문에서 "좁은 공간에 살며 문까지 꼭꼭 틀어막고 사는 도시의 사람보다, 공간이 훨씬 넓게 지각되는 시골의 주택에 사는 사람이 정서적으로 훨씬 안정되고 자유롭게 느낀다"고 주장한다.

이들 연구에 따르면 심리적 공간이 넓은 사람은 정서적 반응도 안정되어 있어, 폭력적인 장면이나 불편한 사건에 대해 심리적으로 그리 크게 동요하지 않았다. 반면 심리적 공간이 좁은 사람은 훨씬 더 민감하게 반응하고, 불편하게 느꼈다. 뿐만 아니라 일상생활에 상존하는 위험에 대해서도 훨씬 더 과장되게 반응했다. 예를 들어 이들은 심리적 공간이 넓은 이들에 비해 초콜릿이나 패스트푸드의 위험을 훨씬 더 심각하고 예민하게 받아들이고 있었다. 결국 심리적 공간이 넓어야 정서적으로 안정될 뿐만 아니라, 주체적으로 느낀다고 판단하며 자유로움을 느낀다는 이야기다.

중요한 것은 이 심리적 공간이 일상에서 실제로 경험하는 공간의 넓이만큼 커진다는 사실이다. 일상에서 경험하는 공간이 넓을수록 자유롭고 편안함을 느낀다면, 기껏해야 30평 안팎의 아파트에 살아야 하는 이 땅의 사내들은 도대체 어쩌란 말인가?

게다가 이 사내들은 그나마 편안한 공간인 집에 머무는 시간도 얼마 되지 않는다. 매일같이 새벽부터 저녁까지 한 평도 안 되는 책상에 앉아, 평방 30센티 정도의 컴퓨터 화면을 들여다보며 하루를 보내야 한다. 아이러니하게도 그 좁은 화면을 우리는 '윈도우', 즉 세상을 보는 '창문'이라고 부른다. 날이 갈수록 불안해지고 예민해지는 것이 절대 우연은 아니다.

이 땅의 사내들이 유일하게 자유를 느끼는 공간은 자동차 운전석이다. 그것도 자가용 출근이 가능한, 아주 운 좋은 경우에 한해서다. 그래서 그들은 그 마지막 자신의 자유로운 공간이 침해받는 것을 절대 용서하지 않는다. 아무리 점잖은 사람도 운전석에 앉으면 난폭해진다. 차선을 바꾸겠다고 앞차가 깜빡이를 켜면, 그것을 '빨리 오라'는 신호로 받아들인다. 바로 달려가 앞차와의 간격을 줄여 절대 끼어들지 못하게 막는다. 유일하게 자유로운 자신의 공간이 침해받는다고 느끼기 때문이다.

조금 현학적으로 이야기하자면, 모더니티modernity는 심리적 공간의 축소 과정이라 할 수 있다. 공적 영역과 구별되는 사적 영역이 중요시되고, 개인의 삶은 보호되어야 한다는 모더니티의 이데올로기는 각 개인의 소유공간을 구획으로 나누어 좁혀가기 시작한다.

우리가 살고 있는 아파트는 이 모더니티의 완성이다. 그러나 문제는 아파트의 평수가 40평, 50평으로 아무리 넓어져도 개인의 좁디좁은 사적 공간은 전혀 넓어지지 않는다는 사실이다. 아파트의 내부를 또 다시 좁은 공간으로 구획 짓고 그 연결부위는 문으로 걸어 잠근다. 사적 공간을 확보하여 개인의 자유를 보장받고자 하는 모더니티의 욕구가 결과적으로는 갈수록 심리적 공간을 축소하게 된 것이다. 갈수록 현대인들이 불안해지고, 예민해지는 이유는 바로 이 때문이다. 모더니티의 변증법이라고나 할까?

시간이 되면 자꾸 밖으로 나가야 한다. 밖에 나갈 여유가 없을수록, 더욱더 짬을 내 밖으로 나가야 한다. 퇴근하면 아이들 손잡고 동네라도 한 바퀴 돌아야 한다. 편한 친구들과 만날 때도 좁은 술집에서 만날 일이 절대 아니다. 좁은 술집에 갇혀 술을 마시면, 서로 살기 어렵다는 이야기만 하다 끝난다. 마지막에는 꼭 술 취해 사고치는 놈이 나온다. 그래서 나이가 들수록 친구들도 바깥에서 만나야한다. 그래야 서로 즐거워진다. 심리적 공간이 넓어지기 때문이다.

회사의 점심시간도 마찬가지다. 떼로 몰려나가 급하게 곰탕이나 말아먹고, 여직원에게 허접스런 농담이나 던지며 다시 그 좁은 책상의 일자리로 돌아오는, 그 어리석은 일은 정말 피해야 한다. 점심시간을 이용해 노천카페에 단 한 시간이라도 혼자 앉아 '한 번에 한 통씩 써야 하는 베이비오일의 올바른 사용법'에 대해 고민하는 청승이라도 떨어야 한다. 공연히 불안하고, 쓸데없는 걱정에 잠 못 이루는 날이 많아질수록 심리적 공간을 넓혀야 한다.

더 이상 그 옛날의 압구정동 배꽃 그늘을 즐길 수 없는 난, 봄이 되면 '예술의전당'의 넓은 분수광장을 자주 찾는다. 서울에서 그렇게 편하게, 넓고 행복한 공간은 쉽게 찾을 수 없다. 그곳에서는 하루에도 몇 번씩 아름다운 음악에 맞춰 분수가 춤을 춘다. 마리오 델 모나코의 아주 오래된 노래나 최근의 크로스오버 곡에 따라 춤을 추던 분수는 음악의 피날레 부분이 되면 마치 공작의 꼬리털처럼 폭발하듯 아름답게 물을 뿜어낸다. 자주 오는 아이들은 아예 노란 비옷을 챙겨 그 앞에서 물을 맞는다. 젊은 부모들 역시 그 순간만큼은 그렇게 관대할 수 없다. 아이들의 옷이 아무리 젖어도 나무라지 않는다. 그저 흐뭇하게 웃을 뿐이다. 그런 모습을 바라보는 것만으로도 그렇게 행복해질 수가 없다.

난 분수광장 옆의 모차르트 카페에서 커피를 주문해, 혼자 앉아 아주 오래 마신다. 밤에 혼자 갈 경우에는 '헤페바이첸Hefeweizen'이라는 독일식 맥주를 한 잔 시켜, 매번 입맛을 다셔가며 고소한 맛을 음미하기도 한다. 그렇게 혼자 앉아, 몇 시간이고 음악회에 오는 아가씨들을 멍하니 바라보는 일은 아주 묘한 즐거움이다.

예술의전당 분수광장을 오가는 아가씨들은 무조건 예쁘다. 옷도 한껏 예쁘게 차려 입었을 뿐만 아니라, 한결같이 즐거운 표정들이기 때문이다. 가끔 '귀현이의 베이비오일' 생각이 떠오르기도 한다. 그러면 혼자 괜히 쑥스러워하며 고개를 흔든다.

그러나 그렇게 고개를 흔들어 터는, 그 몇 센티의 공간만큼 내 심리적 공간은 넓어진다. 덜 불안해진다는 이야기다.

예술의전당 분수광장의
모든 여인은 아름답다

괜히 우울한 날,
도대체 이렇게 살아도 되는가 싶은 날에는
예술의전당 분수광장에 간다.
음악분수 옆의 모차르트 카페에서
커피를 시켜 오래도록 홀짝거리며 마신다.
슬픈 내 앞으로 아름답게 치장한 여인들이
웃으며 지나간다.
웃는 여자는 무조건 예쁘다.
나 도 웃 는 다 .
이 젠 , 집 에 가 도 된 다 .

망각할수록
삶은 만족스러워진다

사내들은 자라면서 어느 시기가 되면, 여인의 아름다움이 너무나 자신의 가슴을 설레게 한다는 사실을 깨닫게 된다. 그때부터 사내들은 철없이 헤매기 시작한다. 그리고 죽을 때까지 헷갈려 하며 헤맨다. 그 헤맴의 실체는 도무지 스스로는 어쩔 수 없는 에로티시즘이다. 들뜬 것 같은 약간의 미열을 동반한 몽롱한 상태….

사내들이 처음 경험하는 에로티시즘의 대상은 대부분 연상이다. 여자 담임선생님일 수도 있고, 이웃집 누나일 수도 있다.

내게는 미국 여배우 '데보라 카'였다.

초등학교 6학년 때쯤으로 기억한다. 〈쿼바디스〉라는 영화를 학교에서 단체 관람했다. 영화 마지막 장면에서 데보라 카는 콜로세움 한가운데로 끌려 나온다. 그때 그녀가 입었던 하늘거리는 치마를 보며, 난 난생 처음 여인의 아름다움에 흥분했다. 그녀의 노예가 사자와 싸우는 처절한 장면이 계속 화면을 가득 채웠지만, 난 그 뒤에 묶여 있던 데보라 카만 정신없이 바라봤다. 몸매의 실루엣이 그대로 다 드러나는 그녀의 치마는 바람에 계속 날리고 있었다. 그 장면을 나는 지금도 너무나 생생히 기억한다.

요즘도 하늘거리는 주름치마를 보게 되면 정신이 혼미해진다. 다 데보라 카 때문이다. 봄날, 어쩌다가 주름치마에 망사스타킹까지 신고 있는 여인의 뒷모습을 보게 되는 날에는 아주 땅바닥에 주저앉을 지경이 된다.

좀 더 자세히 스스로를 분석해보면, 주름치마에 내 정신이 혼미해짐은 단순히 데보라 카 때문만은 아니다. 내 혼미함에는 보다 깊은 심층심리학적 원인이 있다.

그 영화를 보던 날, 난 에로티시즘의 첫 경험과 더불어 죽음에 대한 엄청난 공포도 생전 처음 느껴야 했다. 그 당시, 영화를 보기 전 모든 관람객은 상당히 긴 시간 정부 홍보 프로그램을 봐야만 했다. '대한늬우스'라는 것도 했다. 이어지는 국민계몽 프로그램도 봐야 했다. '새마을운동' 홍보에서부터 '쥐를 잡자'와 같은 캠페인들이다. 그날, 영화 〈쿼바디스〉를 기다리며 내가 봐야 했던 홍보영화는 '연탄가스의 위험'에 관한 캠페인이었다.

당시 살던 집에서 연탄가스 때문에 몇 번이나 동치미 국물을 마셔야 했던 나는 연탄가스의 위험을 어렴풋이 느끼고 있었다. 그러나 그 홍보영화는 내가 막연히 생각하던 그런 차원이 아니었다. 너무나 적나라하게 연탄가스로 죽어가는 사람의 모습과 슬퍼하며 오열하는 가족의 고통을 반복해서 보여줬다. 너무 공포스러웠다. '우리 식구 중 누군가가 연탄가스로 죽으면 어쩌나' 하는 두려움에 부들부들 떨렸다. 그 이후로 연탄가스를 포함한 모든 종류의 가스는 엄청나게 무서운 것이라는 공포감이 내 무의식 한가운데 아주 깊이 자리 잡게 된다. 지금도 난 가스가 암보다도 무섭다. 당시 정부 캠페인 담당자는 정말 성공적으로 자신의 업무를 완벽하게 완수했다. 한 개인에게 평생 지워지지 않는 공포심을 심어줄 정도로 가스의 위험성을 알렸기 때문이다.

지금도 가스 공포는 날 괴롭힌다. 가스 밸브 잠그기에 대한 강박증이다. 어쩌다 집에 혼자 있다가 외출할 때면, 나는 정말 몇 번이고 가스레인지의 스위치를 확인한다. 밖으로 나와 운전석에 앉아서도 내가 가스 불을 제대로 확인했는가를 또 다시 의심한다. 방금 다 확인하고 나왔는데도 뭔가 계속 찝찝하다. 이런 상태로는 도무지 떠날 수 없다. 어쩔 수 없이 집에 다시 들어간다. 이젠 아예 베란다의 가스 밸브를 원천봉쇄해버린다. 이러는 내가 너무 싫지만 어쩔 수 없다. 안 그러면 하루 종일 불안하기 때문이다. 이런 식의 악순환은 내 생활이 바쁘고 힘들수록 심해진다. 이 모든 스트레스는 바로 그때,

그 〈쿼바디스〉의 연탄가스 예방 홍보영화 때문이다.

데보라 카의 '주름치마'가 내 정신을 혼미케 하는 것이 아니라는 이야기다. 연탄가스 중독에 대한 내 유년기의 공포가 내 정신을 혼미케 하는 것이다. 영화 시작 전의 죽음에 대한 공포와 영화 말미의 에로틱한 흥분을 동시에 감당하기엔, 당시의 나는 너무 어렸다. 이런 종류의 과도한 유년기의 충격은 어떠한 형태로든 흔적을 남기게 되어 있다. 주름치마에 대한 내 지나친 집착과 가스 밸브 강박증이 바로 그 결과다. 구태여 프로이트식 용어를 쓰자면 에로스적 충동과 타나토스적 충동이 '주름치마에 대한 정신 혼미해짐'으로 나타난다는 이야기다.

그럼 최근 생긴 망사스타킹에 대한 이 도를 넘어선 집착은 또 뭔가? 혹시 그때의 '구공탄 구멍'과 어떤 상징적 연관이 있는 것은 아닐까?

비정상적으로 정확하고 오래가는 기억은 어떠한 형태로든 강박적 충동과 연관되어 있다. 물론 의식적인 억압으로 인한 망각도 그 본질에 있어서는 동일한 증상이다. 기억과 망각은 자연스러워야 한다. 자연스럽지 않은 모든 것은 심리적 고통을 수반한다. 이미 오래전, 러시아의 심리학자 루리야Alexander R. Luria는 모든 것을 잊지 않고 기억하는 비정상적인 남자의 고통에 대해 자세히 설명하고 있다.

신문사 기자로 일하던 세레세프스키는 모든 것을 기억했다. 그는 수십 년이 지난 일에 대해서도 정확히 기억해낼 수 있었다. 오래전, 루리야와 처음 만났을 때 그가 무엇을 입고 있었는지, 무슨 이야기를 했었는지도 한 치의 오차도 없이, 아주 정확히 기억해냈다. 그러나 무한대의 기억력을 가진 그는 전혀 행복할 수 없었다. 과거의 수치스럽고 힘들었던 일들조차 너무나 정확히 기억해냈기 때문이다. 이 기억이 반복될 때마다, 그때 느꼈던 그 고통을 반복해서 똑같이 느껴야만 했다.

그뿐만이 아니었다. 모든 것을 너무 세밀하게 기억하다 보니, 추상적 사고가 아예 불가능해졌다. 보통의 경우, 사람들은 세밀한 것을 망각하는 대신, 맥락과 상징, 은유 등을 사용하여 보다 높은 차원의 의미들을 만들어간다. 그러나 모든 것을 기억하는 남자 세레세프스키는 모든 것을 구체적으로 기억할 뿐, 추상화하여 추론하는 능력은 전혀 발달하지 않았다. 추상적 사고의 상실은 시나 소설, 음악과 같은 문화를 즐기는 능력의 상실을 뜻한다. 행복할 수 없다는 이야기다.

요즘 기억이 아주 자주, 그리고 아주 많이 헷갈린다. 노래방 기계가 나온 이후로 기억하는 노래가사가 거의 없다. 휴대전화가 나온 이후로, 기억하는 전화번호도 거의 없다. 단축번호만 기억할 뿐, 집 전화번호와 아내의 전화번호조차 헷갈린다. 어쩌다 휴대전화 배터리가 다 닳으면 사태는 정말 걷잡을 수 없이 난감해진다. 사람의 이름을 제대로 기억하지 못한 것도 꽤 오래된 일이다. 대학원에 학생들이 새로 입학하면 "이름을 기억하지 못하더라도 섭섭해하지 말라"는 이야기부터 한다.

기업체나 관공서 등에서 강연하고 나면 많은 사람이 다가와 명함을 건넨다. 반갑게 인사를 나누지만, 나중에 다시 만나면 누구인지 전혀 기억하지 못한다. 내가 애매하게 웃고 있으면, 상대방은 상당히 어색해한다. 나름 성질 있는 사람은 노골적으로 기분 나빠한다. 매번 이런 상황이 계속되니, 이젠 아예 웃으며 내가 먼저 아는 체한다.

"우리, 그때, 거기 어디였더라…" 하면서 말꼬리를 흐리면 상대방은 무엇인가 내게 기억할 만한 단서를 바로 던져준다. 그럼 비로소 기억해내고는 이미 알고 있었던 것처럼 이야기를 이어나간다.

대부분의 사람들은 이런 종류의 기억력 쇠퇴 현상을 노화 현상이라며 슬퍼하거나 우울해한다. 그러나 망각은 늙어가는 이들에게만 나타나는 것이 아니다. 아이들도 끊임없이 잊어버린다. 아이들에게 망각은 인지발달의 필수조건이다. 아이들이 자신이 듣는 모든 것을 기억한다면, '모든 것을 기억하는 남자'처럼 추상화·맥락화의 능력은 절대 습득할 수 없다.

나이가 들며 기억력이 쇠퇴하는 것은 아이들의 망각처럼 아주 자연스러운 현상이다. 기억력이 쇠퇴할수록 또 다른 종류의 추상화 능력이 발달하기 때문이다. 이를 최근의 인지심리학자들은 '지혜'라고 부른다. 물론 뇌세포가 병들어가는 치매현상은 예외다.

나이가 들어감에 따라 기억력 쇠퇴의 반대급부로 얻어지는 지혜는 '선택의 범위를 줄이는 능력'이다. 젊을 때는 모든 것이 풍부하고 선택의 범위가 넓을수록 좋다고 생각한다. 그러나 나이가 들게 되면, 선택의 범위가 넓다고 반드시 좋은 것이 아니라는 것을 깨닫는다. 그리고 불필요한 것은 아예 기억에서 지워버린다. 선택의 폭이 크다고 반드시 좋은 것이 아니라는 것을 심리학자들은 이렇게 증명한다.

총각처녀들에게 선택할 수 있는 사람들의 명단을 주고 마음에 드는 사람을 고르도록 했다. 한쪽에는 네 명의 명단을 주고, 다른 쪽에는 스무 명의 명단을 주고 선택하도록 했다. 모두들 스무 명의 명단이 있는 쪽에서 데이트 상대를 고르고 싶어 했다. 그러나 실제로 데이트 상대를 선택한 후에 파트너에 대한 만족도를 조사해보니, 네 명의 명단 중에서 파트너를 고른 사람들의 만족도가 훨씬 높게 나타났다.

식당에 가도 마찬가지다. 메뉴판에 선택해야 할 음식의 리스트가 많으면, 대부분 결정하는 데 많은 어려움을 느낀다. 함께 한 이에게 묻는다. 그럼 돌아오는 대답은 매번 동일하다. "아무거나." (여담이지만 나는 함께 음식 먹으러 갔을 때, "아무거나"라고 대답하는 사람이 너무 싫다. 선택에 대한 책임을 지지 않으려는 사람으로 느껴지는 까닭이다. 선택을 책임지지 않는다는 이야기는 결과를 책임지지 않는다는 뜻이다.) 우리가 유명한 '맛집'이라고 찾아나서는 곳의 대부분은 메뉴의 음식이 한두 가지뿐이다. 반면 맛없는 식당의 메뉴는 너무 다양하다. 이것저것 다 만들어내기 때문에 맛없는 것이다. 뷔페식당 음식이 맛없는 이유도 바로 이 때문이다. 우리는 선택의 여지가 그리 많지 않은 식당의 음식을 더 맛있게 느낀다는 이야기다.

불필요한 것을 제거해나가는 망각과 더불어 얻어지는 지혜는 '통찰과 직관'의 능력이다. 일일이 설명하지 않아도 '척 보면 아는' 능력이다. 논리적인 설명이나 합리적 근거가 없어 보인다. 그러나 시간이 지나고 나면 현명한 결정이었음이 판명된다. 실제로 자신의 행위를 지나치게 합리적으로 판단하고 분석하는 사람은 자신을 더 불행하게 만드는 경향이 있다.

이런 심리학 실험이 있다. 실험에 참가해준 피험자들에게 감사의 표시로 다섯 종류의 포스터 중 하나를 고르도록 했다. 한 집단의 사람들에게는 마음에 드는 것을 그냥 골라가도록 했다. 그러나 다른 집단의 사람들에게는 각 포스터에 대해 마음에 드는 이유와 마음에 들지 않는 이유를 설명하도록 했다. 4주가 지난 후에 사람들에게 자신이 고른 포스터에 만족하는지 물어봤다. 흥미롭게도 포스터를 선택하면서 자신이 선택하는 이유에 대해 설명한 사람들 쪽이 만족도도 낮았고 자신의 결정을 후회하는 경향도 높았다.

논리적이고 합리적인 설명이 필요한 경우를 잘 살펴보면, 대부분 사안을 비판적으로 분석할 때다. 현실의 내 삶이 만족스럽고 내 결정에 불만이 없을 경우에는, 합리적이고 논리적인 분석이 그다지 필요하지 않다. 토끼를 잡는 노련한 사냥꾼은 어떻게 토끼를 잡았는지 잘 설명하지 못한다. "어떻게 하다 보니 잡히더라"는 식으로 설명한다. 그러나 토끼를 놓친 사냥꾼은 설명이 많다. "토끼는 뒷다리가 길어 언덕을 빨리 올라가 도무지 쫓아갈 수 없었다", "귀가 커 내가 다가가기도 전에 미리 알고 도망치더라" 등등.

모든 것을 기억할 수도 없고 기억할 필요도 없는 나이가 되면, 사람들은 몇 가지 꼭 필요한 기준들로 사물을 판단하고 결정한다. 모든 요인을 동시에 고려할 필요도 없고 기억하지도 못한다.

예를 들어, 젊고 의욕적인 경영자는 직원을 선발할 때, 후보자의 학력, 자격증, 경력, 성격 등 수십 가지 정보를 비교·분석한 다음, 여러 요소를 동시에 고려해 선발한다. 간혹 각 항목의 리스트를 만들어놓고, 자신이 정말 중요하다고 여기는 특정 항목에는 가산점을 주며 계산한다. 그리고 총점이 가장 높은 후보를 선택한다. 가능한 한 모든 요인을 포함시켜 선택하려는 것이다.

반면 노련하고 경험이 많은 경영자는 전혀 다른 방식으로 판단한다. 자신이 중요시하는 원칙부터 단계적으로 따져나간다. 성격이 가장 중요하다고 생각하면, 성격상 문제가 있어 보이는 후보자들은 모두 제외시킨다. 그리고 그다음으로 중요하게 여기는 조건이 경력이라면, 경력이 없는 후보자들은 제외시키는 방식으로 일을 진행해나간다. 다른 요소들이 아무리 매력적이라 해도, 다방면에 우수한 범

재보다 자신이 원하는 핵심을 딱 충족시키는 사람을 원하기 때문이다. 이를 위해 가장 중요한 기준들을 먼저 적용해 선택의 폭을 축소시킨다.

세세한 것에 대한 기억력이 감퇴할수록 추상화와 통찰의 능력은 늘어나게 되어 있다. 직관과 지혜는 논리적 판단과 합리적 설명이 빠져나간 자리를 메워준다.

독일 최고의 두뇌집단이 모여 일하는 막스플랑크 연구소의 게르트 기거렌처Gerd Gigerenzer 소장은 아예 한발 더 나아가, 우리를 행복하게 만들어줄 것이라고 믿고 있는 '합리성과 논리성에 근거한 판단'이 오히려 실패할 확률도 높고 결과적으로 우리를 불행하게 만든다고 주장한다. 직관과 느낌에 근거한 지혜로운 판단을 내릴수록 우리의 삶은 더 살 만한 것이 된다는 이야기다.

기억력이 감퇴하고 논리적 판단능력이 사라지는 노화 현상을 슬퍼하거나 노여워하지 말자.

망각하는 만큼, 우리 삶은 만족스러워지고 있다.

대나무 만년필과
슈베르트 안경

대나무 만년필이다. 내가 가장 아끼는 물건이다.

만질수록 그 마디가 내 맘을 그렇게 편안하게 할 수 없다.

나는 오늘도 슈베르트의 안경처럼 동그란 안경을 쓰고,

대 나 무 만 년 필 을   만 지 작 거 린 다 .

너 무   행 복 하 다 .

외로움에 천장이 내려앉는
느낌을 아는가?

창문틀에는 어제 내린 눈이 두껍게 쌓여 있다. 김이 서려 있는 창문 사이로 젊은 부부가 바쁘게 부엌을 왔다 갔다 한다. 인형같이 작고 예쁜 여자아이는 초가 켜져 있는 식탁에 앉아 책을 읽고 있다.

잠시 후, 아이의 엄마가 케이크를 꺼내와 식탁에 앉는다. 아빠도 따라와 아이 곁에 앉는다. 그러고는 서로 케이크를 나누며 뭔가 재미있게 이야기를 나눈다.

몸무게가 52킬로밖에 안 나가는 삐쩍 마른 동양 청년 하나가 그 부엌 창문 너머에 서서, 그 행복한 가족의 모습을 발이 시린 줄도 모르고 넋 놓고 바라보고 있다. 외로움에 그리움이 더해진 눈물이 흐르기 시작한다. 서러움으로 복받쳐 올라 어쩔 줄 몰라 하며 그저 엉엉 운다.

북구의 겨울은 오후 세 시면 컴컴해진다. 내가 처음 독일 유학을 떠났을 때는 늦은 11월이었다. 베를린 교외의 반제라는 아름다운 호숫가 근처의 노인병원 부설 간호사 기숙사에 짐을 풀었다. 점심을 먹고 나면 컴컴해졌다. 나는 오후 세 시부터 그다음 날 해 뜰 때까지 혼자 좁은 방안에 그저 멍하니 앉아 있어야 했다.

나를 아는 체하는 사람은 전혀 없었다. 학교 도서관에 가도 형식적 눈인사와 '구텐 탁Guten Tag(독일 인사말)'이 전부였다. TV를 보면 외로움이 좀 덜할 것 같았다. 낡은 흑백TV를 벼룩시장에서 샀다. 그러나 독일TV는 한국TV와는 전혀 달랐다. 도무지 알아들을 수 없는 답답한 토론과 토크쇼가 전부였다. 독일의 공연문화가 발달한 이유는 TV가 너무 재미없기 때문이다. 한국의 공연문화가 발전하지 않는 이유는 그 반대다. 한국의 TV는 너무 재미있다.

불과 몇 개월 만에 지루함은 외로움이 되고, 외로움은 견딜 수 없는 고통이 되었다. 어느 날인가부터 누워 있으니 천장이 내려앉기 시작했다. 숨이 막힐 듯해 벌떡 일어나 앉으니 이젠 벽이 밀고 들어오기 시작했다. 엄청난 공포가 느껴졌다. 가슴이 터질 듯한 두려움에 바로 문밖으로 뛰어나갔다. 그러나 한참 시간이 지나도 한번 가빠진 호흡은 도무지 진정이 되질 않았다. 정신병리학 교과서에서 읽었던 폐쇄공포증에 걸린 것이다. 감옥의 독방에 오래 갇힌 사람들에게 온다는 그 폐쇄공포증이 내게 나타난 것이다. 아주 본격적으로 맛(?)이 가기 시작한 것이다.

아, 심리적으로 한번 무너져본 사람은 안다. 아무리 멀쩡한 사람도 한번 무너지기 시작하면 혼자서는 도무지 감당이 안 된다. 이렇게 한번 무너지면 정말 초라해진다. 처절하게 무너진다. 그리고 그 위기는 살면서 누구에게나 한 번쯤은 찾아오게 마련이다. 그 심리적 고통은 상상을 초월한다.

교만하지 말지어다! 나도 내가 그렇게 쉽게, 우습게, 간단하게 무너질 줄 몰랐다. 두렵고 떨려서 차마 내 기숙사 방에 들어갈 수가 없었다. 밤만 되면 울며 베를린 밤거리를 헤맸다. 김 서린 창문 너머의 행복한 가족들의 모습을 들여다보며 멍하니 서 있다가 돌아오는 게 전부였다.

군대 시절, 한겨울 밤새도록 며칠을 걸어야 하는 혹한기 훈련이라는 것이 있었다. 체감온도가 영하 20도는 족히 넘는 강원도 화천 북방의 산골을 밤새 걷다 보면, 정말 미칠 것 같았다. 아무리 부지런히 걸어도 발바닥 시린 것이 가시질 않았다. 방한모 사이로 겨울바람은 뺨을 칼로 찌르는 듯했다. 내쉬는 숨은 바로 얼음이 되어 방한모 자락에 걸렸다.

밤새 걷다 보면 눈꺼풀 위로 내려오는 졸음과 피곤함이 천근만근이다. 그러나 아무리 걸어도 가시지 않는 추위가 더 견디기 어려웠다. 어쩌다 멀리 들판 너머 민가의 흐릿한 불빛이라도 보이게 되면 더욱더 힘들어졌다. 그 불빛이 깜박이는 방안의 모습을 나도 모르게 상상하게 되는 까닭이다.

우선 불빛이 깜박이는 그 방안의 방바닥은 따뜻하다. 그 위로 비단 이불이 곱게 깔려 있다. 그리고 젊고 아리따운 여인이 하얀 속치마 차림으로 그 이불 옆에 혼자 앉아 바느질을 하고 있다. 왠지 모르겠다. 그러나 내 상상에는 매번 그렇게 젊은 여인이 혼자 앉아 있었다. 아무래도 〈전설의 고향〉을 너무 많이 본 모양이다. 여인이 바느질 하다 실수로 호롱불을 넘어뜨리고, 넘어진 호롱불이 깨지면서 뭔가 불길한 일이 생길 것을 예고하는, 그런 〈전설의 고향〉식 클리셰.

한 가지 더, 그 여인은 가슴골이 훤히 들여다뵈는 저고리를 입고 있다. 그때, 나는 밤새도록 발바닥이 시리도록 걸으며 그 흰 가슴 사이에 손을 넣으면 얼마나 따뜻할까 그런 생각만 했다. 추위를 견디다 못해 아예 맛이 간 거다. 요즘 내가 김혜수를 보면 넋을 놓게 되는 바로 그 '가슴 페티시'는 아마 그때부터 시작된 것 같다. 내게 〈전설의 고향〉과 김혜수는 동의어다.

그때, 베를린의 밤거리는 화천 북방의 야간행군보다 더 고통스러웠다. 아무리 걸어도 가슴 따뜻한 여인을 도무지 떠올릴 수 없었다. 독일 여인들의 그 엄청난 크기의 가슴은 따뜻하기보단 무서웠다. 이 끝없는 외로움에서 나를 구해낼 방법은 없었다. 외로움에서 시작된 내 두려움의 실체는 보다 근원적인 문제를 포함하고 있었기 때문이다. 내 존재에 대한 질문이다. 지구 반대편의 낯선 이국땅에서 나는 생전 처음 내 존재가 확인되지 않는 황당한 상황에 부딪힌 것이다. 이 모든 고통의 근원은 도무지 내가 누군지가 확인되지 않는 것이었다.

고국에서 내 존재는 아주 당연한 것이었다. 내 아버지의 아들이고, 내 친구의 친구고, 내 형제의 형제이며, 내 여자친구의 남자친구였다. 내가 누군지에 대해, 아무도 물어보지 않았고 물어볼 필요도 없었다. 그러나 그 지극히 당연한 것들이 이곳 베를린에서는 전혀 당연한 것이 아니었다. 모든 외국인을 불법체류자로 의심하는 고약한 표정의 이민국 직원 앞에서 나는 내가 누군지 아주 분명하고 확실하게 증명해야 했다. 내 모든 사회적 관계는 서류로 증명되어야 했다. 그리고 그게 전부였다. 내 외로움은 바로 이 확인되지 않는 내 존재에 대한 근원적 불안의 외피였을 뿐이었다.

베를린에는 서쪽 절반을 차지하고 있는 그루네발트 숲이 있다. 꽤 숲이 깊어 밤에는 멧돼지 떼가 돌아다니기도 한다. 그 깊은 숲 입구의 작은 교회에 음악회를 한다는 포스터가 붙어 있었다. 슈베르트의 '겨울나그네'였다. 당시 내가 알고 있었던 유일한 독일 가곡 '성문 앞 우물 곁에 서 있는 보리수'가 포함되어 있는 슈베르트의 연가곡이다.

들어가 앉았다. 교회 안에는 할머니들 몇 명이 앉아 있을 뿐이었다. 이탈리아 성악가에 비해 확실히 성량이 달리는 젊은 독일 바리톤이 노래를 시작했다. 그러나 독일 리트, 특히 슈베르트와 슈만의

가곡은 성량이 달리는 착한 바리톤이 불러야 그 슬픔이 제대로 전달
된다. 이태리 가곡을 부르듯 곰 같은 소리로 질러대서는 그 슬픔을
전달할 수 없다. '겨울나그네'는 한없이 슬프고 가난하게 노래해야
한다. 그래야 가사 각 마디마디마다 숨겨져 있는 이 나그네의 하염
없이 여린 마음에 함께 흐느껴 울 수 있다. 그때, 이름도 알 수 없는
그 젊은 바리톤은 할머니 몇 명 앉혀놓고 '겨울나그네'의 슬픔을 그
렇게 절절하게 노래했다.

　슈베르트의 가곡이 그토록 아름다운 줄 그때 처음 알았다. 외로움
에 어쩔 줄 몰라 하던 내게 겨울나그네의 슬픔을 함께 느낄 수 있는
그 짧은 시간은 엄청난 위안이 되었다. 그 후로 기숙사 방에 들어가
기 두려운 저녁이면 음악회를 찾아다녔다. 그런 종류의 음악회는 베
를린의 구석구석에서 밤마다 열렸다. 특히 슈베르트 가곡을 들을 수
있는 곳은 빠지지 않고 찾아갔다.
　얼마간 시간이 흐르자 바흐도 좋아졌다. 심리적으로 많이 건강해
졌다는 뜻이다. 바흐의 음악은 슈베르트에 비해 아주 건강하다. 그
렇게 슈베르트와 바흐를 들으며 나는 유학 초기의 그 처절한 외로움
을 극복할 수 있었다. 지금도 슈베르트의 가곡을 듣는 일은 내가 가
장 즐겨 하는 일이다. 슈베르트의 가곡을 듣고, 따라 부르는 일은 내
존재를 확인하는 방식인 것이다.

　내 연구실 한구석에는 항상 슈베르트의 가곡집이 꽂혀 있다. 내

카오디오에도 슈베르트 가곡집은 필수다. 봄이면 '아름다운 물방앗간의 아가씨'를 들어야 한다. 가을이 오면서부터는 '겨울나그네'를 들어야 한다. 가끔 혼자 운전하며 슈베르트의 가곡을 따라 부르다 보면 내 노래에 내가 감동한다. 아예 눈물까지 흘린다. 차를 세워놓고 그 벅찬 가슴을 어쩔 줄 몰라 한다. 이렇게 정서적 충격에 한번 노출될 때마다 내 의식구조에 엄청난 변화가 온다. 그래서 나는 아주 자주 교만해진다. 물론 나보다 똑똑한 교수들은 많다. 그러나 나처럼 스스로를 끊임없이 정서적 충격에 노출하는 교수는 별로 없기 때문이다.

사회적 역할이나 사람들과의 관계 때문에 힘들어지면, 나는 방구석에 앉아 슈베르트를 듣는다. 아내의 관심과 애정이 예전 같지 않다고 느껴질 때도 슈베르트를 듣는다. 그러면 20년 전 베를린의 그 처절한 외로움과 아내의 무관심이 비교되며 더는 슬퍼지지 않는다. 아내가 옆에 있어주는 것만으로도 감사하게 된다.

내게 슈베르트는 면역시스템이다. 존재가 유지되기 위해서는 '나'와 '내가 아닌 것'을 구분할 수 있어야 한다. 마치 하나의 세포가 유지되기 위해 세포의 안과 밖을 구별하고, 막으로 둘러싸인 안쪽의 항상성을 유지할 수 있어야 하는 것처럼, 인간도 자신의 안과 밖을 구분해야 한다.

세포가 자신의 안과 밖을 구분할 수 있게 해주는 것이 바로 면역시스템이다. '내가 아닌 것'의 침입을 막아내고 내 안의 항상성을 유지해주는 세포의 면역시스템처럼, 슈베르트의 가곡은 내 안의 항상성을 유지시켜준다. 난생 처음 '내가 누군가'를 처절하게 고민했던 그 베를린의 밤거리를 기억하게 해주기 때문이다.

면역시스템이 망가지게 되면 '나'와 '내가 아닌 것'을 구분 못하게 된다. 의학이 그렇게 발전해도 치료하지 못하는 각종 암이나 에이즈, 백혈병 등 불치병의 원인은 내 몸의 세포들이 어느 것이 내 것인지, 바깥에서 들어온 것인지를 구분하지 못하는 데 있다.

바쁠수록, 정신없을수록 내가 누구인지 확인해야 한다. 당연히 여겨지는 어느 회사의 부장, 사장, 교수와 같은 내 사회적 지위는 당연한 것이 아니다. 내 본질과 상관없는 것들이다.

생각해보라! 도대체 언제까지 사장할 것인가. 언제까지 교수일 것인가. 나는 어느 대학의 교수나 어느 위원회의 위원장이 아니다. 나는 슈베르트의 노래를 따라 부르며, 내 노래에 감동하여 눈물 흘리고, 아내의 관심이 조금만 식어도 쓸쓸해하고, 하늘거리는 주름치마에 가슴 설레어 한다. 그게 진짜 나다.

추운 겨울,

차나 한잔 하실래요?

추운 겨울 어쩌지 못하는 외로움에

밤새도록 거리를 헤매본 사람은 안다.

따뜻한 공간에서 누군가와 마주 보며

차나 한잔 마시는 일이

얼 마 나   행 복 한   일 인 가 를 ….

여자는
남자를 떠나고…

내 젊은 날은 온통 여자들이었다. 내 모든 슬픔은 여인으로부터 왔고, 내 즐거움과 상상력은 여인으로 매개되었다. 내 나이 또래의 고만고만한 여학생들에게 나는 세계문학전집 여주인공들의 이미지를 덧입혀 사랑을 고백하고, 쫓아다녔다. 그렇게 자가발전된 환상에서 시작한 내 사랑은 항상 몇 달 안에 덧나곤 했다.

피아노를 전공하던 그녀는 내게 유난히 작은 자기 손을 보여줬다. 그때 그녀는 내 앞에 장미꽃 백 송이를 들고 나타났다. 대학교 1학년 때, 대사가 단 두 마디에 불과한 '정신병자 3번'으로 출연한 사이코 드라마에서 내게 꽃다발을 안겨준 사람은 오직 그녀뿐이었다. 그녀는 버스비까지 모두 털어 꽃을 샀다며, 집에 데려다 달라고 했다. 생전 처음 받은, 지금도 가슴 뛰는 찬란한 유혹이었다. 난 버스 맨 뒷 좌석에서 난생 처음 여자의 손을 잡았다. 그녀는 피아노 건반의 한 옥타브도 채 되지 않는 작은 손 때문에 절망했다. 나도 내 손가락 마디를 잡아당기며 절망했다. 그녀는 손이 차가웠던 〈라보엠〉의 '미미'였다.

바람에 날리는 머리카락이 유난히 아름다웠던 '또 다른 그녀'는 내게 칼바도스를 마시던 '개선문'의 여인이었다. 나는 술을 잘 마시지도 못하면서 그녀에게 칼바도스 대신 소주를 권했다. 매번 혼자만 취했다. 그녀는 취한 나를 혼자 놔두고 갔다. 요즘도 샴푸 광고를 보면 가끔 그녀가 생각난다. 그때 그녀도 공연히 세게 머리를 돌리곤 했다. 그런데 왜 긴 생머리의 여인들은 머리를 항상 그런 식으로 돌려야만 할까?

이마가 유난히 예뻤던 의상학과의 그녀를 나는 '제인 에어'라고 불렀다. 나는 밤늦게 그녀에게 전화해 민족모순과 계급모순의 차이에 관해 열변을 토하기도 했다. 연애모임이나 다름없는 독서클럽에 가입해 낭만소설이나 읽으며 엉뚱한 녀석들과 키득대는 그녀에 대한 나름의 복수였다. 이런 내 산만한 환상을 감당할 수 있었던 여학생은 없었다. 약간의 관심을 보이다가는 이내 짜증스러워하며 돌아서곤 했다. 한결같이.

아, '백설공주'도 있었다! 당시 내가 다녔던 고려대학에는 여학생들이 별로 없었다. 있어도 대부분 '이름만' 여학생이었다. 이미 남성화된 여자들만 들어왔기 때문이다. 어쩌다 가끔 멀쩡한 여자가 들어오기도 했다. 그러나 이내 남자처럼 되어버렸다. 그래서 그들은 남자선배를 '형'이라고 불렀다. 제길.

그러나 우리 백설공주는 달랐다. 세상에 고대에 어찌 그렇게 예쁜 여자가 있나 싶었다. 강의실 앞쪽의 그녀는 난쟁이들로 둘러싸여 항상 밝게 웃고 있었다. 나는 그녀의 여덟 번째 난쟁이였다. 난 강의실 뒤편에 앉아 그녀가 복사해준 노트로 시험공부를 하며 너무 행복해했다. 만약 그녀가 독이 든 사과를 먹게 되면 제일 먼저 달려가 키스하리라 다짐했었다. 그러나 난 겨우 여덟 번째 난쟁이였을 따름이었다. 결코 내 순서는 안 왔다. 그리고 백설공주는 난쟁이가 키스해서 낫는, 그런 '몹쓸' 병에는 절대 걸리지 않았다.

어느 여름, 나는 나를 버린 여인들에게 복수하기로 마음먹었다. 여름방학 내내, 가장 어려운 바흐의 음악을 들으며 가장 어려운 책을 읽기로 한 것이다. 진땀으로 살갗이 장판바닥에 달라붙고 선풍기에서는 더운 바람만 나오는 그 여름날들을 그렇게 고통스럽게 보내면, 그녀들이 나를 버린 것을 후회하리라고 나는 믿었다.

바흐의 〈피아노 평균율〉 전집을 처음부터 끝까지 들었다. 정말 환장하는 줄 알았다. 도대체 그런 음악을 누가 연주하고, 또 듣나 싶었다. 그래도 참고 들었다. 그러면 그녀들이 날 사랑할 것 같았다. 가장 어렵다는 헤겔의 《정신현상학》을 사러 갔다. 옆을 보니 조금 더 어려워 보이는 책이 있었다. '니코스 카잔차키스'의 《희랍인 조르바》였다. 요즘은 '그리스인 조르바'로 번역되어 나온다. 저자의 이름 자체가 발음하기도 어려웠다. 그 책을 읽으며 더욱 괴로워하기로 마음먹었다. 그러나 바로 그 여름, 나는 그 책을 통해 난생 처음, 여인들로부터 자유로워질 수 있었다.

그 책은 나처럼 소심한 주인공 니코스 카잔차키스가 조르바와 함께 보낸 '벗어던짐'을 서술한 책이다. 함께한 사업이 망하던 순간에 추던 조르바의 춤이 저자에게 즐거운 충격이었듯, 내게도 조르바의 자유로움은 엄청난 충격이었다. 모든 것으로부터 자유를 실험하던 조르바의 삶은 내게 '여인과 상관없는' 중요한 것들도 세상에는 있다는 것을 깨우쳐줬다. 나는 책 읽는 내내, 조르바의 말투를 흉내 내 중얼거리곤 했다.
"여자 같은 건, 쥐나 물어가라지."

도자기를 만드는 물레를 돌리는 데 방해가 된다고 손가락을 잘라버린 조르바. 함께 자고 싶어 하는 여인의 눈에 눈물을 흘리게 한다면 지옥에 떨어지고 말 거라며 주인공을 협박하던 조르바(나는 그 옆에 '함께 자고 싶어 하는 남자의 눈에 눈물을 흘리게 하는 여자도 지옥에 떨어질 거야'라고 적었다). 자유롭고 싶으면 터질 만큼 처넣으라던 조르바. 이런 조르바식 황당한 자유론은 당시 내겐 여인으로부터의 구원이었다. 그래서 나도 카잔차키스의 묘비명처럼 조르바식 자유론을 몇 날이고 반복해서 일기장에 썼다.

'나는 아무것도 바라지 않는다. 나는 아무것도 두려워하지 않는다. 나는 자유!'

이렇게 내 철없던 청춘은 갔다.

이제 어떤 여인도 사십 후반의 나를 슬프게 하지 않는다. 다가오는 세월에 대한 내 절망에 아무 관심 없는 아내의 굵은 팔뚝은 나의 안식이다. 그러나 시간이 흐를수록 여인과는 전혀 상관없는 것들을 너무 많이 바라게 된다. 그러다 보니 자꾸 두려워진다. 가진 것이 많아질수록, 높아진다고 느낄수록 자꾸 두려워진다. 그래서 그때 바로 그 책, 《희랍인 조르바》를 다시 찾아 읽는다.

남자들은 불안하다. 정의와 민주주의와 같은 명분 뒤에 숨어 이 땅의 사내들이 뿜어내는 이 과도한 분노와 적개심의 실체는 과연 무엇인가? 불안이다.

더 이상 아무도 이 땅의 남자들을 믿지 않기 때문이다. 요즘 불고 있는 '엄마 열풍'이 바로 그 증거다. 돌아보면 온통 엄마 이야기뿐이다. 신경숙의 소설 《엄마를 부탁해》가 베스트셀러 리스트에서 도무지 내려올 생각을 하지 않는다. 자식을 위해 생사를 건 싸움을 벌이는 〈마더〉와 같은 영화도 나왔다. 엄마와 관련된 연극을 보려는 사람들의 줄이 끊이지 않는다는 신문기사도 자주 눈에 띈다. 엄마의 희생에 관한 다큐멘터리에 사람들은 밤새도록 눈물을 흘리며 감동한다. 나름 전문가들이 나와 이 모든 현상의 원인을 짚어낸다. '경제가 어렵기 때문'이라고 한다. 삶이 어렵고 팍팍하기에 사람들이 '모성회귀' 현상을 보인다는 것이다. 그런가? 아니다!

불과 10년 전만 하더라도 그렇지 않았다. 당시 IMF 위기로 인해 온 나라가 지금보다 훨씬 더 힘들고 어려웠다. 그때 사람들은 '아버지'를 찾았다. 김정현의 소설 《아버지》가 최고의 베스트셀러였다. 아버지의 희생을 그린 《가시고기》와 같은 소설에 사람들은 한없이 울었다. 경제가 어려우니 사람들은 아버지의 희생을 기억해냈고, 아빠의 처진 어깨를 두드리며 위로했다. 그러나 10년 만에 세상이 완전히 바뀌었다. 시간은 불과 10년에 불과하지만, 한 세기가 바뀐 것이다. 21세기에는 20세기에 존재했던 그런 아버지는 더 이상 없다. 그래서 21세기, 경제의 위기에 사람들은 '엄마'를 찾는 것이다.

20세기의 남편들은 월급봉투를 '던져주며' 자신의 존재를 느꼈다. 그때 남자들은 아내들에게 꼭 월급봉투를 '던져준다'고 했다. 마치 원시인이 피투성이가 된 노루나 사슴을 어깨에 메고 와, 기다리던 여인들과 자식들 앞에 척 던져놓으며 느끼던 그런 뿌듯함 때문이다. 아직까지 남자들의 육체적 '힘'이 가치를 만들어내던 시기였기에 가능했다. 그런 사회를 사회학에서는 '산업사회'라고 한다. 그러나 21세기는 더 이상 산업사회가 아니다.

가정에서 아버지의 존재도 그리 중요하지 않아진다. '힘'을 쓰는 아버지의 역할모델이 더 이상 필요하지 않기 때문이다. 오히려 전 시대적 유물일 따름이다. 그런 아빠는 자녀교육에 하등 보탬이 되지 않는다. 현명한 아내들은 이제 자식들을 데리고 먼 나라로 떠난다. 버려진 아버지들을 우리는 '기러기 아빠'라고 부른다.

기러기 아빠들은 중얼거린다. 한결같이 혼자 중얼거린다. 내 친구 재림이도 중얼거린다. 재림이는 최고의 대학을 나왔고, 국내 굴지 은행의 지점장이다. 내 친구들 중에 성격도 제일 젠틀하고 인물도 좋다. 회사에서도 능력을 인정받아 중요한 직책을 도맡아 하는 것 같다.

그러나 친구들과 만나면 그렇게 말이 많을 수 없다. 쉬지 않고 중얼거린다. 술 먹으면 그저 미국의 애들, 아내 이야기뿐이다. 가끔 보고 싶다고 훌쩍거리기까지 한다. 어쩌다 미국의 아내와 전화 통화하는 모습을 봤다. 재림이만 쉴 새 없이 이야기한다. 혼자 있어도 중얼거린다고 한다. 라면을 끓이면서도 "이제 스프를 넣고, 계란을 풀고…", 어쩌고… 한다고 한다. 가끔 이렇게 혼자 중얼거리는 것을 느낄 때마다 화들짝 놀란다고 한다.

중얼거린다는 것은 누군가에게 이야기한다는 뜻이다. 그런데 그 이야기를 들어줄 사람이 없으니 '혼자' 중얼거리는 것이다. 누구나 가끔 혼자 중얼거린다. 삶이 힘들고 어려우면 그런다.

이를 심리학에서는 '자기중심적 언어egocentric speech'라고 한다.

예를 들면 이런 식이다.

"2 더하기 3은?" 하면 사람들은 바로 "5"라고 대답한다. 그러나 "29 곱하기 8은?" 하고 물으면 사람들은 이내 중얼거리기 시작한다. "팔구 칠십이, 칠 올라간다 잡아라. 이팔은 십육…" 하면서. 도대체 누구에게 '칠'을 잡으라고 하는 것인가? 나에게 그러는 것이다. 내 안의 또 다른 나에게 이야기하는 것이다.

문제가 간단하면 사람들은 중얼거리지 않는다. 문제가 어려울 때만 중얼거린다. 수학 문제뿐만이 아니다. 내 삶이 어려우면 중얼거린다. 기러기 아빠들이 쉬지 않고 혼자 이야기하는 것도 마찬가지다. 힘들고 불안하기 때문이다. 아, 서울역의 노숙자들도 하나같이 혼자 중얼거린다.

불안하기 때문이다. '과정이 생략된 삶'을 사는 까닭이다. 모든 결과는 '과정'이 있기에 가능하다. 그러나 이 땅의 사내들은 이 사실을 아주 자주 망각한다. 그리고 오직 '결과'만 가지고 서로 비교한다. 화장실에서 옆 사람의 그곳을 힐끔거리며 열등감에 젖는 것처럼, 타인의 사회적 지위나 연봉 따위와 자신을 비교하며 한없이 움츠러든다. 오늘을 살아가는 '과정'에 관심을 가지기보다는 '결과'만을 생각하기 때문이다. '용불용설用不用說'이 옳다. 자꾸 써야 커지고 단단해지는데, 그 과정을 생략하고, 오줌 눌 때나 그 크기를 비교하니 어찌 삶이 만족스럽겠는가.

남자들의 결과 지향적 태도는 가족들과 놀러갈 때도 확연히 드러난다. 남자들에게는 어떻게 해서든 목적지에 빨리 도달하는 것이 중요하다. 빨리 도착해서 빨리 밥 해 먹고 돌아오는 것에만 초점이 맞춰져 있다. 남자들에게 여행이란, 목적지에서 밥 해 먹는 시간뿐이다. 준비 과정은 여행에 포함되지 않는다.

그러나 여자들에게 여행은 준비할 때부터 시작된다. 여행지를 선택하고, 장을 보고, 여행지에서 입을 옷을 사는 것도 당연히 여행에 포함된다. 가는 길, 돌아오는 길도 여행에 포함된다. 그래서 아내들은 차 안에서 아이들과 먹을 과자, 과일, 커피를 챙긴다. 고속도로 휴게실에도 꼭 들러 아이스크림과 호두과자를 사야 한다. 갓 구운 따끈한 호두과자를 소프트 아이스크림에 찍어 먹는 그 맛 또한, 아이들과의 여행에서 빠질 수 없는 부분이기 때문이다.

과정을 즐기지 못하면 항상 불안하다. 타인의 완성된 결과와 내 미숙한 결과를 비교하기 때문이다. 이 땅의 사내들이 불안해하는 이유도 바로 그 때문이다. 살면서 한 번도 과정을 즐기는 법을 배우지 못했다. 또 아무리 노력해도 결과가 그리 분명하게 나타나지도 않는 세상이다. 이런 '결과 지향적 삶'에는 어떠한 즐거움도 없다. 결과를 이루는 순간, 또 다른 결과를 계산해야 하기 때문이다.

'과정 지향적 삶'을 하버드 대학 심리학과의 엘런 랑거 Ellen Langer 교수는 'mindfulness'라고 정의한다. 한국어로는 '마음 챙김'이라고 번역하지만, '정신 차림'으로 번역해야 옳다. 반대로 '결과 지향적 삶'은

'mindlessness'라고 정의한다. '넋이 나감' 혹은 '정신 없음'으로 번역하는 것이 좋을 듯하다. 넋 놓고, 정신 못 차린다는 이야기다.

결과만 중요시하고 과정을 생략한 삶을 산다는 것은 넋을 놓고 정신이 나간 상태에서 산다는 이야기다. 그래서 까닭 없이 불안한 것이다. 내가 남은 세월 이뤄낼 수 있는 결과라는 것도 불 보듯 뻔하다. 그래서 이유 없이 막 화가 나는 것이다.

희랍인 조르바가 가르쳐주는 자유의 내용은 바로 이 결과 지향적 삶에서 벗어나라는 것이다. 물론 삶의 목표가 있어야 한다. 그러나 그 목표를 향해 가는 그 여정도 그 목표만큼 내 삶의 중요한 부분임을 잊지 말라는 이야기다.

'제발 넋 놓고 살지어다!'
그것이 바로 희랍인 조르바가 이야기하는 자유의 내용이다.

글과
그리움

종이에 그리면 글이 된다.
마음에 그리면 그리움이 된다.
글, 그림, 그리움의 어원은 같다.

일본화로 특별하게 그려봤다.
우선 글씨는 돌가루로 칠하고,
그 위에 조갯가루가 완전히 덮이도록 한다.
그리고 사포를 이용해 화면을 열심히 갈아내면,
돌가루로 그려진 글씨가 서서히 나타난다.
화면은 마치 대리석처럼 미끈해진다.

서서히 드러나는 글의 내용이
그림의 기법과 기막히게 어울리는 듯해서
그리는 내내 너무 행복했다.

그 리 고 참 많 이 그 리 웠 다 .

나는 매일 매일
교복(?)을 입는다

"김 교수, 내가 요즘 사는 게 아주 우울해."
대기업 사장으로 은퇴하신 분이 침울한 표정으로 하는 이야기다.
"아니, 왜 그러세요?"

한국에서 대기업 사장으로 명예롭게 은퇴한다는 것이 얼마나 어려운 일인가? 그는 정말 열심히 일했다. 해외지사, 지방공장 등 정열적으로 일하던 시절의 대부분은 집 밖에서 보냈다.

그러다가 은퇴하는 날 불현듯, 아내 생각이 났다. 아이들이 훌륭하게 자라 각각 가정을 꾸리고 행복하게 살고 있고, 자신이 이렇게 존경받으며 은퇴할 수 있었던 것은 다 아내 덕분이라는 생각이 든 것이다. '그에게도' 아내가 있었던 것이다. 이토록 당연한 생각이 이처럼 늦게 떠오르다니. 뒤늦은 통찰에 그는 결심했다.

'내 이제부터는 아내를 위해 살리라!'

은퇴한 후, 그는 매일같이 아내와 함께 즐거운 시간을 갖고자 애썼다. 백화점에서 아내의 손가방을 들고 서 있기도 했다. 우아한 호텔에서 저녁식사도 자주 했다. 해외 골프여행, 크루즈여행을 다녀오기도 했다. 주말이면 아내가 다니는 교회에 따라 나가 구석에서 꾸벅꾸벅 졸기도 했다. 그에게 아내와 함께하는 시간은 더 이상 의무가 아니었다. 서서히 아내의 존재가 즐겁고 감사해지기 시작했다. 정말 얼마 남지 않은 인생, 자신에게 아내밖에 없음을 피부로 느끼게 됐다. 아내도 즐거워하는 듯했다.

그런데 딱 3개월이 되던 날, 아침 식탁에서 아내는 자못 심각한 표정으로 이야기를 꺼냈다.

"당신, 이젠 제발 좀 혼자 나가 놀 수 없어?"

남의 이야기가 아니다. 다들 착각한다. 열심히 일해 은퇴하면 행복한 가정에서 다복한 노후를 즐길 수 있으리라. 천만의 말씀, 만만의 콩떡이다. 어느 날 갑자기 '행복해지자!'고 구호 외친다고 행복해지지 않는다. 몸은 함께 살았지만, 평생토록 함께 기쁨을 느껴본 적이 없는 부부가 어찌 갑자기 '함께' 행복해질 수 있을까? 이제 이혼은 철없는 젊은 부부의 문제가 아니다. 황혼이혼이 대세(?)다. 살만큼 다 살고 이혼한다는 이야기다.

황혼이혼이 심각한 일본에서 2005년과 2006년, 갑자기 이혼율이 급격히 하락했다. 황혼이혼에 대한 대책에 골몰하던 정책담당자들은 자신들이 수립한 각종 대책이 이제야 성과를 거뒀다고 기뻐했다. 그러나 착각이었다. 2007년 4월 이후, 황혼이혼율은 오히려 급증했다. 새롭게 시행되기 시작한 '연금분할제도' 때문이었다. 이혼한 부인도 남편의 연금을 받아갈 수 있도록 한 제도다. 남편의 연금 중에서 최대 50퍼센트까지 가져갈 수 있다는 이 제도가 국회에서 논의되기 시작한 2005년경부터 아내들은 이혼을 꾹 참고 미뤘던 것이다. 그리고 이 법이 시행되자마자 서둘러 이혼을 개시했다.

남편 옷만 만져도 두드러기가 돋고, 남편이 집 안에 있으면 소화가 안 된다는 '은퇴남편증후군retired husband syndrome'이라는 새로운 정신병리학 용어가 만들어진 일본이라면 충분히 가능한 일이다. 실제로 일본 여성의 60퍼센트가 이 증후군에 시달린다고 한다. 이 말도 안 되는 현실 앞에서, 은퇴를 앞둔 일본의 중년남자들은 두려움에 떨고 있다. 이들은 '전국헌신적남편협회' 같은 단체를 만들어 가능한 아내 곁에서 오래 버틸 전략을 짜고 있다. 이들은 아침마다 외친다.

"아내에게 이길 수 없다. 이기지 않는다. 이기고 싶지 않다."

이런 일본 남편들을 아내들은 '누레오치바'라고 부른다. 우리말로 '젖은 낙엽'이다. 아무리 쓸어도 쓸리지 않는 '젖은 낙엽'처럼 바닥에 딱 붙어살겠다는 이야기다.

은퇴는 한참 멀었지만 나도 아내가 서서히 두려워진다. 한때 인기가 엄청났던 〈엄마가 미쳤다〉인지, 〈엄마가 뿔났다〉인지 하는 김수현의 주말 연속극을 빠지지 않고 몰입해 보는 아내의 뒤통수가 그렇게 부담스러울 수가 없었다. 솔직히 내겐 〈엄마가 뿔났다〉라는 제목보다는 〈엄마가 미쳤다〉로 들렸다. 또 실제로 그렇게 기억하고, 출연하던 주부 대상 아침방송에서 '엄마가 미쳤다'고 말했다가, 아줌마들의 집단적 항의에 시달리기도 했다. 내 무의식의 불안이 그런 방식으로 표출된 것이다.

사실 나는 특정 고유명사를 내가 원하는 방식으로 기억한다. 예를 들면 서초동의 '예술의전당'을 기억해내려면 '전설의 고향'이 먼저 떠오른다. 또 용인에 있는 워터파크, '캐리비안 베이'를 기억해내려면 '크라운 베이커리'를 먼저 중얼거리게 된다. 이 두 가지 경우는 단지 발음과 운율의 왜곡이지만 '엄마가 미쳤다'는 내 무의식의 저항이다. 아내도 연속극의 주인공 김혜자가 정말 '미쳤다'며 내 앞에서는 말도 안 된다는 표정이지만, 그 속을 어떻게 알까? 실제 뭔가 공감이 되는 게 있으니 그토록 열심히 보는 것 아닌가?

사실 내 어머니도 요즘 아버지를 많이 구박(?)하신다. 어머니가 손수 해주는 밥을 아버지가 그토록 좋아하시는데도 잘 안 해주신다. 아주 '의도적으로' 그러신다. 그리고 '가난한 집안 7남매의 잘난 맏아들(이는 아주 전형적인 며느리의 한^恨 스토리텔링의 주제다)'에게 시집 와

고생한 이야기를 아직도 반복하신다. 돌아가신 지 오래된 시어머니의 교묘한 시집살이와 시누이들의 행태를 이야기하실 때는 아직도 눈물을 글썽거리신다.

이야기를 잘 들어보면 참으로 고통스러운 시간을 보내긴 하셨다. 지금도 그 시동생들 때문에 곤란한 일이 한둘이 아니다. 그러나 어머니에게는 이미 사십 후반에 들어선 며느리가 둘이고, 잘난 사위도 있으며 대학생 손자부터 초등학생 손자까지 손주만 일곱이다. 그런데도 아직도 가족들이 모이면 그때 강원도 산골짝에 시집가서 고생한 이야기다.

이 한스러운 이야기에 이어질 다음 이야기는 뻔하다. 아버지에 대한 불평이다. 결벽증에 고집스런 성격에서부터 양말을 아무 데나 벗어놓는 것까지 뭐라 하신다. 심지어는 아버지의 바지를 다리면서 "바지 길이가 짧아 다릴 것도 없다"며 타박하신다.

내 아버지는 올해 여든이시다. 귀가 약간 어두워져 보청기를 끼시는 것 말고는 여전히 정정하시다. 한 20년은 더 건강하게 지내실 것 같다. 이젠 어머니의 오래된 시집살이 스토리텔링에 완전히 면역이 되셨을 만도 한데, 아직도 못 견디시겠는지 슬그머니 보청기를 빼신다. 그리고 이내 책으로 눈길을 돌리신다.

이전에는 그래도 예의 그 평안도 말투로 "거, 그만하라우!" 하셨는데, 이젠 아예 무반응이시다. 지금도 밖에 나가시면 남들 앞에 꼿꼿한 자세를 잃지 않고 품위를 유지하시는 내 아버지다. 비슷한 연배의 어른들과 모여 앉아 '10년 좌파정권' 비판이라도 하실라 치면, 흥분하신 그 표정이나 제스처가 60대 초반도 많아 보인다. 허나, 집에서는 서글플 정도로 조용하시다. 바지 길이가 짧아서 밉다는, 정말 말도 안 되는 어머니의 비난에도 그냥 씩 웃으실 뿐이다.

아, 그러나 적어도 내 아버지만큼은 그렇게 일방적으로 어머니한테 당하셔서는 안 된다. 내 어린 시절, 그토록 큰 나무여서 도무지 그 그늘에서 벗어나고 싶어도 벗어날 수 없었던 그 아버지가 저렇게 쉽게, 그리고 저토록 일방적으로 당하실 수는 없는 일이다. 그런데 그냥, 그리고 아주 맥없이 당하신다. 그래서 난 완전히 아버지 편이다. 젊은 날, 그 엄하고 무서웠던 아버지와는 전혀 다르게 살고 싶었던 나였지만, 이제는 무조건 아버지 편이다. 단순히 아버지에 대한 연민 때문만이 아니다. 나도 나중에 그렇게 일방적으로 당할까 두려워서다. 〈엄마는 미쳤다〉에 몰두하는 아내의 뒤통수가 심상치 않기 때문이기도 하다.

내 아버지의 이야기만이 아니다. 이 땅에서 한때 폼 잡으며 천하를 호령하던 남자들의 후반기는 한결같이 이런 식이다. 그래도 아직은 아버지에 대한 애정과 연민이 느껴지는 어머니의 투덜거림은 애교에 가깝다. 이혼서류를 꺼내며, "퇴직연금은 반반씩"이라며, 웃으며 아주 상냥하게 이야기하는 일본 중년 여인들의 모습은 정말 상상만 해도 가슴 한구석이 싸늘해진다. 도대체 왜 남자들의 말년이 이래야 할까? 도대체 어디서 무엇부터 문제가 된 것일까?

'뿔난, 혹은 미친' 여자들이 문제가 아니다. 일생 동안 자신의 존재를 사회적 지위로만 확인해온 남자 자신들이 문제다. 이 땅의 사내들이 불쌍해지는 것은 잘못된 존재 확인 방식 때문이다. 이제까지 아내나 가족들과의 관계에서 존재를 확인해본 적이 없던 이들에게 사회적 지위의 상실은 사형선고와 마찬가지다. 존재 확인이 불가능해지기 때문이다. 뒤늦게 아내와의 관계에서 존재를 확인하려니, 아내들이 황당해지는 것이다. 아내는 아내대로 수십 년간 남편이 부재한 일상에 익숙해져 있다. 그런데 그 평화로운 일상을 은퇴한 남편이 끼어들어 방해하니 부담스럽고 짜증나는 것이다. 당연한 일이다.

나는 절대 스스로 확인되지 않는다. 나는 항상 나와는 다른, 또 다른 어떤 것에 의해 확인되는 존재다. 그러나 나를 확인해야 하는 그 대상이 쉽게 사라지는 것이라면 존재불안은 끊임없이 계속된다. 그래서 사회적 지위로 자신의 존재를 확인하는 것처럼 어리석은 일은 없는 것이다.

언젠가 '광우병 사태'로 곤경에 처한 이명박 대통령이 가까운 사람들에게 처칠에 관한 책을 나눠줬다고 화제가 된 적이 있다. 아마도 이명박 대통령에게는 처칠이 불굴의 투지로 온갖 역경을 딛고 일어난 영웅으로 여겨졌기 때문일 것이다. 그렇다. 하지만 그런 처칠을 가능케 한 집요한 심리적 차원에 관한 이야기는 사람들이 잘 모르는 듯하다. 사실 처칠은 인격적으로 그다지 훌륭한 사람이 못 된다. 일이 조금만 잘 되어도 흥분하여 잘난 체하곤 했다. 다 자기가 잘나서였다는 투였다. 그러다가 조금 일이 안 풀려도 쉽게 무너져 낙담했다. 아주 쉽게 우울증상이 나타나 주위 사람들을 부담스럽게 했다. 울기도 잘 울었다. 원하는 대로 일이 풀리지 않으면 자기 방에 처박혀 하루 종일 울었다.

그를 가까이 한 사람들은 한결같이 그가 얼마나 까다로운 사람이었는가를 전하고 있다. 심지어 그를 평생 보좌한 여비서는 이렇게 증언하기도 했다.

"우리는 2차 세계대전 때, 히틀러와 싸운 것이 아니에요. 처칠과 싸웠어요."

그녀의 표정은 정말 지긋지긋했다고 말하고 있었다. 그의 아내조차도 도무지 가늠할 수 없는 그의 성격에 질렸다. 처칠의 아내가 처칠과는 정반대의 성격을 가진 따뜻하고 친절한 영국신사와 오랫동안 불륜관계였다는 소문은 당시 공개된 비밀이었다. 이토록 치명적인 약점을 가진 그가 도대체 어떻게 그토록 위대한 세기의 영웅이 될 수 있었을까?

존재 확인의 기술이 달랐기 때문이다. 그는 이미 20대에 국회의원이 되고, 30대에 장관을 지냈다. 그러고는 수십 년간 재야에서 와신상담의 시간을 보내야만 했다. 그는 이미 사회적 지위로 존재를 확인하는 방식이 얼마나 위험한가를 젊은 시절에 다 알고 있었다. 그 힘든 시간에 그는 항상 그림을 그렸다. 아내가 쉬겠다고 혼자 떠난 크루즈여행에 그 불륜의 부드럽고 잘생긴 신사가 함께했다는 사실을 알았을 때도 그는 그림을 그리고 있었다.

처칠의 존재는 그림을 그릴 때 확인되었다. 사회적 지위가 사라져도, 사랑하는 아내가 배신해도, 그에게는 마지막 존재 확인의 방식이 있었다. 그림 그리기.

그렇다! 내 존재는 내가 즐거워하는 일로 확인되어야 한다. 내가 즐거워하는 일로 존재를 확인하면 관계에서 확인되는 존재 역시 언젠가는 다시 작동하게 되어 있다. 처칠의 아내는 온갖 소문에도 불구하고 끝까지 처칠의 곁에 머물렀다. 존재가 확인되면 사회적 지위는 부산물로 얻어지게 되어 있다. 처칠이 위대한 이유는 그림을 그렸기 때문이다.

덤으로 처칠은 우리에게 우아하게 나이 들어가는 방법을 한 가지 알려준다. 자신만의 트레이드마크를 개발하라는 것이다. 그래서 그는 시간이 날 때마다 자신의 옷을 스스로 디자인해 입었다. 촌스러워 보이는 그의 군복 스타일의 옷은 다 자신이 디자인한 옷이다. 손가락으로 승리의 'V'를 그려 보이는 것도 스스로 연출한 트레이드마크다. 그가 독한 시가를 항상 물고 있는 것도 같은 맥락이다.

나는 처칠에 관한 자료를 읽으면 읽을수록 그의 괴팍한 성격에 위로를 얻는다. 내 까다로운 성격도 처칠에 못지않기 때문이다. 어느 날 나도 처칠처럼 나만의 트레이드마크를 개발해야 한다는 생각을 했다. 나만의 독특한 옷을 입기로 한 것이다. 다들 똑같이 입는 양복은 아무리 생각해도 아니다. 도대체 내가 반드시 양복을 입어야 하는 이유가 뭔가? 아무리 생각해도 이유가 없다. 다른 옷을 입어야 한다.

대안적인 공식복장들을 곰곰이 생각하다가, 독일 성악가들이 입는 무대의상이 떠올랐다. 처칠의 그림 그리기처럼 나의 존재 확인 방식은 독일 가곡 듣기다. 앞서 말했듯이 처절한 외로움에 시달렸던 독일 유학시절, 나는 독일 가곡 연주회를 수없이 찾아다녔다. 그때 봤던 차이나칼라 스타일의 독일 성악가들의 옷은 참으로 단순하면서도 품위가 있었다. 그래서 우리 동네 양복점에서 그들이 입는 옷의 모양을 설명하고 비슷한 옷을 만들어 달라고 했다. 그랬더니… 이런! 교복을 만들어 놨다. 그래도 나는 그 옷을 입기로 했다. 그 옷을 입고 있으면 슈베르트의 가곡을 부르는 성악가가 된 기분이 되기 때문이다.

사람들을 만나면 다들 "왜 교복을 입고 다니느냐"고 한다. 거 참, 일일이 설명하기도 참 난감하다. 그래도 난 공식적인 자리에서는 항상 그 옷을 입는다. 내 존재는 교수라는 지위로 확인되는 것이 아니기 때문이다. 내가 좋아하는 슈베르트의 가곡으로 확인되기 때문이다. 이렇게 혼자 즐길 줄 알아야 내 아내도 이담에 내 존재를 부담스러워하며 뽈내지 않을 것 아닌가?

모자가
그렇게들
걸려있다.

맥없이들...

오십넘은
삶도 그렇다.
맥없이 추욱...

오십 넘은 사내들에겐
모자가 많다

오십 넘은 사내들에겐 모자가 많다.
탈모 때문이기도 하고,
등산을 자주 가는 까닭이기도 하다.

그래도
모자를 쓰면 용기가 조금 난다.
남 들 이   날
못   알 아 볼   것   같 아 서 다 .

우리 집 뒷산에는
'형제 약수터'가 있다

우리 집에는 반지하 작업실이 있다. 지하실에서 아이들이 새벽에 피아노를 쳐도 아무도 뭐라 하지 않는다. 봄이면 봄, 가을이면 가을, 계절이 바뀔 때마다 유난한 계절병을 앓는 나는 슈베르트의 가곡을 틀어놓고 목이 쉬도록 따라 부른다. 가끔 브람스의 교향곡을 귀가 얼얼하도록 크게 틀고 멍하니 앉아 있기도 한다. 출력이 떨어지는 빈티지 진공관 오디오지만, 바닥으로 전해지는 베이스음이 장난이 아니다.

어두운 지하에 작은 백열등만 켜고 앉아 창밖만 보고 있는 나를 아내는 매번 못마땅해 한다. "도대체 그 놈의 생리는 한 달에 몇 번이나 하는 거냐! 이젠 폐경기가 될 때도 되지 않았냐!"

그렇다. 남자에게도 나이가 들면 폐경기가 온다.

영혼의 폐경기, 크흐!

내 아내는 몸도 튼튼하지만 마음은 더 튼튼하다. 도무지 계절과는 관계없는 동남아시아적 삶을 산다. 가끔 몬순바람이 불며 세찬 소나기가 올 때도 있지만 그건 잠시다. 그때만 피하면 된다. 바로 그친다.

그러다 보니 계절이 바뀔 때마다 매번 우울하다며, 인생이 허무하다며, 입맛이 없다며, 쫓아다니면서 맛있는 저녁 해달라는 나를 정말 감당하기 힘들어 한다. 허나, 계절은 타라고 있는 거다. 그렇지 않다면 사계절이 나와 무슨 상관이 있는가?

함께 아침방송 출연 후 커피를 마시며, 천하장사 이만기는 그랬다. 자기는 가을이면 낙엽 타는 냄새를 꼭 맡아야 한다고. 차 몰고 볏단 타는 곳을 일부러 찾아다닌다고 했다. 안 그러면 부인에게 꼭 짜증내게 된다고 그랬다. 세상을 뒤집어엎던 천하장사도 그러는데, 소심하고 예민한, 나 같은 사람이 어찌 계절의 변화에 무심하겠는가?

이런, 이야기가 딴 데로 샜다. 좌우간 우리 집은 남 눈치 안 보고 음악도 듣고, 아이들이 쿵쿵거리며 뛰어도 될 만큼 좋다.

가을 햇살 좋은 날은 정말 예쁜 새가 날아와 창밖의 모과나무 위에 앉아 있기도 한다. 그 뒤의 작은 언덕에는 꿩 식구가 자주 놀러온다. 후다닥거리는 소리가 나 올려다보면 어미 꿩이 새끼들을 데리고 언덕을 기어 올라간다.

아주 먼 시골의 전원주택이 아니다. 우리는 분당과 용인 사이의 산언저리에 산다. 우리 집에 오면 다들 부러워한다. 서울의 30평대 아파트를 포기하면 언제든지 이런 생활을 할 수 있다고 하면, 다들 당장 이사 올 것처럼 이야기한다. 그러나 그런 결정을 내린 사람은 아직 아무도 없다.

일상의 불편함을 감수할 자신이 없는 거다. 무엇보다도 아이들의 등·하굣길이 문제다. 고속도로 때문에 분당에 있는 학교에 가기가 쉽지 않다. 매일 아침 우리 부부가 번갈아 아이들을 학교에 데려다 줘야 한다. 내 아침 강연과 아내의 1교시 수업이 겹칠 때면 상황이 아주 많이 복잡해진다. 처남이나 장인어른이 출동하기도 한다. 밤에 큰아이가 학원에 다녀올 때도 마찬가지다. 매번 데리러 가야 한다.

근처에 변변한 쇼핑센터나 장 볼 곳도 없다. 분당이나 용인으로 장 보러 가야 한다. 그러나 이런 불편함 때문에 지금 살고 있는 집을 포기할 생각은 전혀 없다. 집값도 전혀 오르지 않고, 매매도 잘 이뤄지지 않는다고 반상회 때마다 이웃들은 걱정이 많다. 그러나 어느 광고처럼 집은 '사는 곳'이지, '사는 것'이 아니다. 내가 계속 그곳에 살 생각이라면 집값이 아무리 많이 올라도 나와는 아무 상관없는 일이다.

최근 내게 지금의 이 집을 사랑하는 이유가 한 가지 더 생겼다. 다른 곳에서는 이뤄질 수 없는 아이들과의 특별한 일 때문이다.

집 뒤로는 약 두 시간 정도 걸리는 등산로가 있다. 사실 등산이라고 하기엔 좀 뭐하다. 그렇다고 산책로라고 하기엔 땀이 제법 많이 나오는 길이다. 숲도 꽤 깊어 어두컴컴한 길이 계속된다. 가끔 가을에 버섯을 따러 오는 사람들 빼놓고는, 사람을 거의 볼 수 없다.

몇 년 전 추석 때, 아이들과 함께 그 뒷산을 올랐다. 추석의 무거운 음식이 소화가 안 되어 산에 함께 가자고 했더니, 아이들이 좋아라 하며 따라 나선 것이다. 송편과 배를 싸들고 아내까지 합류했다.

나지막한 능선을 따라 내려오는 길에 둘째 아이가 졸졸 흐르는 아주 작은 물줄기를 발견했다. 길옆으로 올라가더니 '약수터'를 발견했다며 모두 와보라고 한다. 아닌 게 아니라 물이 바닥에서 퐁퐁 올라오고 있었다.

그 옆에서 우리는 앉아 쉬며 깎아온 배를 먹었다. 아이들은 나무로 그 물이 솟는 곳을 파헤쳤다. 좋은 놀잇감을 만난 듯, 아이들은 손으로 물구멍 주위를 넓히고 '약수터'를 만든다며 한참을 헤집었다. 그러자 제법 많은 물이 나오기 시작했다. 나는 다음에 정식으로 '약수터'를 만들자고 약속하며 산을 내려왔다.

며칠 후, 아이들과 나는 산을 다시 올랐다. 이번엔 장비가 달랐다. 고등학교 다니는 큰아이의 배낭에는 정원용 자갈과 벽돌을 넣고, 난 야전삽을 들었다. 둘째는 나무를 잘라 만든 '형제 약수터' 팻말을 들었다. 돌과 벽돌이 가득 든 무거운 배낭을 번갈아 메가며 그 '형제 약수터'에 낑낑거리며 올랐다. 그리고 정식으로 약수터 만들기를 시작했다.

물 나오는 구멍 위에 자갈을 올려 물이 맑게 유지되도록 했다. 물 구멍 위로는 쓰러진 통나무를 잘라 덮었다. 둘째는 물길을 만든다며 크게 도움 안 되는 작업에 나름 씩씩거리며 몰두했다. 주변을 정비하고 '형제 약수터' 팻말을 꽂았다.

이제 '형제 약수터'에 오르는 일은 우리 식구의 정기적인 행사가 되었다. 벌써 팻말의 글씨가 많이 바랬고, 물은 말라 있을 때가 많다. 약수터를 만들 당시에는 비가 많이 왔던 모양이다. 그러나 그 '무늬만 약수터'를 오르는 일이 우리 모두에겐 너무 즐거운 일이다. 가족이 모두 약수터를 방문하는 날은 우리 가족이 너무 행복하게 살고 있음을 확인할 수 있기 때문이다.

가족 서로에게 불편한 일이 있으면 아무도 산에 오르자고 이야기하지 않는다. 함께 있는 것이 행복할 때, 아니 행복함을 느끼고 서로에 대한 고맙고 감사함이 있을 때, 우리는 '형제 약수터'에 오른다.

아내는 과일을 깎고, 보온병에 커피와 코코아를 담는다. 약수터에 오르며 나는 아이들에게 계속 다짐을 둔다.

"나중에 너희들이 장가가서 아이를 낳으면 할아버지 이야기해주며 함께 올라야 한다."

내가 어릴 적, 우리 식구가 모두 즐거울 때면 내 아버지가 했던 어투를 나도 모르게 똑같이 흉내 내는 것이다. 나도 모르게 그 표정까지 닮아 있다. '형제 약수터'에 오르는 일은 우리 식구가 최근 발견한 행복의 리추얼ritual이다. 행복과 재미는 리추얼로 확인된다. 리추얼을 통해 사람은 서로의 정서를 흉내 내기 때문이다.

모든 재미는 바로 이 흉내 내기에서 출발한다. 어린아이가 어머니와 제일 먼저 하는 놀이도 흉내 내기다. 아기는 엄마의 표정을 흉내 내고, 엄마는 아기의 표정을 흉내 낸다. 사람들은 영·유아기에는 주로 아기가 엄마를 흉내 낸다고 생각하지만, 사실 엄마가 아기를 더 많이 흉내 낸다. 엄마가 아기의 표정, 몸짓을 끊임없이 흉내 내는 과정에서 아기는 다른 사람이 자신과 동일한 표정과 몸짓, 그리고 느낌을 공유한다는 사실을 어렴풋하게 느낀다. 이렇게 '나와는 다른 사람이 나와 똑같은 감정을 느낀다'는 사실을 알게 되면서부터 인간의 자의식이 생긴다.

대표적인 현상이 '간지럼 태우기' 놀이다. '나'라는 자의식이 가능할 때만 간지럼을 느낀다. 내가 나를 아무리 간지럼 태워도 간지럽지 않다. 간지럼은 반드시 남이 태워야만 느낄 수 있다. 즉 나와 남이 다른 존재라는 의식이 가능할 때만 간지럼 태우기 놀이가 가능해진다.

그래서 간지럼 태우기는 아기의 자의식 발달을 측정하는 가장 확실한 측정 도구가 된다. 아기는 엄마가 간지럼을 태우며 웃는 모습을 흉내 낸다. 엄마는 또 아기의 그 표정을 흉내 낸다. 이때 엄마와 아기는 동일한 정서적 경험을 하게 된다. 완벽한 '우리'가 만들어지는 것이다. 인간의 의사소통은 바로 이런 방식으로 시작하는 것이다. 서로 공유하는 것을 통해 우리는 상대방을 이해할 수 있게 되는 것이다.

간지럼 태우기 놀이 단계가 지나면 '까꿍 놀이'가 시작된다. 아기는 세상의 모든 사물이 자기가 볼 때만 존재한다고 생각한다. 장난감을 가지고 놀다가 장난감을 책으로 가리면 장난감이 아예 세상에서 사라진 것으로 생각하는 것이다. 자기 눈을 가리고 "맹구 없다!" 하는 식이다. 이 인지적 한계를 극복할 수 있도록 고안된 놀이가 바로 '까꿍 놀이'다. 전 세계의 모든 인종이 공유하고 있는 유일한 놀이가 바로 이 '까꿍 놀이'다.

이 '까꿍 놀이'의 본질도 흉내 내기다. 자신의 시각경험을 엄마가 흉내 내며 대신해주는 것이다. 아기가 처음 까꿍 놀이를 할 때면 엄마가 순간 사라진다고 느껴 울먹인다. 그러나 이 놀이가 반복되다 보면 아기는 어느 순간부터 엄마가 사라지는 것이 아니라는 사실을 알게 된다. 눈에 안 보인다고 없어지는 것이 아니라는 것을 깨닫게 되는 것이다. 이를 피아제Jean Piaget는 '대상 영속성object permanence' 개념이 생겼다고 정의한다.

어느 순간부터 아이는 장난감을 가지고 놀기 시작한다. 이전에는 장난감이 엄마와 아기의 상호작용을 보조하는 기능에 그쳤다. 그러나 이제 장난감 자체가 아이의 관심의 대상이 된다. 도대체 왜 아이들은 장난감을 좋아하는 것일까? 간단하다. 대상세계를 모방했기 때문이다. 아이들의 장난감 중에 외부의 대상을 모방하지 않은 경우는 없다. 인형, 자동차 장난감, 컴퓨터 게임에 이르기까지 모든 놀이의 본질은 흉내 내기다.

인간의 상상력 또한 모방에서 출발한다. 놀이를 가능케 하는 심리학적 요소는 '마치 ~인 것처럼as if'이라고 하는 상상력이다. 그러나 생전 들도 보도 못한 것을 '상상'할 수 있는 사람은 없다. 다 어디선가 본 적이 있는 것을 흉내 내는 것이 바로 놀이의 심리학적 본질이다. 이렇게 모방하여 재미를 느끼는 것이 인간의 본능이라고 아리스토텔레스는 주장한다. 인간 문명의 기원 또한 자연에 대한 흉내 내기에 불과하다는 것이 아리스토텔레스 미학의 핵심이다. 이 현상을 가리켜 그는 '미메시스mimesis'라고 명명한다.

우리 가족은 뒷산의 약수터를 다니며 서로를 흉내 낸다. 마치 내가 내 아버지를 흉내 내듯, 내 아들들도 나중에 자신의 자식들 앞에서 내 흉내를 낼 것이다.

그래서 아들은 아버지를 닮고, 그 아들의 아들은 또 그 아들을 닮고…. 이 세상의 모든 가족은 이렇게 서로의 기쁨, 슬픔을 공유하는 독특한 방식을 가지고 있다.

그래서 가족을 떠나 먼 곳에 있으면 그토록 가족이 그리운 것이다. 가슴 저리도록….

아무도 모르라고…

우리 동네 뒷산에는
나와 우리 두 아들이 몰래 숨겨놓은 샘이 있다.
2년 전 추석, 소화시키려고 아이들과 산에 올랐다가,
오줌 싸러 간 둘째놈이 발견했다.
처음에는 병아리 오줌처럼 졸졸 나오더니,
땅을 파고 물길을 내자, 꽤 많이 나온다.

3월의 초봄이라기에는 너무 따뜻한 어느 날,
아이들이 학교 간 사이, 혼자 산에 올랐다.
샘물에는 도롱뇽이 몰래 알을 낳아 놓았다.
그 밑으로 물은 졸졸 흐르고,
파란 새싹이 나오고…. 근데 이상하다.
아이들 없이 혼자 그 샘물가에 앉아 있으려니,
거 참, 자꾸 학교에 있을 아들놈들 생각이 나는 거다.
그래서 후딱 내려왔다. 괜히 서글퍼서….
벌 써 걱 정 이 다.
그놈들이 나중에 군대 가면 어쩌지?

3

도 대 체 갈 수 록

삶 이 재 미 없 는

이 유 는 ?

CULTURAL PSYCHOLOGY
OF
MASCULINITY

아, 그렇다. 그런데 그게
도대체 어쨌단 말인가

'제인 에어'는 밤만 되면 폭풍의 언덕을 헤맨다. 그러다 덜컥 남의 아이를 가져 팔뚝에 '주홍글씨'가 새겨진다. 그녀를 짝사랑하던 유부남 '데미안'은 그 충격을 견디지 못해 자살하고 만다. 남겨진 데미안의 아내는 '좁은문'과 '개선문' 사이의 술집에서 칼바도스만 마셨다. 이를 숨어서 지켜보던 '카라마조프의 형제들'은 갑자기 열린 방문 사이로 들어온 햇빛이 눈부셔 사람을 죽이고는 이내 벌레로 변해버렸다.

개그를 하자는 게 아니다. 실제 내가 기억하는 세계문학전집의 내용들은 이렇게 뒤죽박죽이다.

세계문학전집 때문이다.

중학교 들어가면서 소설을 읽다가 학교에 지각하고, 시를 쓴다며 학교 백일장에 나가는 둘째 아들에게 아버지는 어려운 살림을 쪼개어 월부로 세계문학전집을 들여놓으셨다. 아버지는 내가 책을 읽고 있을 때마다 무척 뿌듯한 표정으로 말씀하셨다.

"우리 공주 김 씨 가문은 원래 문학적인 소질이 많다. 본명이 김정식인 김소월은 네 먼 친척 형뻘 된다. '정' 자 돌림으로 항렬이 같잖냐." 늘 엄격하셨던 아버지의 표정이 그 순간만큼은 그렇게 따뜻할 수 없었다.

난 중학교 시절 내내 좁은 방에서 뒹굴며, 그 두껍고 작은 글씨로 가득 찬 세계문학전집을 모조리 독파했다. 문제는 소설 한 권을 다 읽고 나서 다음 소설을 읽어가는 방식으로 독서를 하지 않았다는 사실이다. 책을 읽다가 내용이 조금 지루한 듯하면 다른 책을 들췄다. 세 권의 소설을 동시에 읽기도 했다. 그러다 보니 내용이 다 뒤섞여 버린 것이다. 그래서 지금까지 어느 소설 하나 정확한 내용을 기억하는 것이 없다.

세계문학전집 읽기를 마쳤을 때, 나는 외할머니 댁에 갔다가 참으로 인상적인 소설 한 권을 발견했다. 당시 상당히 지적인 대학생이었던 큰이모의 책장에서 《토니오 크뢰거》라는 토마스 만의 단편집을 우연히 들춰 보게 된 것이다. 흥미롭게도 그 책 속표지에는 큰이모를 짝사랑하던 한 청년의 메모가 쓰여 있었다. 기억은 희미하지만, 무척 수줍어하는 청년이 엄청난 용기를 내어 적은 연애편지임이 분명했다.

호기심이 동한 나는 그 자리에서 그 책을 다 읽었다. 소설의 내용은 큰이모를 짝사랑하던 그 수줍은 청년의 절망을 넘겨짚기에 충분했다. 내가 기억하는 소설의 내용은 이랬다.

소설 속의 '나'가 공원벤치에 앉아 있는데, 한 노인이 다가와 말을 건다. "바쁘지 않으면 내 이야기를 들어줄 수 있느냐"고. 그리고 이야기를 이어간다.

그 노인이 어릴 때의 일이다. 자기 집에 불이 났다. 불길에 휩싸인 2층 방에 갇힌 채, 그는 공포에 질려 어쩔 줄 몰라 했다. 집 바깥에서는 사람들의 아우성이 들렸다. 너무나 무서웠다. 그러나 그 순간 그는 생각했다.

'지금 내가 죽어가고 있다. 연기에 숨이 막혀 너무나 고통스럽다. 조금 있으면 이 뜨거운 불에 타 죽고 말 것이다. 아, 그런데, 그게 어떻단 말이냐! 내가 그 무서운 죽음을 눈앞에 두고 있다. 그런데 그게 도대체 나하고 무슨 상관이란 말인가.'

다행히 그는 그 불길 속에서 살아남게 된다. 그러나 그때 생긴 그 정신적 상처는 계속해서 그를 괴롭힌다. 그는 청년이 되어 아주 아름다운 처녀와 사랑에 빠지게 된다. 그녀와 함께 있으면 너무 행복하고, 사랑하는 마음에 가슴이 터질 것 같지만 그는 다시 중얼거린다.

'나는 지금 이 처녀와 사랑에 **빠졌다**. 이 여인이 너무 사랑스럽다. 살면서 이렇게 행복했던 적은 없다. 아, 그런데 그게 어쨌단 말이냐. 도대체 이 사랑하는 여인과 내가 무슨 상관이란 말인가.'

이런 식의 생각을 하면서 연애가 제대로 될 리 만무하다. 결국 여인과 헤어진다.

그의 '그런데 그게 도대체 어쨌단 말인가' 병은 갈수록 도져 모든 일에 이런 식의 체념적 상태가 지속된다. 수없이 자살을 시도했다. 그러나 죽기 바로 직전에 항상 이렇게 생각한다.

'나는 이제 죽을 것이다. 독약을 먹고, 절벽에서 떨어져, 목을 매고 죽을 것이다. 그런데… 그게 도대체 어쨌단 말인가.'

결국 죽는 것도 아무런 의미가 없어 죽을 수 없다. 소설의 끝부분에 그 노인은 이렇게 이야기한다. 자신은 언젠가 죽을 것이다. 그러나 죽는 바로 그 순간에도 자신은 분명히 이렇게 생각할 것이다.

'내가 지금 죽어가고 있다. 드디어 이 고통스러운 세상을 떠난다. 그러나 그게 도대체 어쨌단 말인가.'

짧은 단편이었다.

그 노인의 이름이 '토니오 크뢰거'였던 것 같다.

큰이모를 짝사랑했던 그 청년은 토니오 크뢰거의 독백을 통해 자신의 어쩔 수 없는 그 좌절을 전하고 싶었던 모양이었다. 당시 중학생에 불과했던 내게도 그 절망의 깊이는 아주 분명하게 전달되었다. 하지만 내게 그 소설의 추억은 거기서 멈추지 않았다. 내게도 그 토니오 크뢰거의 독백이 시작된 것이다.

'난 지금 열심히 살고 있다. 그런데 그게 도대체 어쨌단 말인가.'

고등학교에 진학하고, 대학을 졸업하고, 유학을 다녀오고, 교수가 된 지금에도 가끔 중얼거린다.

'난 지금 무척 성실하고, 아주 생산적인 삶을 살고 있다. 그런데 그게 도대체 어쨌단 말인가.'

하지만 토니오 크뢰거의 경우와는 반대로 내게 이 허무개그적 독백은 아주 건강한 기능을 한다. 정신없이 돌아가는 내 삶을 반추하는 데 큰 도움이 되기 때문이다.

비밀번호가 너무 중요한 세상이 되었다. 은행 비밀번호, 인터넷의 비밀번호 등은 하루에도 수십 번씩 사용해야 한다. 그런데 그때마다 원칙 없이 비밀번호를 정했다가는 낭패를 보기 십상이다. 그래서 우리는 은행 비밀번호를 기억하기 쉬운 번호, 예를 들면 생일, 자동차 번호, 애인 전화번호 등으로 정한다.

이 과정을 심리학에서는 '메타코그니션meta-cognition'이라고 한다. 즉 '생각에 대한 생각'이다. '은행 비밀번호를 생일로 정하면 내가 기억을 잘할 것'이라고 '생각'하는 것이다. 이러한 '생각에 대한 생각'은 자신을 돌이켜 보는 자기반성 능력의 심리학적 기초가 된다. 나에 대해 반성적 거리를 두고 바라보며 판단하는 능력인 것이다.

사람은 바쁘면 바쁠수록, 정신없으면 정신없을수록, 자기반성 능력을 상실하게 된다. 멀쩡하던 사람이 한순간에 형편없이 망가지는 까닭은 자기 자신을 돌이켜 보게 하는 메타코그니션 능력이 상실되기 때문이다. 높은 자리에 올라갈수록, 사회적 성취가 크면 클수록, 반성적 거리는 사라진다.

헤겔의 '주인과 노예의 변증법'에서 주인과 노예의 위치가 뒤바뀌게 되는 까닭은 바로 이 자기반성 능력의 상실 때문이다. 노예는 주인의 칭찬과 인정을 얻기 위해 끊임없이 자신의 행위를 판단하고, 주인의 시선을 통해 자신의 능력을 판단한다. 반면, 주인은 자신을 객관화시킬 대상이 없다. 누구의 인정감認定感을 얻기 위해 노력할 필요도 없다. 결국 자신의 존재를 재확인시켜줄 준거의 대상 자체가 사라지는 것이다.

내게 토니어 크뢰거의 허무한 독백은 메타코그니션의 기능을 한다. 내 성취감이 크면 클수록, 타인의 인정감을 느끼면 느낄수록, 나는 이 토니오 크뢰거의 독백을 반복하기 때문이다.
'그게 도대체 어쨌단 말인가.'
이렇게 중얼거리고 나면 세상이 조금은 달라 보인다.

언젠가 '내 삶에서 가장 중요한 책 한 권'에 대해 써달라는 원고청탁을 받았을 때, 나는 바로 이 토니오 크뢰거의 독백을 생각해냈다.

내겐 정말 중요한 책이다. 책의 인상 깊은 구절을 쓰라고 해서, 난 이 책을 사러 책방에 갔다. 오래된 번역본이지만 다행히 금방 찾을 수 있었다. 사 가지고 오면서 바로 차 안에서 그 책을 들춰 보았다. 30여 년 전, 큰이모를 연모했던 그 수줍던 청년을 기억하며 슬그머니 미소도 지었다. 그도 이젠 많이 늙었을 것이다.

그런데…. 아뿔싸!
토니오 크뢰거가 아니었다. 그 허무한 독백의 주인공은 토니오 크뢰거가 아닌 것이다. 토마스 만의 소설 《토니오 크뢰거》는 전혀 엉뚱한 소설이었다. 이럴 수가! 나의 뒤죽박죽 세계문학전집식 기억이 토니오 크뢰거의 독백에도 예외 없이 적용된 것이다.

그러나! 난 30년이 넘도록 토니오 크뢰거의 독백에 대해 너무나 많은 사람들에게 이야기했다. 지금보다 많이 젊을 때, 아리따운 여인을 내 사람으로 만들기 위해 결정적인 순간에 써먹던 대사도 바로 이 토니오 크뢰거의 독백이었다. 내가 슬픈 표정으로 이 이야기를 하면 여인들은 모두 감동했다.

그뿐이 아니다. 최근 몇 년간 대중강연에서 수없이 반복해서 토니오 크뢰거의 독백을 이야기했다. 사람들은 모두 내 이야기에 감동했다. 그런데, 그런데…. 그 토니오 크뢰거는 이 토니오 크뢰거가 아니다. 아, 이런 황당한 경우가 어디 있는가.

그러나 바로 이 순간에도 내 입가에는 토니오 크뢰거의 독백이 계속 맴돈다.

　'그래서, 그게 도대체 어쨌단 말인가!'

　(하지만 이런 식으로 마구 우길 일은 아닌 것 같다. 누가 이 소설의 제목을
내게 알려주면 참 고맙겠다.)

입 꽁지가 내려간 만큼
우리는 불행해진다

왜 남자들은 서로 만나면 꼭 명함을 교환할까? 명함지갑도 따로 챙겨 가지고 다닌다. 도대체 왜 그런 행위를 하는 것일까? '자신을 소개하는 행위'만으로는 설명이 되지 않는다. 소개를 하려면 통성명 정도로도 충분하다.

문화심리학적으로 보면, 명함을 건네는 행위의 이유는 아주 단순하다. 서로의 권력관계 서열을 정하기 위해서다. 서열이 정해져야 상호작용의 룰이 정해지기 때문이다. 서로의 사회적 지위, 연배의 순서가 정해지지 않은 상태에서는 상호작용의 룰이 정해지지 않는다. 남자들에게 상호작용의 룰이 애매한 상태처럼 견디기 힘든 상황은 없다.

남자들의 상호작용 원칙이란 아주 간단하다. 윗사람은 입 꽁지를 내리고, 아랫사람은 입 꽁지를 올린다. 마치 동물의 세계에서 발정기를 앞둔 수컷들이 암컷을 앞에 두고 힘 겨루기를 한 결과 약한 녀석들이 꼬리를 내리는 것처럼, 명함에 적힌 사회적 지위가 파악되는 순간부터 둘의 표정은 확연하게 달라진다.

사회적 지위가 높은 사람은 입 꽁지를 내리며 아주 근엄한 표정을 짓는다. 반면 사회적 지위가 낮은 사람은 입 꽁지를 올리며 바로 만면의 웃음을 띤 표정이 된다. 꼬리를 내리는 행위의 또 다른 표현이다. 기회가 되면 잘 관찰해보기 바란다. 슬프지만 아주 정확한 사실이니까. 남자들은 하루에도 수십 번씩 이런 행동을 반복한다.

내게는 기업에서 강연 요청이 자주 온다. 강연을 하다 보면 누가 부장급 이상인지 아주 쉽게 구별해낼 수 있다. 부장급 이상이 되면서부터, 마치 중력의 법칙처럼 입 꽁지가 서서히 내려오기 시작하기 때문이다. 차장급 이하의 사람들 중에 입 꽁지가 내려온 경우는 거의 없다. 회사만이 아니다. 일반적으로 사회적 지위가 높은 사람들에게서 입 꽁지가 내려오는 것은 아주 일반적인 현상이다.

왜 사회적 지위가 올라갈수록 입 꽁지가 내려가는 것일까? 얼굴의 근육, 그중에서도 볼의 근육을 움직이지 않으려고 하기 때문이다. 볼의 근육은 기분이 좋을 때 움직이는 근육이다. 반면 이마의 근육은 기분이 나쁠 때 움직이는 근육이다. 높은 지위의 한국 남자들이 입 꽁지를 내리는 이유는 볼의 근육을 움직이지 못하게 막기 위해서다. 자칫 무의식중에라도 상대에게 '만면의 미소를 보이며' 꼬리를 내리는 모습을 보이지 않기 위해서, 입 꽁지로 볼 근육을 꾹 누르고 있는 것이다. 그래서 이들의 이마 근육은 아주 섬세하게 발달해 있는 반면, 볼 근육은 입 꽁지를 내려 꼼짝 못하게 해놓았기에 거의 퇴화돼 있다.

인간의 뇌 속에는 '거울 뉴런mirror neuron'이라는 것이 존재한다. 이 험난한 세상에서 살아남기 위해 인간은 태어날 때부터 타인의 정서를 흉내 낼 수 있는 능력을 타고난다. 아무 생각 없는 갓난아이도 엄마의 특정한 얼굴 표정을 흉내 낼 수 있다. 생후 수개월부터 상대방 얼굴의 정서적 표현을 적극적으로 흉내 내기 시작한다. 태어날 때부터 누구나 상대방의 정서를 공유할 수 있는 '능력'을 타고난다는 이야기다. 정서를 공유하는 일은 인간이 가진 가장 기본적인 의사소통 능력이다.

우리가 서로를 이해할 수 있는 가장 근본적인 이유는 서로의 '정서'를 공유하기 때문이다. 서로 다른 사람일지라도, 동일한 정서를 느끼는 경험을 통해 동일한 의미를 유추해내는 의미 공유의 능력이 발달하는 것이다. 이러한 의사소통 능력은 거울 뉴런의 기능을 통해 서로의 정서를 흉내 내는 것으로부터 출발한다. 그래서 상대방의 정서 상태에 따라 나의 볼이나 이마의 근육이 움직이는 반응을 하는 것이다.

그런데 사회적 지위가 높아질수록 한국 남자들의 입 꽁지가 내려온다는 사실은 뭔가? 이건 아주 심각한 문제가 있다는 것을 의미한다. 본능적인 정서 공유 능력이 사라지고 있다는 뜻이기 때문이다. 이마 근육을 통한 부정적 정서는 아주 잘 공유하는 반면, 볼 근육을 통한 긍정적 정서의 공유는 거의 일어나지 않는다는 이야기다.

내가 강의하기를 가장 싫어하는 세 종류의 집단이 있다.

첫째는 사장님들만 모여 있는 곳이다. CEO들만 모여 있는 곳에서 강의하려면 숨이 콱콱 막힌다. 어떤 이야기를 해도 도무지 반응이 없다. 한결같이 팔짱을 낀 채, 아주 무표정한 얼굴로 나를 올려다본다. '어디 한번 해보라'는 표정이다. 이 분위기를 견뎌낼 강심장을 가진 강사들은 국내에 몇 안 된다. 나름 베테랑인 나도 요즘에서야 겨우 적응됐다.

두 번째 강의하기 힘든 집단은 교수들이다. 교수들이 다른 사람의 강의에 감동하거나 설득당하는 경우는 거의 없다. 교수들은 남에게 설득당하는 것을 무척 경계한다. '의심'은 교수들 최고의 직업병이다. 교수들을 앉혀놓고 강의하다 보면, 모두들 나를 심사하는 표정으로 앉아 있다.

세 번째 강의하기 힘든 집단은 공무원들이다. 과천에 가면 중앙공무원교육원이라고 있다. 우리나라 중앙부처의 공무원을 대상으로

교육하는 기관이다. 특히 국장급들을 대상으로 하는 교육과정은 최악이다. 무슨 이야기를 해도 반응이 없다. 그래서 과천 중앙공무원교육원을 '강사들의 무덤'이라고 한다. 한번 가면 다 죽어 나오기 때문이다.

이들 세 집단의 표정은 한결같다. 사진만 봐서는 어느 집단인지 서로 구별하기 힘들 정도다. 모두들 아주 힘줘, 입 꽁지를 내리고 있기 때문이다. 한국사회를 이끌고 있는 사람들의 정서 공유 시스템이 한결같이 망가져 있다는 이야기다. 의사소통이 불가능하다는 뜻이다. 뿐만 아니다. 자기 자신을 돌아보는 자기반성의 메타코그니션 또한 망가져 있다. 모두들 논리적이고 합리적으로 이야기하는 듯하지만, 서로 딴소리 한다. 이 현상은 TV 토론 프로그램만 봐도 아주 간단히 확인된다. 어쩜 저렇게 토론 시간 내내 자기 하고픈 이야기만 할까 싶다.

오늘날 한국사회의 문제에 대해 서로 목소리 높여가며 이야기한다. 그러나 한국사회의 본질적인 문제는 '서로 무슨 이야기를 하는지 이해 못한다'는 사실에 있다. 서로 의사소통이 안 되니, 남는 것은 동물적인 공격성, 분노, 적개심뿐이다. 분노, 적개심, 공격성이 공중에 둥둥 떠다닌다. 다들 '건들기만 해봐!' 하는 표정이다. 미칠 지경이다. 아니, 도대체 왜들 이러고 사는 것일까?

도무지 볼 근육을 움직일 기회가 없기 때문이다. 즐겁고 재미있는 일이 없다는 뜻이다. 상대방의 긍정적인 정서에 반응할 수 있는 거울 뉴런의 기능은 내 삶이 즐겁고 재미있어야 작동한다. 내 삶이 재미없으니 상대방의 분노와 적개심 같은 부정적 정서에는 기다렸다는 듯이 즉각 반응하는 반면, 기쁨과 즐거움 같은 긍정적 정서에 반응하는 법은 아예 흔적조차 사라져버렸다. 그러니 모든 인간관계가 스트레스가 된다.

흥미로운 것은 남자들만 그런 것이 아니라는 사실이다. 여자들도 일부 그렇다. 사회적 지위가 높은 여자들의 표정은 남자들과 크게 다를 바 없다. 이들 또한 한결같이 입 꽁지가 내려와 있다. 언어표현도 묘하게 권위적이다. 입 꽁지가 내려오고 묘하게 말끝을 올리는 이런 여자들을 만나면 심하게 불쾌해진다. 결국 입 꽁지를 내리는 이 묘한 습관은 남자들만의 문제가 아니다. 권력관계가 분명한 모든 인간관계에서 나타나는 보편적인 현상인 것이다.

긍정적 정서 표현이 가능하도록 볼의 근육을 되돌리는 방법은 아주 간단하다. 가능한 한, 권력관계와는 상관없는 인간관계를 자주 갖는 것이다. 특히 같은 재미를 공유하는 동호회와 같은 '취미공동체'에 속해 활동하는 것은 아주 특별한 효과가 있다.

재미는 전염병이다. 재미는 정서 공유를 전제한다. 재미있으면 볼 근육은 저절로 올라간다. 찜질방에서 즐겁게 수다 떠는 아줌마들 중에 입 꽁지가 내려가 있는 사람을 본 적이 있는가?

나름 권위 있고 심각한 표정이라며 입 꽁지를 내리고 있는 남자들을 보면 불쌍하게 여겨야 한다. 그런 표정이야말로 "나 지금 사는 게 너무 재미없어. 제발 이 고통에서 날 구해줘!" 하고 아우성치는 간절한 SOS 신호이기 때문이다. 한번 내려간 입 꽁지는 웬만해서 다시 올라오기 힘들다.

지금 당장 거울 앞에 서서 자신의 얼굴을 살펴보라. 당신의 입 꽁지는 어떤가?

© by Kim, Jung-Woon

얼어붙은

베를린 반제호수의

나무기둥

슈베르트의 겨울나그네는 여기처럼 얼어붙은 호수를 울며 건넌다.

울다가 멈춰 서더니, 얼음 위에 사랑하는 여인의 이름을 새긴다.

그리고 또 울며 노래한다.

'내 눈물이 얼음을 녹이고, 이 녹은 물은

언젠가 내 사랑하는 여인이 사는 마을까지 흐르겠지….' (이 녀석은 참 자주 운다.)

그때, 나도 이 호수 주변을 걸으며 울고 또 울었다.

이 세 상 에 존 재 가 확 인 되 지 않 는 것 처 럼

슬 픈 일 은 없 다 .

'아침형 인간'?
이건 정말 아니다

OECD 국가들 중 한국의 노동시간이 가장 길다고 한다. 그런데 여러 조사 결과에 의하면 생산성은 꼴찌란다. 도대체 이 원인이 뭘까? "잘살자"고 부르짖으며 와이프만 빼고 모든 것을 바꿔왔는데도, 왜 아직도 제대로 잘살지 못하는 걸까? 기업들은 '창조경영'을 외치고, 각 정부 부처는 물론 모든 지자체에서는 한결같이 '창의'를 부르짖는다. 그러나 창조적 행위를 위한 한국사회의 액션플랜은 천편일률적이다. 일사분란하다.

그저 "열씨미 하자"다.

모두들 아침형 인간을 넘어 '새벽형' 인간이 되어, 꼭두새벽부터 잠 설치고 다닌다. 그러나 한번 생각해보라. 아침형 인간은 이미 새마을운동 때 다 했던 이야기 아니던가. 세계에서 가장 못살고 있는 북한조차 이미 오래전에 마스터한 이야기다. 천리마운동, 새벽별보기운동이나 '새벽형 인간'이나 다 같은 이야기다. 중학교 들어가면서 모두 외우는 종합영어의 "어얼리 버드가 벌레를 잡는다(The early bird catches the worm)"는 예문으로 일찌감치 세뇌당한 한국인들은 21세기에 다시 등장한 '아침형 인간'의 신화에 다시 매료됐다. 그러나 아침형 인간은 21세기형 인간관이 아니다.

아침형 인간이 오후가 되면 집중력이 떨어져 오히려 생산성이 떨어진다는 연구 결과도 있다. 과학적 논리를 떠나 아주 구체적으로 한번 생각해보자. 아침에 일찍 일어나야 성공한다면, 남산 약수터에 새벽부터 올라오는 사람들은 모두 성공한 사람이어야 옳다. 아닌가? 허나 그들 중 절반은 환자다. 새벽부터 하는 일이라고는 고작 '솔시레파미레도'다. '물만 먹고 가지요'란 이야기다. 그런데도 새로 지자체장이나 CEO가 부임하면, 출근시간부터 앞당기며 모든 구성원이 '아침형 인간'이 되라고 한다. 아, 정말 이건 아니다.

독일에서 13년 살았던 내가 가장 싫어했던 것은 '라인강의 기적'과 '한강의 기적'을 비교하며 설명하는 논리였다. 이건 한국인들에 대한 정말 참을 수 없는 모독이다. 독일이 어떤 나라인가? 세계대전을 두 번이나 일으킨 나라다. 잠수함을 만들고, 탱크, 비행기를 만들던 세계 최고의 기술력을 가진 나라다. 비록 전쟁에 패했지만, 그 기술을 가진 사람들이 다 죽어 없어진 것은 아니었다.

그런데 한국은 어떠했는가? 보릿고개도 스스로 못 넘던 민족이다. 원조로 얻어먹다가 같은 민족끼리 전쟁을 치른다. 그 전쟁도 다 남의 나라 무기 빌려다 했다. 그 후에도 한동안은 굶주린 배 움켜잡고 나무껍질이나 벗겨 먹어야 했던 민족이다. 한심해도 어찌 이토록 한심할 수 있을까 싶다.

20세기의 대한민국과 독일은 그 출발점부터가 달랐다. 그러나 이제 한국과 독일은 많은 영역에서 대등하다. 한 급 아래로 내려다보던 독일이 이제 내놓고 한국을 시샘한다. 토끼와 거북이의 달리기 시합 수준의 이 게임의 결과를 두고, 누가 감히 '두 나라가 비슷하다'고 이야기할 수 있을까? 라인강의 기적은 한강의 기적에 비교하면 깜도 안 되는 아주 누추한 이야기일 뿐이다.

역사상 대한민국 같은 경우는 없다. 이렇게 짧은 기간, 이렇게 우뚝 선 나라는 없다. 충분히 자랑스럽다. 하지만, 그건 거기까지다. 빨리 흥한 나라일수록 빨리 망한다. 정말이다. 아이들의 세계사 책의 연보만 살펴봐도 이는 분명해진다.

왜 그럴까? 한 시대를 발전시켰던 동력이 그다음 시대에는 발전의 발목을 잡기 때문이다. 이를 가리켜 프랑크푸르트학파는 '역사의 변증법'이라고 했다. 근대성이라는 역사적 발전을 가능케 했으나 새로운 시대정신에 미치지 못한 유럽의 '계몽주의'는 결국 나치즘이라는 야만의 형태로 몰락했다.

마찬가지다. 20세기 후반, 역사상 유례없는 대한민국의 발전을 가능케 했던 동력은 다음 시대의 발목을 잡게 되어 있다. 산업사회의 압축성장을 가능케 했던, '근면·성실'이라는 가치가 새로운 시대로의 변화를 가로막는다는 이야기다. 근면·성실하지 말라는 이야기가 아니다. 참고 인내하는 근면·성실은 아무 소용없다는 뜻이다. 참고 인내하는 방식으로는 누구도 창조적일 수 없기 때문이다.

행복하면 죄의식을 느끼고, 재미있으면 불안해지는 각 개인들이 한국사회의 근본적인 문제다. 휴일에 잠시 낮잠만 자고 일어나도 뭔가 찝찝하다. '이렇게 쉬어도 되는 건가' 싶은 것이다. 가족에 대한 책임감에 아이들과 함께 나선 놀이터에서도 손으로는 휴대폰을 연신 만지작거린다. 인터넷이 접속되는 신형 휴대폰으로 업무 관련 기사 검색까지 한다. 아, 이것도 정말 아니다.

21세기 가장 불쌍한 사람은 근면·성실하기만 한 사람이다. 산업사회에는 근면·성실해야 했다. 모든 가치는 노동하는 시간만큼 나오기 때문이다. 그러나 21세기는 더 이상 노동시간이 가치를 창출해주지 않는다. 우리가 아무리 근면·성실해도 기계보다 더 빠를 수 없다. 가족들을 먹여 살리기 위해 낯선 이국에 와 일해야 하는 외국인 노동자보다 더 근면할 수는 없는 일이다. 아침형 인간이 가지고 있는 이념적 전제가 이미 올드하다는 이야기다.

21세기를 20세기적으로 경영하는 한국식 언밸런스의 압권이 바로

'아침형 인간'이다. 남들보다 먼저 일어나면 성공한다는 이야기에 이 땅의 사내들은 흥분하여 다시 허리띠를 부여잡았다. "그래. 우리는 새벽종이 울리면 너도 나도 일어났어. 맞아. 그래야만 해." 이제까지 참고 인내하는 삶을 살아온 사내들은 오래된 '새벽의 추억'을 되살린다. 성공은 하고 싶은데, 아는 방식이라고는 근면·성실한 것밖에 없기 때문이다.

그러나 그것은 이미 나를 포함해 모두가 알고 있는 방식이다. 모두가 이미 알고 있는 방식으로는 절대 성공하지 못한다. 그 방식이 옳았다면 이미 성공했어야 하기 때문이다. 그 《아침형 인간》이라는, 새마을운동 혹은 천리마운동의 재림을 주장하는 어설픈 일본어 번역서가 60만 부나 팔려나가는 동안, 《노는 만큼 성공한다》라는 내 역작(!)은 고작 2만 부 팔렸다.

사는 게 재미있으면, 일하는 게 재미있으면, 근면·성실하지 말라고 해도 근면·성실해진다. 순서를 바꾸라는 이야기다. 우리가 알고 있는 '인내는 쓰고, 열매는 달다'는 말은 거짓말이다. 인내가 쓰면, 열매도 쓰다. 도대체 열매의 단맛을 겪어봤어야 그 단맛을 즐길 것 아닌가.

21세기에는 '지금' 행복한 사람이 '나중에도' 행복하다. 지금 사는 게 재미있는 사람이 나중에도 재미있게 살 수 있다. 21세기의 핵심 가치는 '재미'다. 노동기반사회의 핵심원리가 근면·성실이라면, 지식기반사회를 구성하는 핵심원리는 재미다. 창의적 지식은 재미있을 때만 생겨난다. 그래서 재미와 창의성은 심리학적으로 동의어다.

21세기, 우리 앞에 정해진 길은 없다. 20세기까지 우리는 미국, 일본이 앞서 간 길을 쫓아가기만 하면 됐다. 20세기 후반, 한국은 앞서 나간 이들을 정말 근면·성실하게 쫓아갔다. 그랬기 때문에 지금 이 정도 누리고 살 수 있게 된 것이다. 그러나 그건 거기까지다. 이제 선진국과 어깨를 나란히 하고 있는 우리 앞에 정해진 길은 없다. 미국이나 일본이 그런 것처럼 새로운 길을 만들어야 한다. 새로운 길은 '만들어야만' 앞서게 된다. 새로운 길은 새로움에 대한 호기심이 있어야만 찾아진다. 새로운 것에 대한 호기심이 극대화된 영역이 예술이다. 근면·성실하기만 한 예술가를 봤는가?

독일의 극작가 브레히트는 예술적 작업의 특성을 '낯설게 하기 Verfremdung'라고 했다. 익숙해서 있는 줄도 모르는 것을 새롭게 느끼게 만드는 것이 예술의 목적이라는 것이다. 창조적 사고도 마찬가지다. 해 아래 새로운 것은 없다. 다 있는 것이다. 익숙해서 있는 줄도 모르는 것을 새롭게 조합하는 것이 '창조적 사고'다. 그런 의미에서 '창조'라는 표현은 잘못된 것이다. 창조란 이제까지 없던 것을 만드는 신神의 작업을 뜻하기 때문이다.

그러나 원래의 의미가 다르다고 해서 이미 쓰이고 있는 말을 바꾸려고 하는 것은 오버다. 대표적인 것이 '자장면'이다. 나는 아나운서들이 '자장면'이라고 할 때마다 무척 거슬린다. '효오~과' 하는 것도 열라 짜증난다. 무슨 원칙으로 그러느냐고 물어보니, 나름 이야기를 하는데 그리 설득적이지 못하다. 내가 기억하지 못하는 것을 보면 설득력이 없는 거다. '짜장면'을 '자장면'이라 하면서 '짬뽕'은 왜 계속 '짬뽕'인가? god의 엄마가 싫다고 한 것은 그럼 '자장면'인가 '짜장면' 인가?(2011년 8월 31일 이후 짜장면도 표준어로 인정받게 되었다.)

'창조'든 '창의'든 간에 지식기반사회의 가장 중요한 원리는 익숙한 것을 새롭게 느낄 수 있는 '낯설게 하기'다. 이를 심리학적 개념으로 는 '맥락적 사고를 한다'고 한다. 사물을 이미 정해진 맥락에서만 바라보지 않는다는 이야기다. 어제와 오늘은 전혀 다른 맥락이기 때문이다. 세상에 바보 같은 사람은 맥락을 보지 않고 자신만 바꾸려는 이들이다.

놀이와 축제는 '낯설게 하기'의 대표적인 예가 된다. 인간이 매년 축제를 벌이는 이유는 맥락을 바꾸기 위해서다. 매일 똑같은, 생명 력이라고는 전혀 없는 삶의 맥락을 바꾸기 위해 인간은 끊임없이 축제를 벌인다. 축제는 내가 내 삶의 주인이 되는 행위다. 운명으로 정해진 삶을 사는 것이 아니라, 내가 주체가 되어 내 삶의 시간을 바꾸는 행위가 축제다. 타자他者에 의해 정해진 객관적 시간의 흐름에 내 삶이 내던져져 있을 때, 인간은 두려움을 느낀다. 실존주의 철학자들이 인간의 삶을 두려움과 공포로 규정하는 이유는 바로 이 때문이다.
그러나 축제를 통해 내 삶의 시간은 다른 방식으로 돌아가기 시작한다. 그래서 우리는 설날을 축하하고, 추석을 즐기고, 크리스마스를 축하하는 것이다. 축제를 통해 삶은 전혀 다른 맥락으로 옮겨간다. 그래서 축제는 맥락 바꾸기, 혹은 낯설게 하기의 구체적 실천인 것이다.

놀이도 마찬가지다. 놀이도 항상 다른 맥락을 끌어온다. 하다못해 '가위 바위 보'를 하려 해도, 가위가 보를 이긴다는 가상의 맥락을 끌어오지 않으면 놀이는 성립되지 않는다. 그래서 인간은 호모 루덴스 homo ludens, 즉 '놀이하는 인간'인 것이다.

현재의 먹고사는 맥락, 종족번식의 맥락과는 관계없는 또 다른 맥락을 항상 꿈꾸기 때문이다. 그래서 음악을 작곡하고, 그림을 그리고, 여행을 떠나는 것이다. 노력한다고 창조적이 될 수는 없는 일이다. 노력하는 것과 맥락을 바꾸는 것은 전혀 다른 차원이기 때문이다. 재미있는 자만 꿈꿀 수 있다. 현재의 한계를 떠난 가능성의 영역은 삶이 재미있어서 어쩔 줄 모르는 이들에게만 보인다.

근면·성실한 산업사회에서는 '뛰는 놈' 위에 '나는 놈'이 있었다. 그러나 재미가 시대정신인 21세기는 다르다. '나는 놈' 위에 '노는 놈' 있다. 정말이다.

요즘 나는 '창조경영'에 대한 기업의 강연 요청으로 정말 정신없다. 족히 6개월 강연 일정은 앞서 채워지는 것 같다. 좀 멀다 싶은 곳은 헬기까지 타고 간다. 창의적이 되려면 재미있게 살아야 한다고, 잘 놀아야 한다고 강의하면서, 정작 나 자신은 놀 시간이 전혀 없는 지경이 됐다.

아, 이 또한 정말 아니다.

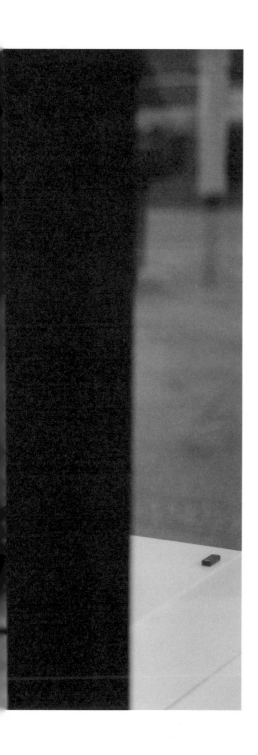

빨간 사과와
바나나

쇼윈도의 하이힐이 빨갛다.

원숭이 엉덩이는 빨개.
빨가면 사과,
사과는 맛있어.
맛있으면 바나나….

생각해보면
빨간 엉덩이가 바나나로 연결되는
이 정체불명의 노래는 참 음탕하다.
흠 … 나 만 그 런 가 ?

사람은 절대 안 바뀐다!
이 사실이 나를 자유케 한다

나는 미국식 '성공처세서'를 싫어한다. '성공하려면 수십 가지 습관을 가져라', '새벽부터 벌떡벌떡 일어나라', '네 삶의 방식을 바꿔라', '마인드를 바꿔라' 등과 같은 내용의 책들이다. 다 고만고만하게 비슷한 이야기를 제목만 바꿔 써놓은 것이 대부분이다. 이런 책을 돈 주고 사보는 이들이 있다는 사실 자체가 신기할 정도다. 그런데도 이런 종류의 책들이 잘 팔리는 모양이다. 베스트셀러 리스트에는 이런 종류의 책들이 꼭 앞쪽에 진열되어 있다.

뿐만 아니다. 기업에 강연을 가면 화장실 소변기 앞에 이런 종류의 글들이 번호 순서대로 예쁘게 코팅되어 붙어 있다. 이런 글들을 아무 생각 없이 멍하게 읽다 보면, 갑자기 오줌이 콱 막힌다. 나에게 해당되는 것이 하나도 없기 때문이다.

미국식 성공처세서는 사람을 좌절케 한다. 이런 처세서가 던지는 메시지의 공통점은 한결같이 '너를 바꿔라'다.

그런데 사람이 그렇게 쉽게 바뀌던가? 한번 자신에게 대입해 생각해보라. 철든 이후에 성격이 바뀐 적이 있는가? 사람은 쉽게 바뀌지 않는다. 죽다 살아난 사람들의 성격도 웬만해선 바뀌지 않는다.

이렇게 바꾸기 힘든 자신의 성격, 습관을 자꾸 바꾸라 하니 사람들은 미칠 지경이 된다. 책을 읽을 때마다 매번 좌절한다. 아예 이 좌절에 길들여져 다른 제목의 처세서가 나오면 다시 책을 사게 된다. 혹시나 하고. 심리학을 30년 가까이 전공한 나는 자신 있게 말할 수 있다. 사람은 절대 안 바뀐다. 나뿐만이 아니다. 최근의 성격심리학 이론들도 한결같이 주장한다. 사람은 여간해선 바뀌지 않는다고.

누구나 꼭 고치고 싶은 개인적인 약점이 있다. 나도 마찬가지다. 내게 가장 치명적인 결함은 열 받으면 확 뒤집어버리는 '시한폭탄' 성격이다. 잘 나가다가도 일이 뜻대로 안 풀리면, 제 성질을 못 이겨 뒤엎어버린다. 사람관계도 마찬가지다. 잘 지내다가도 단 한 번의 만회하기 힘든 실수로 인간관계가 망가지기도 한다. 몇 년 전까지만 해도 운전하다가 뛰어나와 대로변에서 멱살잡이도 참 여러 번 했다. 이제 교수라는 나름의 사회적 지위도 있는 만큼 이런 실수를 범하지 않았으면 하지만, 여전히 욱하는 성격으로 크고 작은 사건을 벌이고는 나중에 후회하며 잠 못 이루는 밤이 여러 날이다.

고민하는 내게 아내는 '그 성격은 이제 못 고치는 것이니 그냥 살라'고 한다. 내가 뭔 소린가 하며 쳐다보자, 서류함을 뒤져 내 고등학교 생활기록부 복사본을 가져다준다. 고2 때 담임선생님은 나에 대해 이렇게 써놓았다.

'과묵하고 착실한 성격이나 쉽게 격하는 결점 있음.'

참 잔인한 선생님이다. 어쨌든 고등학교 2학년 때나 지금이나 쉽게 욱하는 내 성격은 하나도 변한 게 없다는 이야기다. 그런 내게 자꾸 '너를 바꾸라'고 하는 성공처세서는 정말 참기 힘든 스트레스일 뿐만 아니라, 끊임없이 나에 대해 좌절하는 안 좋은 습관만 생기게 한다.

사람 성격은 안 바뀐다. 적어도 성공처세서에서 이야기하는 그런 종류의 성격은 절대 안 바뀐다. 그러나 바꾸는 방법이 없는 건 아니다. 인간의 성격을 '다르게' 규정하면 양상은 아주 달라진다. 고립된 개체로서의 성격은 변하지 않지만, 사회적 컨텍스트^{context}, 즉 맥락이 달라지면 성격은 아주 쉽게 변한다. 인간의 성격은 맥락과의 '게슈탈트^{Gestalt}'이기 때문이다. 게슈탈트, 즉 인간의 성격은 사회적 맥락과의 통합된 전체란 이야기다. 그래서 사회적 맥락과의 관계가 달라지면 성격은 바뀌게 되어 있다. 내 성격은 동일하지만 사회적 맥락과의 관련성에 따라 어떤 때는 좋은 성격이 되고, 어떤 때는 나쁜 성격이 된다는 이야기다.

예를 들어, 강의할 때의 나는 아주 '권위적'이고, 끊임없이 '잘난체'로 일관한다. 나름 터득한 효과적인 강의 기법이다. 그러나 아내 앞에 서면 나는 아주 '비겁'해진다. 어떻게 하면 집안일에서 빠져볼까

잔머리만 굴린다. 우리 아이들에게 나는 아주 '자상한' 아빠다. 나는 우리 아들들이 무척 예쁘고 사랑스럽다. 우리 대학원생들에게 나는 아주 '엄격한' 선생이다. 그러나 학부생들에게는 '재미있는' 교수다.

나는 한 사람이다. 그러나 맥락이 어디냐에 따라 나는 권위적이고, 잘난 체하고, 비겁하고, 자상하고, 엄격하고, 재미있는 사람이 된다. 이 사회적 맥락에 대한 인식이 부재할 경우 상황은 매우 심각해진다. 엄격해야 할 때 비겁해지고, 재미있어야 할 때 권위적이 되고, 자상해야 할 때 잘난 체하는 대책 없는 인간이 되어버리는 것이다. 성공처세서의 문제는 바로 여기에 있다. 맥락에 관한 어떠한 인식도 없이 자꾸 '너를 바꿔라'라고 하니, 특정 맥락에 가면 전혀 의도하지 않은 황당한 결과가 나오게 되는 것이다.

사람은 안 바뀐다. 피부살갗의 경계 안에 들어 있는 나는 절대 안 바뀐다. 그러나 그보다 더 중요한 사실은 자신을 둘러싼 맥락을 파악하는 능력, 즉 맥락적 사고는 '재미', 더 나아가 성공의 필수불가결한 조건이라는 사실이다. 삶의 재미는 바로 이 맥락을 바꾸는 능력에서 나온다. 사는 게 재미있는 사람만이 맥락에 따라 자신을 바꿀 뿐만 아니라 세상을 바꿀 줄 안다.

훌라후프 만드는 회사 사장이 미국에서 엄청난 양의 훌라후프를 주문받았다. 은행 빚을 내서 훌라후프를 잔뜩 만들어 인천 앞바다에 선적하려고 쌓아놓았다. 그런데 미국에서 연락이 왔다. 주문한 회사가 망했다는 것이다. 이런. 사장도 이제 같이 망하게 생겼다. 사장은 이 훌라후프를 팔려고 발에 불이 나도록 운동용품점을 돌아다녔다. 그러나 모두들 한결같이 대답한다. "아니, 요즘 누가 훌라후프 해요? 필요 없어요."

절망한 사장은 터벅터벅 인천 부두를 걷고 있었다. 그런데 갑자기 저기 들판에 가득한 비닐하우스 단지가 눈에 들어오는 것이 아닌가. 사장의 머리에 번뜩하고 아이디어가 생겼다. 그는 선적장에 가득한 훌라후프를 모조리 반원 모양이 되도록 반으로 뚝 잘랐다. 그리고 반 토막 난 훌라후프를 모두 비닐하우스 제작공장에 팔아치웠다. 계산해보니 돈은 갑절로 벌렸다.

반 토막 난 훌라후프는 모두 비닐하우스 뼈대로 쓰인 것이다. 작은 비닐하우스를 만들 때, 이전에는 다들 대나무를 썼다. 그런데 대나무는 잘 부러지고, 자칫하면 비닐을 찢곤 했다. 그런데 반 토막 난 훌라후프는 비닐하우스 뼈대로 기가 막히게 어울렸던 것이다. 휘어지지도 않고, 비닐을 찢지도 않는 완벽한 재료가 된 것이다.

'맥락을 바꾼다는 것'은 바로 이런 것이다. 훌라후프를 운동용품으로만 생각하니, 빚을 갚을 수가 없다. 그러나 농사짓는 맥락에 가져다 놓으니 전혀 다른 것이 되어 엄청난 이익을 가져다준다. 도대체 누가 훌라후프를 운동용품이라고 했나? 바로 자신이다. 훌라후프를 운동용품이라고 규정한 것도 나고, 비닐하우스의 뼈대라고 규정한 것도 바로 나다.

그렇다면 '맥락'은 도대체 어떻게 바뀌는 것일까? 사람들은 흔히 맥락은 내 영향력 밖의 어떤 것으로 여긴다. 그리고 그것을 '객관적' 맥락이라고 부른다. 그래서 내가 어쩔 수 없다고 여기는 것이다. 그렇지 않다. 객관적 맥락이란 결코 존재하지 않는다. 객관적 맥락을 인식하는 주관적 포지셔닝positioning이 존재해야만 객관적 맥락이 가능해지기 때문이다. 즉 주관적 관점이 객관적 맥락에 선행先行한다는 이야기다.

객관적 맥락에 선행하는 자신의 관점을 발견할 때, 우리는 기쁨을 느낀다. 주체로서의 자신을 발견하기 때문이다. 그리고 그 관점을 변화시켜 맥락을 바꿀 때, 우리는 희열을 느낀다. 행위의 주체가 되기 때문이다. 재미의 가장 중요한 전제조건은 자신이 행위의 주체가 되는 것이다. 그래서 심리학에서는 '선택의 자유freedom of choice'가 재미를 결정짓는다고 설명한다. 높은 산에 땀을 뻘뻘 흘리며 올라가는 일을 만약 누가 시켜서 한다고 생각해보자. 절대 못 올라간다. 그러나 자기가 선택했기 때문에 사람들은 힘들어 하면서도 어떻게든 올라가려 기를 쓴다. 내가 선택한 일이기에 재미있는 것이다.

자신을 바꾸고 싶은가? 그렇다면 '너를 바꾸라'는 어설픈 성공처세서를 사서 줄 치며 읽는 어리석은 일은 이제 그만하라. 대신 내 삶의 재미를 찾아야 한다. 그 재미는 아무도 알려주지 않는다. 나만 안다. 그 맥락을 바꾸고 재미를 찾아, 내 삶의 주인이 되는 경험을 할 때, 내 삶의 맥락이 바뀐다. 내 삶의 게슈탈트가 바뀐다는 이야기다.

남자는
참 불편하다!

내가 다녔던 베를린 자유대학을 가려면
거쳐야 하는 달렘역 플랫폼에 있는 의자다.
이 의자를 볼 때마다 참 많은 생각을 했다.

뚱뚱하고 날씬한 여자 사이에 더 날씬한 남자가 있다.
두 여자의 가슴 사이즈는 똑같다.
딱 손아귀에 들어오는 크기다.
두 여자 사이에 끼어 있는 건
철없는 남자들이 아주 자주 꾸는 꿈이다.
그리고 남자의 의자 가운데는 또 무언가가 있다.
그래서 남자 의자에는 앉기가 참 불편하다.

매사에 그렇다.
남자가 편치 않은 이유는 바로 그 때문이다.
가 운 데   뭔 가 가   있 어 서 다 .

인생이 재미없는가?
원근법으로 보라

사람들에게 물어본다. "요즘 재미있어요?"
대답은 심드렁하다. 다시 물어본다.
"지금 뭐하면 재미있을 것 같아요?"
그럼 대부분 대답이 이렇다. "영화?", "여행?", "쇼핑?"

이런 대답이 나오는 것은 우연이 아니다. '재미'는 20세기에 새롭게 의미가 부여되며 사회적으로 '구성'된 단어다. 영화는 20세기 중반에 들어서 비로소 대중적 엔터테인먼트의 도구가 됐고, 여행은 기차가 발명된 후에야 가능해진 활동이다. 쇼핑은 대중적 상품 소비가 가능해진 최근의 재미다. 그래서 재미는 새로운 개념이다. 영화를 보거나 여행을 다니며 쇼핑할 때, 우리가 즐기는 심리적 내용은 한

마디로 '관점', 즉 퍼스펙티브^{perspective}다.

 여행을 가고 싶다는 이들에게 나는 묻는다. "도대체 어디로 여행
을 가고 싶으세요?"
 대부분 유럽여행을 가고 싶단다.
 "도대체 유럽 어디로요?" 그럼 대답이 없다.

 독일에서 13년을 지내는 동안, 거의 매년 유럽여행에 굶주린 한국
의 친구나 친척들이 찾아왔다. 기껏해야 최대속력이 고작 시속 130킬
로인 10년 된 고물 자동차로 유럽여행은 무리인지라, 매번 렌터카를
빌리곤 했다. 약 2주간의 여행을 마치고 차를 반납할 때, 렌터카 회
사 직원은 내게 항상 이렇게 물었다.
 "진 지 코레아나(한국 사람이지요)?"
 나는 놀라 되물었다. "어떻게 알았나요?"
 그 직원은 이렇게 대답했다. "2주 동안 5,000킬로미터를 달릴 수
있는 사람은 한국 사람밖에 없습니다. 하루에 적어도 300킬로미터
이상을 달렸다는 이야긴데, 이렇게 여행하는 사람은 분명히 한국 사
람입니다."
 허걱! 황당하지만 정확한 관찰력이다.

 정말이다. 유럽여행에서 그저 '달리기만' 하는 사람은 한국 사람들
뿐이다. 그 렌터카 직원은 "도대체 그게 자동차경주지, 어떻게 여행

일 수 있느냐?"고 내게 되묻는다. 정말이다. 도대체 왜들 그렇게 달리는 것일까?

보고 싶은 것이다. 즉 관점에 굶주렸다는 얘기다. 내가 일상적으로 살아왔던 세상과는 전혀 다른 세상을 이 기회에 원없이 보고 싶은 것이다. 그래서 미친 듯 달리는 것이다.

정말 압권은 스칸디나비아 반도를 여름에 달리는 일이다. 한도 끝도 없이 펼쳐지는 피요르드 해안을 달리고 또 달린다. 그곳의 여름밤은 백야현상 때문에 길어야 고작 세 시간이다. 그러니까 밤 12시가 가까워야 해가 진다. 한국 사람들은 그때까지 달린다. 그리고 새벽 세 시쯤 다시 해가 뜨면, 부스럭거리며 다시 일어나 또 다시 달리기 시작한다. 사물을 볼 수 있는 한, 무조건 달린다. 정말 대단한 민족이다.

관점에 굶주렸기 때문이다. 흔한 성공처세서에서 빠지지 않는 주문도 바로 이 '관점'의 문제다. 대부분 인생을 바꾸려면 관점을 바꾸라고 한다. 그런데 도대체 무엇이 관점인지, 관점이 어떻게 바뀔 수 있는지 설명하지 않고, 무조건 바꾸라고만 한다. 그러니 어찌 관점이 바뀌겠는가? 그래서 인문학적·사회과학적 통찰이 필요한 것이다. 관점의 본질을 깨달아야 관점을 바꿀 수 있기 때문이다.

'관점'은 원근법이 생긴 이후에 가능해진 문화현상이다. '관점'이 태초부터 존재했던 것이 아니라는 이야기다. 인류 역사에서 가장 위대한 발명이 뭐냐고 누가 내게 묻는다면, 나는 망설임 없이 '원근법'

의 발견이라고 이야기한다. '원근법'은 영어로 퍼스펙티브perspective다. '관점'도 영어로 퍼스펙티브perspective다. '관점'과 '원근법'은 어원상 동일한 단어다. 관점을 설명하려면 원근법을 먼저 이해해야 한다는 이야기다.

원근법이란 3차원을 2차원으로 '축약'하는 기술이다. 원근법을 제일 먼저 발명한 이들은 르네상스 시대의 화가들이다. 라파엘로의 '성처녀의 결혼식'은 초기 원근법의 형성을 설명할 때, 자주 예로 인용되는 그림이다.

원근법에서 가장 중요한 것은 '소실점'의 위치다. 그림에 등장하는 모든 요소들의 중심을 잡아주는 곳이다. 뿐만 아니라 그림을 바라보는 이의 눈이 어디로 향해야 하는지를 알려준다. 현실에서는 불가능하지만 화면 속에서 모든 요소들이 한 점으로 수렴되어 소실되어 가는 곳, 그곳을 모든 사람들이 보게 되어 있다.

원근법에서 시작된 소실점의 발견은 모든 사람들의 관점이 통일된 '객관적 관점'이 문화적으로 만들어졌음을 뜻한다. 즉 객관적 관점은 그렇게 작가에 의해 설정된 것일 뿐, 절대 객관적일 수 없다는 이야기다.

소실점이 만들어지면, 이 소실점을 기준으로 가까우냐 머냐에 따라 모든 사물의 크기와 위치가 정해진다. 가까운 사물은 크게, 멀리 있는 사물은 작게 표현하는 원근법이라는 합리적 장치를 통해, 우리는 2차원의 그림에서도 3차원의 실제 사물을 보는 듯한 시각적 경험을 하게 된다. 이런 방식으로 원근법은 객관성과 합리성이라는 근대성의 기초를 만들어낸 것이다.

서양이 동양을 식민지로 만들어 초토화시키는 계기도 바로 이 원근법 때문이다. 동양화에도 물론 원근법이 있었다. 그러나 고작해야 명도나 채도를 활용한 원근법이다. 소실점을 중심으로 한 '선의 원근법'은 발견하기 어렵다. 바로 이러한 원근법의 부재는 객관성과 합리성에 기초한 과학적 사고의 부재로 이어지고, 서양의 앞선 과학기술에 형편없이 무너지게 된 것이다.

물론 21세기에 들어서면 사정이 사뭇 달라진다. 동양문명이 가지고 있는 통일되지 않는 다양한 관점, 즉 '싱글 퍼스펙티브single perspective'가 아닌 '멀티플 퍼스펙티브multiple perspective'가 21세기 포스트모던 시대에 훨씬 적합한 형태가 된다. 근대 이후, 서구로 몰려갔던 문화와 부富의 주도권이 동양으로 이미 옮겨오기 시작했다. 그 동양에 한국도 해당되는가는 또 다른 토론의 주제다. 좌우간….

그림의 전체 구도를 결정하는 원근법적 맥락은 객관적인 것이 절대 아니다. 관점의 위치, 즉 그림을 바라보는 주체의 '의도'에 따라 소실점은 언제든지 변경될 수 있다. 소실점이 달라지면 그림 전체의 구도 역시 달라진다. 소실점을 지정하는 놈이 임자라는 뜻이다. 오늘날 세계정세가 미국 중심으로 움직이는 이유는 미국이 소실점을 찍었기 때문이다.

세상은 기준을 정하는 사람의 의도대로 움직인다. 문제는 내가 내 삶의 소실점을 정하고 있는가다. 소실점을 자신의 의도에 따라 변경할 수 있는 사람만이 자기 삶의 주인이 될 수 있다. 내가 선택하고, 내가 변화의 주체가 될 때 느끼는 감정이 바로 '재미'다. 재미는 내가 내 삶의 주인일 때만 얻어진다.

르네상스 시대의 회화적 원근법은 관점을 즐기는 최초의 실험이었다. 이후 원근법은 귀족들의 '정원'에서 또 다른 방식의 재미를 만들어낸다. 귀족들의 정원은 통제할 수 없는 자연을 축소해 자신의 손아귀에 넣고자 하는 욕구에서 시작된 것이다. 자신의 통제 안에 들어온 자연을 바라보며 그 전지전능한 관점을 즐기려는 욕구에서 정원은 만들어졌다.

이 의도를 가장 적나라하게 반영한 것이 베르사이유 궁전으로 대표되는 프랑스 정원이다. 프랑스 정원은 회화의 원근법적 원리를 자연에 다시 적용한 결과다. 다시 말해 3차원의 자연을 2차원으로 축소하는 방법론인 원근법이 다시 3차원 상황에 적용됐다는 이야기다.

베르사이유 궁전은 왕의 창문을 기준으로, 좌우대칭 비율에 맞춰 인위적으로 자연을 건설했다. 만물이 궁전 안에서 창문을 통해 바라보는 '왕'의 관점으로 수렴되도록 하여, 정원을 바라보는 왕이 자신의 전능함을 생생하게 느끼도록 의도한 것이다. 당시 왕의 재미는 이렇게 '관점'을 즐기는 것이었다.

극히 제한된 왕과 귀족들만의 영역이었던 '관점을 즐기는 행위'를 근대 이후 대중들도 즐길 수 있게 된다. 그 시작은 증기기관과 기차의 발명으로 가능해진 '철도여행'이다. 과학과 기술의 진보가 재미의 내용에 혁명적 변화를 가져온 것이다. 사람들은 달리는 기차 안에서 세상이 달라지는 '관점'을 즐기기 시작한다. 무서운 속도로 바뀌는 차창 밖의 파노라마적 풍경을 발견하면서부터, 사람들은 '세상을 바라보는 새로운 관점'을 내놓고 즐기게 된 것이다. 이때부터 사람들은 '여행'을 떠나기 시작한다. 여행은 이렇게 관점을 즐기는 행위의 연장인 것이다.

여행을 통해 실제의 자연을 즐기던 행위는 '사진'과 '영화'라는 매체의 발전을 통해 또 한 번의 혁명적 변화를 겪게 된다. 실제 자연을 바라보는 관점이 아니라, 극장이라는 닫힌 공간에서 카메라 렌즈를 통해 나타나는 인위적 관점을 즐기기 시작한 것이다.

초기의 영화는 한 대의 카메라로 현장을 있는 그대로 찍고, 그것을 그대로 상영하는 방식이었다. 그러나 20세기 초, 세르게이 아이젠슈타인Sergei M. Eizenshtein의 몽타주 기법이 등장하면서부터 관점의 편집 기술은 재미의 내용을 혁명적으로 바꾼다. 제작자는 자신의 의도와 관점에 따라 현실을 마음대로 편집하고 조작한다. 이렇게 다양한 카메라를 통해 모아진 관점을 편집하여 즐기는 새로운 기술은 이후 히치콕의 영화로부터 21세기 한국의 〈올드 보이〉에 이르기까지 다양한 형태로 발전하게 된다. 오늘날 우리가 즐기는 '재미'의 대부분은 이렇게 다양한 매체를 통해 굴절된 관점을 향유하는 형태다.

마이크로소프트의 운영체계가 '윈도우즈windows'인 것도 우연이 아니다. 컴퓨터의 화면은 가상세계를 바라보는 창문이 되고, 우리는 이 창문을 통한 관점을 즐기는 것이다. 우리는 이 창문을 통해 남의 은밀한 세계를 훔쳐본다. 아무도 내놓고 이야기하지 않지만 한국의 인터넷 통신이 가장 비약적으로 발전한 시기는 바로 'O양 비디오' 사건과 같은 훔쳐보기와 깊은 연관이 있다. 우리가 매일같이 들어가 검색하는 타인의 블로그, 페이스북의 내용도 타인의 삶을 훔쳐보는 행위에 다름 아니다.

훔쳐볼 뿐만 아니라 드러내기도 한다. 하루도 빠지지 않고 자신의 삶을 블로그에 올린다. 사진도 올린다. 뿐만 아니라 자신의 내면에서 일어나는 아주 은밀한 내용까지도 모두 올린다. 이런 행위는 자신의 삶을 드러내어 타인의 시선을 즐기는 행위다. 바바리 맨의 사이버적 형태라고나 할까? 관점의 발견에서 시작된 재미가 21세기에 들어서면서 훔쳐보기와 드러내기의 이중적 구조로 진화한 것이다. 뿐만 아니다. 단지 눈으로 보는 관점을 즐길 뿐만 아니라 타인의 마음을 들여다보는 심리적 관점을 즐기기 시작한다. 인간의 의사소통 행위가 재미의 내용이 된다는 이야기다.

재미는 관점을 '바꾸는' 일이다. 재미를 위해 사람들은 이야기를 만들고, 낡고 진부한 정보를 새로운 맥락에 넣는 창조적인 노력을 하게 된다.

그 사는 게 재미없는 한국의 아저씨들도 재미있으려 노력하니 너무나 창조적이 되는 것을 보았다. '동물 고스톱'이라고 들어 보았는가? 아저씨들이 할 줄 아는 놀이라고는 고스톱밖에 없다. 그런데 매일 똑같은 고스톱이 재미없어진 거다. 그러자 이 아저씨들은 새로운 규칙을 만든다.

기존의 고스톱 게임 이외에 화투장의 동물 숫자 가지고 돈 따먹기를 시작한 것이다. 그러니까 기존의 고스톱은 고스톱대로 하면서, 내가 모아놓은 화투장의 동물 숫자가 다섯 마리가 될 때부터 '점당 천 원'씩을 주기로 룰을 정하는 것이다.

예를 들면 이렇다.

내가 '비광'과 '팔 십짜리'를 가져왔다. 그런데 내 친구가 대뜸 천 원을 주는 게 아닌가. 아무리 봐도 동물은 네 마리(두꺼비하고, 기러기 세 마리)밖에 없는데 왜 천 원을 주냐고 하자, 내 친구는 '사람'(비광의 우산 든 사람)도 '동물'로 친다고 했다. 화투에는 동물이 귀해서 그런단다. 한 바퀴 더 돌아 내가 '팔광'을 가져오자 친구가 쩝쩝거리며 또다시 내게 천 원을 준다. 왜 또 천 원을 주느냐며 어리둥절한 표정을 하자, 팔광에도 동물이 있단다. 도대체 무슨 동물?

'토끼'란다. 달 속에 그 '토끼'! 어릴 적 누나하고 손 맞추며 부르던 그 '계수나무 한 나무, 토끼 한 마리'의 그 토끼가 달에 있다는 것이다. 정말 어마어마한 상상력 아닌가?

상상력이 별건가?

남들과는 다른 방식으로 보는 능력이다. 남들 못 보는 것을 보는 능력이다. 그 사는 게 재미없는 아저씨들도 매일 똑같은 고스톱을 좀 더 재미있게 치려다 보니 이토록 엄청난 창의력을 발휘하는 것이다. 재미있으면 저절로 창의적이 된다. 재미있는 사람만 원근법적으로 세상을 본다. 자기의 의도대로 소실점을 찍고, 세상을 재구성한다. 재미있는 사람만이 자기 삶의 주인이 된다는 이야기다.

　그런데 지금, 내 삶의 소실점은 도대체 누가 찍은 것인가?

도둑이
제 발 저리는 이유는?

음악 하는 학생들의 로망인
잘츠부르크 모차르테움 레슨실.
모든 방이 이렇게 다 훤히 들여다 보인다.
각 방에는 교수와 학생의 모습이 보인다.
소리가 들리지 않는데,
둘이 이야기를 나누는 모습을 보면 궁금해진다.

도대체 무슨 이야기를 나누는 걸까?
만약 여기가 학교가 아니고 호텔이라면?

생각이 여기까지 미치자
나도 모르게 화들짝 놀라 주위를 둘러봤다.
이 런 현 상 을 가 리 켜
' 도 둑 이 제 발 저 린 다 ' 고
하 는 모 양 이 다 .

남자들은 주말마다
골프장으로 탈출한다

내가 알람시계를 깨운다.

보통 때는 알람시계가 나를 깨운다. 그러나 이때만은 예외다. 새벽 다섯 시에 맞춰놓은 시계가 미처 울리기도 전에 내가 깬다. 신기하다. 꼭 2~3분 전이다.

아내가 침대 맡의 괘종시계를 올려다본다. 그리고는 이내 한숨을 쉬며 돌아눕는다. 내가 부스럭거리며 나갈 준비를 하자, 눈은 뜨지도 않고 포기한 듯 심드렁한 목소리로 이야기한다.

"이따 가족식사 약속에는 절대 늦지 마요."

"아, 네에⋯."

나는 내가 낼 수 있는 가장 상냥한 목소리로 대답한다. 내가 살면서 요즘처럼 아내의 눈치를 보며 착하게 지내는 적은 없다. 다 골프 때문이다.

골프를 칠 수 있는 주말의 자유를 위해 나머지 일주일은 철저하게 아내의 비위를 맞춰준다. 사람들 앞에서는 터프한 척하지만, 사실 나는 한없이 소심하다. 골프채를 들고 나오는 내 뒤통수로 아내가 투덜대기만 해도 퍼팅이 구멍을 돌아 나오고, 드라이버는 좌우로 정신없이 날아다닌다.

아내의 불평은 가장으로서의 도덕적 책임, 가진 자의 귀족적 취미라는 자책, 환경파괴에 대한 사회적 비난 등으로 이어지며 시종일관 내 뒤통수를 잡아당긴다. 골프장에는 가능한 한 맑고 순수한 영혼으로 나서야 한다. 그래서 일주일 내내 전전긍긍하는 것이다. 제발 토요일 새벽만큼은 행복하게 집을 나설 수 있게 아내가 도와주었으면 한다. 요즘 골프가 너무 재미있기 때문이다.

주말 부킹이 되었다는 친구의 전화처럼 즐거운 소식은 없다. 이제 겨우 보기bogey 플레이어 수준으로 들어섰다. 물론 캐디 언니들의 도움과 도로공사의 후원 등이 포함된 점수다. 제대로 스코어를 적는다면 90대 후반이다. 어쩌다 80대 점수가 나오는 날이면 그렇게 행복할 수가 없다.

그런데 도대체 왜 이토록 골프가 재미있는 것일까?

사실 골프는 다 큰 어른들이 하는 자치기나 다름없다. 계란만 한 공을 산꼭대기에 있는 구멍에 넣기 위해 낑낑대며 올라가는 한심하기 그지없는 놀이일 따름이다. 운동이라지만 사실 나같이 아직 젊은 사람에게는 그리 큰 효과가 없다. 한여름 땡볕에 땀 뻘뻘 흘리면서 18홀을 돌고 나면 한 1킬로 정도는 빠지는 것 같다. 그러나 끝난 후 식사하며 매 홀 일어난 일들을 복기하다보면, 1.5킬로는 쉽게 다시 늘어난다. 그래서 골프는 치면 칠수록 몸무게가 늘어나게 되어 있다. 게다가 한번 나가면 적어도 네 시간에서 다섯 시간은 족히 걸린다.

시종일관 작대기만 흔들다 오는 이 어설픈 운동에 어째서 한국 남자들은 이토록 열광하는 것일까? 전 세계에 우리처럼 골프에 미친 민족은 없다. 왜 그런지 아무도 속 시원히 대답해주지 않는다. 내가 스스로 대답해본다. 참 많이 생각했다.

골프는 스토리텔링이기 때문이다. 골프는 운동이 아니다. 이야기다. 한국 남자들이 술도 마시지 않은 상태에서 네 시간 이상 이야기할 수 있는 주제는 골프밖에 없다. 여자에 관한 이야기도 이렇게 길게 하지 못한다.

매번 비슷한 골프 이야기 같다. 하지만 조금씩 다른 이야기가 끝없이 재생산된다. 더 중요한 것은 그 이야기가 내 이야기라는 것이다. 그래서 골프가 재미있는 것이다. 아니, 살면서 지금까지 내 이야기를 이토록 많이, 흥미진진하게 한 적이 있었던가? 무슨 일인들 이야기가 없겠냐마는 자신의 삶에 관한 이야기를 상실한 중년들에게 골프만큼 공통의 화제를 만들어주는 일은 없다.

가만히 살펴보면 주말 골퍼의 스토리텔링과 낚시꾼의 스토리텔링은 상당히 유사한 구조를 가진다. 낚시꾼들이 놓친 고기는 한결같이 팔뚝만 하다. 잡힌 고기를 들여다보면 다 손바닥만 한 크기다. 놓친 고기인들 그 크기에서 그리 많이 벗어나지 않을 듯한데, 낚시꾼들은 모두 그 고기가 팔뚝만 하다며 양손을 벌려 그려 보인다. 그리고 낚싯줄이 터져나갈 때의 그 아쉬움을 반복해서 이야기한다.

들는 이들도 모두 그 고기의 크기가 한참 과장된 것을 다 안다. 그래도 입을 헤 벌리고 넋을 잃고 듣는다. 그 아쉬움을 공감하는 까닭이다. 낚시꾼들이 즐기는 것은 고기가 물었을 때의 그 손맛만이 아니다. 놓친 고기에 관한 이야기를 들으며 아쉬움의 입맛을 다시는 그 순간 또한, 빼놓을 수 없는 낚시꾼들의 즐거움인 것이다.

주말 골퍼들의 이야기도 비슷하다. 버디를 아쉽게 놓친 이야기, 거의 홀인원 할 뻔한 이야기, 혹은 바위 맞고 공이 홀로 들어가 이글 eagle 한 이야기, 파4에서 드라이버로 원 온one on 한 이야기, 30센티 퍼트를 놓친 이야기 등등. 특히 드라이버 비거리에 관한 '뻥'은 주말 골퍼들 사이에서는 공인된 허풍이다. 좀 친다 하면 다 300야드 나간다고 한다. 내가 실제로 새로 나온 GPS 측정기를 가지고 쫓아다니며 재보니, 길어야 260야드가 대부분이다.

아, 또 있다. 정말 우연히 백 스핀back spin 먹인 이야기다. 이 백 스핀 이야기는 요즘 내 친구들 사이에서 매우 중요한 주제다. 내리막 언덕이라 공이 뒤로 굴러 내려온 것이라고 친구들은 한결같이 이야기하지만, 내 친구 재림이는 매번 백 스핀이라고 우긴다. 기러기 아빠가 된 후로, 이렇게 우기는 일이 많이 잦아졌다.

꼭 이런 식이다. 늘상 엇비슷한 이야기다. 그러나 듣는 이들의 표정은 놓친 고기 이야기를 듣고 있는 낚시꾼들의 표정과 크게 다를 바 없다. 그 호기심과 흥분의 표정은 흡사 마술을 보고 있는 아이들의 표정이다.

내 가까운 친구들과는 주로 장비에 관련된 이야기를 한다. 아무리 쳐도 실력이 늘지 않는 이들이 공통적으로 갖고 있는 특징이다. 안 맞으면 다 장비 탓이다. 내 잘못은 전혀 없다. 그러다 보니 장비가 자주 바뀐다. 특히 드라이버는 아주 자주 바뀐다. 허나 나와 같은 생각을 하는 친구들이 많아, 생각보다는 비용이 그리 크게 들어가지 않는다. 연습은 안 하고 모두 드라이버 잘못이라고 하니, 한 사람이 신제품 하나 사면 모두의 드라이버가 한 바퀴 돌면서 전부 바뀌기 때문이다.

내기 이야기도 자주 한다. 누구에게 얼마 잃었다든가, 얼마 따서 '죽여줬다든가' 하는 류의 이야기다. 그러나 듣는 이들은 모두 자기가 실제 겪는 듯한 표정으로 듣는다. 그렇게 보면 '조폭 스킨스'에서 한 방에 상금을 모두 휩쓸어온 이야기처럼 흥미로운 경우는 없다. 다들 입을 벌리고 부러워한다. 실제로 나는 싱글들과 함께 한 내기에서 18홀에서 버디를 낚아, 모든 상금을 휩쓸어 온 적이 몇 번이나 된다. 술도 못 마시고 대인관계도 신통치 않은 내게 원만한 사회생활을 위해 골프를 강력히 권한 고마운 대학 선배 윤은기 총장과의 라운딩에서 몇 번이나 그 환상의 한 방 샷이 나왔다. 그래서 내가 골프장에서 항상 중얼거리는 이야기가 있다.

'인생은 한 방이다. 누구나 한 방은 있다.'

머리가 크고 목이 짧아 드라이버에 항상 헤드스핀이 먹는다며, 군대 일주일 쫄따구 선규를 약 올리는 재미도 있다. 아무리 약 올려도 예산 양반 선규는 항상 빙긋이 웃을 따름이다. 퍼팅이 항상 짧은 성신여대 신철호 교수에게 다리가 '모두' 짧은 것 아니냐며 괴롭히는 재미도 있다. 참 잘생긴 신 교수한테는 그래도 된다. 7번 아이언이 빠져 있는 중고 아이언 세트를 몇 년째 고집하는 현대제철 이종인 전무의 오리궁둥이를 보며 뒤에서 킥킥대는 즐거움도 있다. 내게 끊임없이 시비를 거는 김성준 사장은 내기 제안엔 무조건 오케이다. 그렇게 무섭게 달려드는 사람과의 라운딩도 색다른 재미다.

앞 팀이 밀릴 때면 티에 공을 던져 가까운 사람이 다 가져가는 내기, 또는 드라이버로 공 굴려 돈 따먹기 같은 내기를 끝없이 고안해 내는 SK건설의 최창원 부회장과 치는 라운딩도 그렇게 즐거울 수가 없다. 최 부회장은 '내기의 마왕'이다. 그가 매번 제안하는 새로운 내기방식이 정말 내 체질이다. 나중에는 티를 던져 티 떨어지는 방향에 서 있는 사람이 가져가는 내기까지 해봤다. 한번 해보라. 진짜 죽인다. 돈은 잃어도 이야기는 길이길이 남기 때문이다.

내가 하는 이야기의 내용이 바로 '나 자신'이다. 생각도 이야기다. 내가 나 자신과 나누는 이야기이기 때문이다. 그래서 러시아의 문화심리학자 비고츠키Lev Semyonovich Vygotsky는 생각을 '내적 언어inner speech'라고 했다. 개인의 생각만이 아니다. 21세기를 '스토리텔링의 시대'라고 한다. 다양한 방식의 '기호sign'와 '상징symbol'으로 매개된 스토리텔링이 포스트모던 시대의 문화구성원리이기 때문이다.

나 자신의 이야기가 없는 이들은 '남의 이야기'로 자신의 존재를 확인한다. 중년들은 모여 앉으면 정치인 이야기다. 허나 이 정치인이건 저 정치인이건, 모두 우리가 뽑은 사람들이다. 욕 해봐야 다 우리 수준을 욕하는 일이니 제 얼굴에 침 뱉기다. 시도 때도 없이 불거지는 연예인 관련 루머들도 따지고 보면, 다 스토리에 굶주린 대중들이 만들어낸 일이다. 연예인과 같은 대중 스타들의 존재 이유는 '이야기를 만들어내는' 데 있다. 이야기에 굶주린 대중들은 스타들의 이야기를 소비하며 자신의 허전한 존재 욕구를 충족시킨다.

낚시꾼 이야기나 골프 이야기는 정치인 욕하기 또는 연예인 괴담과는 질적으로 다르다. 일단 이야기가 착하다. 남들에 대한 비난이나 사디즘적 투사가 포함될 확률이 적다. 내 이야기가 들어 있기 때문이다. 비록 놓친 고기의 크기나 드라이버 비거리에 관한 과장이 끊임없지만 남에게 피해주는 이야기가 아니다. 내 이야기다. 내가 겪은 이야기, 내가 본 이야기가 대부분이다. 가끔 아주 익숙하고 썰

렁한 유머, 예를 들면 퍼팅을 부부관계에 빗대어 하는 농담 등을 반복하지만 심리적인 부담이 생길 정도는 아니다.

이야기가 있는 삶은 행복하다. 골프 이야기는 즐겁다. 낚시 이야기는 가슴 설렌다. 그러나 골프 이야기, 낚시 이야기 외에는 달리 나눌 이야기가 없는 남자들의 삶은 참 슬프다.

이야기는 풍부하고 다양할수록 좋은 것이다. 남의 이야기는 백날 해봐야 아무 소용이 없다. 그러니 갈수록 자극적이고 파괴적인 이야기만 난무하는 것이다. 더 늦기 전에 다른 이야기를 찾아야 한다. 내 피부로 느끼는 삶의 기쁨이나 슬픔에 관한 이야기, 내 가족, 친구들과 공유할 수 있는 자잘한 즐거움과 설렘에 관한 이야기가 많을수록 행복한 삶이다.

아, 덤으로 골프 이야기 하나 더.

골프장에 가면 남을 레슨하려는 사람들이 꼭 있다. 초보일수록 더 남을 레슨하려고 한다. 고대의 남기춘 교수가 특히 그런다. 자기 폼을 시범으로 보여주며 꼭 그런다. 자기는 어니 엘스 폼이라고. 그러나 남 교수! 키 크다고 다 어니 엘스는 아니다. 그리고 어니 엘스 어깨는 그렇게 처진 어깨는 아니란다.

좌우간, 그런 사람들 이야기에 솔깃하다 보면 그날 라운딩 전체가 망가진다. 그래서 나는 강력히 주장한다.

'초보끼리 레슨 금지!'

우리는 골프장에서
아주 자주 '애'가 된다

높은 사람들과 함께 하는 골프가 가장 싫다.
점잖은 척, 아주 우아한 척해야 하기 때문이다.
"날씨가 아주 좋아요. 사장님이 좋은 날씨를 몰고 다니시나 봐요. 허허허."
"드라이버 샷이 좋네요. 삼십 야드는 더 나가는 거 같은데요. 허허허."
젠장, 내가 이야기하면서도 이렇게 말하는 내가 너무 가증스럽다.

골프는 어릴 적 친구들과 쳐야 한다.
사방에서 욕이 날아다녀야 재미있는 거다.
공이 뜻대로 맞지 않아 내기에서 돈을 잃게 되면, '박귀현 씹탱이!'
이렇게 공에 '주기*'라도 매겨야 마음이 풀린다.
이렇게 우리는 골프장에서 자주
유 치 하 기 짝 이 없 는 ' 애 ' 가 된 다 .

* 참고로, 대한민국 사내들은 '주기를 매긴다'라는 용어를 군대 훈련소에서 처음 배운다. 자기 소유물을
표시한다는 뜻이다. 그들은 제대한 후에도 어딜 가나 자기 '주기'를 매기려 달려든다. 심지어는 여자에
게조차. 그래서 대한민국 사내들의 여자 대하는 태도가 그 모양이다.

4

우 리 는 절 대 로

지 구 를 지 킬

필 요 가 없 다

CULTURAL PSYCHOLOGY
OF
MASCULINITY

———

잘 보라, '독수리오형제'는
절대 '형제'가 아니다

한국 남자들은 너 나 할 것 없이 술 한잔 마시면 지구를 지킨다. 자신이 대통령이 되면 산적한 국내 문제는 아주 쉽게 해결될 것처럼 목에 핏대를 세운다. 주가를 비롯한 경제 문제, 정부의 경제 정책 또한 그 어느 전문가보다 자신 있게 진단과 대안을 내놓는다.

어디 국내 문제뿐인가? 독도 문제나 이라크 파병과 같은 외교 문제, 심지어는 미국의 대선이나 지구온난화 문제에 이르기까지, 스스로 지구방위대가 되어 온갖 우주의 침략자와 싸우는 데 그렇게 용감할 수가 없다.

일상에서 끊임없이 확인되어야 할 삶의 재미와 놀이를 통한 정서 공유, 의사소통을 통한 존재 확인의 과정이 생략된 이들에게는 오직 '지구를 지키는 일'만 남았기 때문이다.

이를 나는 '독수리오형제 증후군'이라 정의한다. 지구를 지키는 독수리오형제. 그런데 문제는 이 용감한 지구방위대가 정작 자신의 행복을 챙기라고 하면 하염없이 비겁해진다는 사실이다.

예를 들어보자. '나는 일주일 동안 정말 열심히 일했다. 주말에 나를 행복하게 만들어주고 싶다. 갑자기 맛있는 스테이크가 먹고 싶다.' 이런 생각이 들 때, 우아한 레스토랑을 찾아 들어가 스테이크와 레드와인을 시켜, 혼자서 맛있게 먹을 수 있는 용기가 있는가? 혼자서! 둘이 가면 비싸니까. 그리고 내가 정말 즐기고 싶은 것은 맛있는 스테이크이기 때문에.

어렵다. 허름한 순댓국밥집에 혼자 들어가 배를 채우는 일은 할 수 있어도, 우아한 레스토랑에서 혼자 즐기는 일은 대부분 힘들어한다. 왜 그럴까? 남들이 나를 사회부적응자로 볼까 두려운 까닭이다.

음악회는 혼자 갈 수 있는가? 그것 역시 쉽지 않다. 그러나 정말 좋은 음악은 혼자 들어야 한다. 혼자 들어야만 제대로 감상할 수 있는 까닭이다. 그러나 혼자 음악회에 앉아 음악을 들을 수 있는 용기를 가진 사람은 그리 많지 않다. 컴컴한 영화관에 혼자 앉아 있는 것조차 쑥스럽다. 왜일까? 남들 눈이 무서운 까닭이다.

그러나 가만히 생각해보자. 내가 혼자 와서 음악 듣는 것, 혼자 스테이크 먹는 것에 대해 그 어떤 사람도 관심 없다. 그런데도 그 존재하지도 않는 '타인의 눈길'이 두려워, 혼자 맛있는 스테이크 먹는 것, 음악회에 가는 것은 엄두도 못 낸다. 그리고 술집에 앉아 온몸 바쳐 지구를 지킨다. 정상인가? 아니다. 또라이다. 그래서 독수리오형제 증후군이다.

사는 게 재미없는 이들은 세상이 '뒤집어지길' 원한다. 2002년 월드컵처럼 온 국민이 나와 빨간 옷 입고 세상이 '뒤집어져야만' 재미있다고 느낀다. '엄청난 재미'에 대한 환상이다.

그러나 가만히 생각해보자. 세상이 어찌 자주 뒤집어지는가? 월드컵 4강 또 할 것 같은가? 솔직히 우리끼리 이야기지만, 그게 우리나라에서 했으니 가능했지, 바깥에서 했다면 어림 반 푼어치도 없는 일이다. 세상이 뒤집어져야만 재미있는데 세상이 그리 쉽게 뒤집어지질 않는다. 그러니 결국 우리의 독수리오형제는 폭탄주를 마시고 자기 위장을 뒤집어버린다. 세상이 뒤집어지질 않으니, 자기 스스로 뒤집어지는 것이다.

우리의 '독수리오형제'는 뉴스도 열심히 본다. 어쩌다 집에 일찍 들어오면 8시 뉴스부터 보기 시작한다. 8시 뉴스가 끝나면 바로 9시 뉴스, 9시 뉴스가 끝나면 잠시 기다렸다가 11시 뉴스, 그 사이를 견디기 어려운 이들은 아내와 아이들의 엄청난 저항을 무릅쓰고 24시간 뉴스채널인 YTN으로 잠시 채널을 돌린다. 11시 뉴스가 끝나면 다시 마감 뉴스.

도대체 왜 이렇게들 열심히 뉴스를 보는 것일까? 세상이 뒤집어지길 원하기 때문이다. 그저 밋밋한 뉴스만 나오면 재미없다. 그러나한번 따져보자. 우리나라가 잘 돌아가는 나라라면 밋밋한 뉴스만 나와야 한다. 세상이 뒤집어지는 뉴스가 자주 생기는 건 후진국에서만가능한 이야기다. 그런데도 우리는 갑자기 세상이 뒤집어지는 엄청난 뉴스가 나오길 끊임없이 기다리며 리모컨을 만지작거린다. 우리가 후진국이어서 세상이 뒤집어지는 뉴스가 나오는 것이 아니라, 세상 뒤집어지는 뉴스를 기대하기 때문에 우리가 후진국이라는 이야기다.

참, 여담이지만 아직까지 전혀 밝혀지지 않은 정말 중요한 비밀이있다. 아는가? 독수리오형제가 형제가 아니라는 사실을? 다섯 명 중한 명이 여자다. 그러니까 형제가 아니라 남매다.
더 중요한 비밀이 있다. 이것은 우리나라 국정원에서도 모른다.이 다섯 중 독수리는 단 한 놈뿐이다. 맨 앞의 한 녀석만 독수리고,나머지는 콘도르, 백조, 제비, 부엉이다. 그런데 우리는 아직도 독수리오형제가 전부 독수리인 줄 알고 있다. 이 녀석들은 사실 '조류오남매'에 불과하다. 그런데도 지금까지 독수리오형제라고 사기 치고다닌다.

이 땅의 사내들도 마찬가지다. 자신들이 '독수리오형제'인 줄 알고 지구를 지키겠다고 큰소리를 치지만, 술 깨면 '조류오남매'에 불과한 것을 깨닫게 된다. 슬픈 이야기다.

지구를 지키는 이야기로 밤을 지새우는 이 땅의 사내들에게는 내 이야기가 없다. 내 이야기가 없다는 것은 삶이 재미없다는 이야기다. 재미와 이야기의 관계를 이해하려면 재미의 문화사적 기원을 설명해야 한다.

오늘날 우리가 매일같이 반복하는 "재미있니?"라고 하는 문장은 20세기 후반에 이르러서야 비로소 일상적 용어가 되었다. 물론 재미라는 단어는 그 이전에도 있었다. 그러나 지금 우리가 사용하는 의미의 '재미'가 아니다. 재미라는 단어 사용은 최근 몇 십 년 사이에 나타난 문화현상이다.

영어에서도 마찬가지다. 미국인들이 입에 달고 다니는 'fun'이라고 하는 단어가 일상적인 용어로 쓰이기 시작한 것은 그리 오래된 일이 아니다. 오늘날 브리태니커 사전을 능가하는 만능 백과사전 위키피디아wikipedia에서 'fun'을 검색해보면 'recreation'으로 넘어가버린다. 아직까지 'fun'에 대한 설명이 없기 때문이다. 일상적으로 그토록 많이 사용되며, 재미가 가장 중요한 삶의 가치로 여겨지는 미국에서조차 'fun'에 대한 백과사전적 설명은 존재하지 않는다. 독어의 'spass'나 일어의 '楽しさ'도 같은 운명이다. 아직 편집 중이거나 설명이 없다고 나온다.

각 언어의 '재미'에 해당하는 다른 표현들은 물론 다양하게 존재한다. 그러나 오늘날 사람들이 삶의 가장 중요한 차원으로 이야기하는 '재미'라고 하는 단어는 역사적으로 생성된 지 그리 오래되지 않았다. 이를 문화심리학에서는 '정서의 사회적 구성'이라 설명한다.

재미와 연관된 심리적 현상은 인간의식이 생겨난 이후 다양한 방식으로 존재해왔다. 그러나 이 현상을 정의하는 개념이 문화적으로 구성될 때, 이 현상은 현실에서 실제로 작동할 수 있다. 마치 '정情'이라는 정서적 차원이 한국에서만 존재하는 것과 같은 경우다. 실제 우리가 이야기하는 '정'과 비슷한 정서는 어느 문화권이나 존재한다. 그러나 이를 개념화하여 '정'이라고 이야기하는 우리의 경우는 막연한 심리적 현상으로 존재하는 다른 문화와 질적으로 다르다. "그놈의 정 때문에…" 하며 자신의 현실을 해석하고, 이에 따라 행동하는 한국 문화는 다른 문화에서 좀처럼 발견되지 않기 때문이다.

재미도 마찬가지다. 20세기에 들어서면서 이제까지 막연히 존재해왔던 '재미'와 관련된 심리적 차원을 각 문화권은 다양한 용어로 정의하기 시작한다. 재미를 사회적으로 구성하기 시작했다는 이야기다.

재미의 사회적 구성을 가능케 한 조건은 주체의 성립이다. 신분, 계급, 친족이라는 봉건적 아이덴티티로부터 자유로워진 '독립된 개인'으로서의 주체가 근대에 들어서 등장하면서, 재미는 비로소 개념적으로 구성되기 시작한다. 이 '개인'은 자신의 자유를 억누르는 구조적 억압에 대해 비판한다. 그리고 주체적 행위에 대한 의미를 부여하는 자기 나름의 체계를 만들어나가기 시작한다. 이전에 집단적 의미부여의 행위로만 존재했던 '역사 서술'을 이젠 개인 차원에서 할 수 있게 된 것이다.

세계 심리학계의 패러다임을 이끌었던 제롬 브루너Jerome Bruner는 이 현상을 '내러티브 전환narrative turn'이라고 부른다. '내러티브'란 자기 서술 행위를 의미한다. 사람들이 자신의 행동과 느낌에 대해 스스로 이야기하기 시작한 것이다. 이야기하기, 즉 '스토리텔링storytelling' 현상은 삶의 목적을 정당화하기 위한 의미부여 과정이다. 왜 내가 이런 행동을 하고, 이렇게 느끼는가에 관해 더 이상 조직이나 집단의 이데올로기가 설명해주지 않는다. 내 생각과 느낌에 관해 스스로 설명하기 시작한 것이다. 이 시대사적 전환은 이렇게 한 문장으로 요약될 수 있다.

"우리는 생각을 이야기하는 것이 아니라, 이야기하려고 생각한다."

자신에 관해 이야기하기, 즉 스토리텔링의 내용은 대부분 자신의 행위를 가능케 한 동기, 즉 모티베이션에 관한 이야기들이다. 예를 들어 사랑을 생물학적인 종족번식이라는 동물적 충동이 아니라, 그녀의 부드러운 머리카락, 사랑스러운 목소리 등으로 설명하려고 하는 것이다. 이러한 내러티브 구성 과정에서 자신의 행위를 가장 잘 설명해줄 뿐만 아니라, 의미부여가 명확한 개념으로서 '재미'라고 하는 차원이 비로소 생겨나게 된다.

자신에게 일어난 일의 원인을 스스로 알지 못하는 경우처럼 답답한 경우는 없다. 그래서 그 이유를 끊임없이 이야기한다. 내게 일어난 일에 대한 원인에 대해 이야기하는 행위는 삶의 의미를 찾는 행위다.

한국 남자들이 모여 앉으면 군대 이야기로 밤을 새우는 이유도 마찬가지다. '내가 왜 그 찬란한 젊은 날을 군대라는 삭막한 공간에서 보내야 했는가'에 대한 의미를 찾는 행위다. '국가와 민족을 위해서'라는 틀에 박힌 대답으로는 의미가 그리 분명해지지 않는다. 국가와 민족을 위해 군에 가지 않는 나라도 많기 때문이다. 같은 나라 안에서도 특별한 사유 없이 군에 안 가는 사람들도 많다.

이렇게 대부분의 사내들에게 군대 문제는 의미구조가 명확치 않아 평생 해결하지 못하는 주제다. 그래서 대통령 선거, 국회의원 선거에서 군대 문제는 빠지지 않는 논란거리가 된다. 페미니스트들이 가장 힘들어 하는 주제도 군대 문제다. 제아무리 합리적이고 진보적인 남자들도, 군대 이야기만 나오면 동네 예비군 의식수준으로 전락하기 때문이다.

여자들이 그렇게 싫어해도 남자들의 군대 이야기는 끝이 없다. 특히 군대에서 축구 한 이야기는 군대를 다녀온 남자라면 누구나 가지고 있는 레퍼토리다. 내 군대 축구 이야기도 한 편 보태고 싶다.

나는 원래 축구를 그리 좋아하지 않는 편이다. 운동신경도 둔하다. 그러나 군대에서는 갑자기 엄청나게 훌륭한 축구선수가 되었다. 그때, 화천 북방 백암산 철책 아래에서는 중대 대항 '보름달 빵'+'베지밀' 내기 축구시합이 주말이면 항상 열렸다.

나는 항상 중대 대표선수로 출전했다. 그러나 내가 처음부터 시합에 출전한 적은 한 번도 없었다. 반드시 시합이 끝나갈 무렵, 우리 팀이 지고 있을 때에만 교체 멤버로 투입되었다. 그것도 꼭 끝나기 십 분 전이었다. 그만큼 나는 오직 마지막에만 쓸 수 있는 히든카드였던 것이다.

그러나 내가 운동장에 들어서서 해야 하는 일은 오직 한 가지뿐이었다. 들어가자마자, 기회를 봐 상대편 고참의 발을 냅다 걷어차는 일이었다. 느닷없는 발차기에 열 받은 고참은 바로 나를 두들겨 패기 시작한다. 그러면 우리 편 고참들이 기다렸다는 듯이 떼로 몰려와 그 고참을 팬다. 그러면 상대편 고참들도 우르르 뛰어 들어온다.

이런 식으로 패싸움이 일어나 경기는 '파투'가 된다. 이렇게 내기 시합을 마무리하는 것이 내 임무였다. 참 여러 번 했다.

30년이 가까워오는 지금도 나는 이 이야기를 수없이 반복한다. 느닷없는 입대로 어떠한 의미부여도 불가능한 내 젊은날을 이런 식으로라도 이야기해야 위로가 되는 까닭이다. 흥미로운 사실은 이야기를 한다는 행위 그 자체만으로도 큰 위로를 얻는다는 점이다. 그래서 전문 카운슬러가 제일 먼저 배우는 것은 내담자의 이야기를 잘

들어주는 법이다. 내담자 스스로 이야기를 하는 과정에서 의미를 찾아내는 까닭이다.

이야기가 없는 삶은 삶이 아니다.

삶의 의미를 부여하는 과정이 생략되어버리는 까닭이다. 특히 어려운 시절에 관한 이야기는 끝이 없다. 1.4후퇴 때 동생들 업고 눈바람 맞으며 피난 나온 우리 아버지들의 이야기, 강냉이죽 끓여 먹어 누렇게 뜬 상태로 살아야 했던 우리 어머니들의 이야기가 끝없는 것도 마찬가지다.

자녀들에게 무슨 교훈을 주려고 하는 이야기가 아니다. 형제끼리 총부리를 겨눠야 했던, 그 까닭 없는 고통에 대해 의미를 부여하고픈 것이다. 그러나 아무리 반복해도 의미가 그리 쉽게 찾아지지 않는다. 그래서 그토록 평생 반복하는 것이다. 이런 심리적 과정을 아우슈비츠에서 스스로 경험했던 정신의학자 빅터 프랭클 Viktor Frankl은 '의미요법logotherapy'이라는 새로운 정신치료법을 만들기도 했다.

자신에 대해 할 이야기가 별로 없다는 것은 사는 재미가 없다는 뜻이다. 모여 앉으면 누가 아파트 팔아서 돈 번 이야기나 주고받는 삶은 삶이 아니다. 자기가 찾은 작은 즐거움에 관해 가슴 벅차며 이야기를 나누는 삶이 진짜다.

대통령이 어떻고, 국회의원이 어떻고 하는 이야기는 진짜 내 이야기가 아니다. '독수리오형제', 아니 '조류오남매'의 이야기일 뿐이다. 가슴 설레는 나 자신의 이야기로 가득 찬 삶이 진짜 재미있는 삶이다.

누구나 언젠가는
혼자가 된다

독일 라이프치히 게반트하우스 무대 옆 좌석이다.

나는 맞은편 좌석에 앉았다.

만나기 쉽지 않은 세계적 지휘자 리카르도 샤이가 지휘하는

오케스트라의 연주에도 불구하고,

나는 집중하지 않고 공연 내내

각 줄에 혼자 온 사람을 찾아내느라 혼났다.

누구나 언젠가는 혼자가 된다.

그러니까 제발
너만 말하지 말란 말이야!

살다 보면 가끔 잠이 오지 않을 때가 있다. 그런데 이상한 일은 아무리 기분 나빠도 잠이 잘 오는 경우가 있는 반면에, 아주 사소한 일인데도 영 잠이 오지 않는 경우가 있다. 이유가 분명치 않기 때문이다.

아무리 상처가 깊은 일이라도 이유가 분명하면 잠을 잘 잔다. 그러나 아무리 사소한 일이라도 이유가 분명치 않으면 밤새 잠 못 자고 고민하게 된다. 원인을 찾아내야 하기 때문이다. 인간은 본능적으로 자신을 둘러싼 모든 일들을 합리적 인과관계로 해석하려는 습관을 가지고 있다.

너무 재미없는 영화가 있다.

심리학자가 사람들을 두 그룹으로 나누어 이 영화를 보게 했다. 한 그룹에게는 밖에 나가서 "이 영화가 너무 재미있다"고 열 명에게 이야기하고 오면 100달러씩 주기로 했다. 다른 한 그룹에게도 똑같이 열 명에게 "이 영화가 너무 재미있다"고 이야기하도록 했다. 그러나 두 번째 그룹에게는 1달러씩 주기로 했다.

영화를 본 후, 모두 밖에 나가서 열 명에게 너무 재미있는 영화를 봤다고 이야기하고 돌아왔다. 약속한 대로 각각 100달러와 1달러를 받았다. 다들 일어서서 나가려 할 때, 심리학자가 물어봤다.

"그런데, 영화가 정말 그렇게 재미없던가요?"

그러자 두 그룹 중, 한 그룹에서 의외의 대답이 나왔다. 정말로 영화가 재미있었다는 것이다. 어느 그룹일까?

1달러를 받은 그룹이다. 100달러를 받은 그룹의 사람들은 아무 문제없었다. '아니, 사람 죽이는 거짓말도 아닌데, 무슨 100달러씩이나 주나? 10명 아니라 100명도 하겠다. 언제든지 다시 불러만 주세요' 하는 마음인 것이다.

그러나 1달러 받은 사람은 상황이 전혀 다르다. '내가 고작 1달러 받으려고 거짓말했단 말인가? 한 명도 아니고 열 명에게나, 이건 말도 안 돼' 하는 생각이 든 것이다. 이 열 받는 상황을 벗어나는 방법은 단 한 가지뿐이다. 아주 간단하다. 영화를 재미있다고 생각해버리면 되는 것이다.

자신의 행위가 합리적으로 설명되지 않기 때문이다. 스스로에게 조차 설명되지 않는 사태처럼 괴로운 것은 없다. 특히 자존심을 건드리면서, 설명까지 되지 않는 일을 겪으면 정말 밤새 잠 못 이룬다. 고작 1달러를 받으려고 영화가 재미있다고 거짓말했다는 사실에 두고두고 괴로워하는 것이다. 차라리 영화를 재미있다고 믿어버리는 편이 오히려 마음 편하고 간단하다. 사람들은 그렇다. 자기 자존심에 상처를 주느니 차라리 자신의 인지체계를 바꿔버린다.

배가 고플 때는 이런 일이 절대 일어나지 않는다. 그러나 기본적인 욕구가 채워지면 사람들에게는 자기존중감, 그러니까 스스로를 존귀하게 여기려는 마음이 생긴다. 이 자존감은 사회적 상호작용에서 아주 중요하게 작동한다.

타인과의 관계에서 자신이 귀중한 존재로 여겨질 때, 자존감은 유지된다. 타인에게 비춰진 객관화된 나의 모습을 통해 내 자존심을 유지하는 것이다. 이 같은 사회적 상호작용 방식을 헤겔은 '인정투쟁'이라 불렀다. 미드George Herbert Mead의 사회심리학에서는 주격 '나'와 목적격 '나Me'의 역학관계로 설명하기도 한다.

사회적 상호작용에서 자신이 상대방의 일방적인 훈계와 계몽의 대상이 되면 이 자존감은 여지없이 망가진다. 그리고 아주 묘한 방식으로 표출된다. 심할 경우, 아예 세상을 뒤집어버리기도 한다. 재미없는 영화를 재미있다고 생각해버리는 것처럼. 자존감은 인간만의 존재 확인 방식이다.

권력으로 사람을 움직일 수 있던 시대는 지났다. 돈으로는 더더욱 아니다. 상대방의 존재를 인정해줄 때만 상대방의 마음을 움직일 수 있다. 자존감은 자신이 진지한 의사소통의 상대로 여겨질 때만 지켜진다. 일방적 의사소통은 자존감을 망가뜨리고, 다양한 방식의 '인정투쟁'으로 이어지게 되어 있다. 경우에 따라서는 세상이 뒤집어지기도 한다. 그래서 의사소통이 중요한 것이다.

21세기 리더십은 '마음을 움직이는 힘'에서 나온다. 그래서 모두들 소통이 중요하다고 한다. 그러나 "소통하자"고 외친다고 소통이 될 리 없다. 우선 소통의 기본원칙부터 이해해야 한다. 인간의 기초적 상호작용 형태인 의사소통은 두 가지 원칙에 의해 유지된다. '순서 바꾸기turn-taking'와 '관점 바꾸기perspective-taking'가 바로 그것이다. 이 두 가지 원칙 중 하나라도 망가지면 소통은 불가능해진다.

일단 '순서 바꾸기turn-taking'다.

내가 이야기하면 상대편에게 순서를 넘겨줘야 한다. 내 'turn'이 있으면 상대방 'turn'이 있어야 한다는 이야기다. 일방적인 대화는 없다. 강사 혼자 하는 강의도 의사소통의 원리로 보면 결코 혼자 하는 것이 아니다. 뛰어난 강사는 청중에게 반응할 기회를 반드시 준다. 고개를 끄덕이거나 반응할 수 있는 기회를 자주 줄수록 좋은 강의다. 유머가 중요한 것도 반응할 순서, 즉 웃을 순서를 주기 때문이다. 정서적 상호작용이 서로 순서를 바꿔가며 일어나야 한다. 말을 아무리 청산유수로 할지라도 이 정서적 순서 바꾸기가 망가지면 곧바로 지루해진다. 혼자만 하기 때문이다.

우리는 아주 어릴 적, 엄마 품에서 이 '순서 바꾸기'를 배운다. 엄마가 갓난아기를 데리고 노는 방식은 세계 어딜 가나 동일하다. 이런 식이다. 엄마는 "누가 그랬어, 누가…" 하면서, 아기에게 끊임없이 말을 건다.

누가 그러긴? 자기가 그래 놓고.

그래도 엄마는 끊임없이 묻는다. 누가 그랬냐고. 그러나 아기는 아직 어떠한 반응도 할 능력이 없다. 그러면 엄마는 아기를 흔든다. 그리고 그 움직임을 마치 자기 물음에 대답한 것으로 간주한다. 그리고 또 묻는다.

"아이구, 그랬어? 누가? 누가?"

이렇게 끝없이 이어지는 엄마의 모놀로그를 통해서 아기는 모든 대화에는 자기 순서가 있다는 것을 감각적으로 익힌다. 조금 지나면 아기는 엄마의 질문에 웃거나, 옹알이를 하면서 자기 순서에 맞춰 반응한다. 이런 방식으로 우리는 의사소통의 가장 기본원칙, 즉 내 순서가 있으면 상대방의 순서가 있다는 것을 익히게 되는 것이다.

가끔 TV에 출연할 경우가 있다. 그런데 내가 하는 이야기는 매번 비슷하지만 어떤 때는 아주 훌륭하고 유머 있는 교수가 되기도 하고, 어떤 때는 정말 형편없이 지루한 교수가 되기도 한다.

사회자 때문이다. 사회자가 누구냐에 따라, 내가 하는 이야기의 내용이 질적으로 달라진다. 뛰어난 사회자는 내가 가장 폼 나는 순간에, 그리고 가장 재미있는 순간에 질문을 던진다. 어느 순간이 사회자인 자신의 'turn'이고, 어느 순간이 초대손님의 'turn'인가를 정확히 안다. 이런 사회자가 진행하는 프로에 나가는 일은 참 즐거운 일이다. 그러나 젊고 얼굴만 예쁜 사회자를 만나는 날은 최악이다. 내가 가장 헤매는 순간, 정말 하나 마나 한 이야기를 해야 하는 순간에만 꼭 내게 질문을 던진다. 정말 황당해진다.

개인 간의 대화에서도 마찬가지다. 누군가와 대화를 하다가 기분 상하는 느낌이 드는 경우는 대부분은 이 '순서 바꾸기'가 망가졌을 때다. 상대방만 일방적으로 이야기하고 나는 듣고만 있어야 할 때, 기분이 상하는 것이다. 상대방에게 도무지 이야기할 순서는 물론, 반응할 기회조차 주지 않는 이런 종류의 실수는 스스로 도덕적으로 우위에 있다고 생각하는 이들에게서 주로 나타난다. 상대방을 계몽과 설득의 대상으로 여기기 때문이다.

시민단체나 봉사단체에서 일하는 사람들, 혹은 페미니스트나 환경단체에서 헌신적으로 일하는 이들과 대화하고 나면, 뭔가 뒤끝이 찜찜한 경우가 가끔 있다. 일방적으로 계몽만 당하다 왔다는 느낌 때문이다. 그들이 타인을 무시해서가 아니다. 자신의 도덕적 정당성과 자기희생의 자부심이 상대방을 인정해야 하는 의사소통의 기본 원칙, 즉 '순서 바꾸기' 원칙을 망가뜨리기 때문이다. 그래서 도덕적인 자부심으로 일하는 사람일수록 정기적인 자기성찰의 기회가 필요하다. 이를 상담심리학에서는 '수퍼비전supervision'이라고 부른다.

'순서 바꾸기'가 망가지는 가장 큰 이유는 불안이다.

자신의 이야기가 상대방의 마음을 움직일 수 없다는 불안 때문에, 계속 반복해서 자기 이야기만 하는 것이다. 사람의 마음을 움직이는 힘은 나 자신에 대한 확신에서 나온다. 내가 하는 이야기에 나 스스로가 먼저 설득돼야 한다. 스스로도 설득당하지 않는 이야기에 상대방이 설득될 리 만무하다.

상대방은 본능적으로 안다. 확신에 찬 이야기와 자신 없는 이야기의 본질적인 차이를. 바로 '순서 바꾸기'의 매끄러움 덕분이다. 자기확신에 찬 사람은 상대방이 지금 자신의 이야기를 잘 따라오고 있는지 표정, 몸짓, 말투를 통해 끊임없이 질문을 던진다. 그리고 상대방의 반응에 맞춰 자신의 이야기를 해나간다. 필요에 따라 자신의 이야기를 멈추고 상대의 이야기를 들어야 할 때도 안다. 그런데 자기자신에 대해 불안한 이들은 이 자연스러운 '순서 바꾸기'를 망각한다. 불안하기 때문에 그저 자기주장만 반복할 따름이다. 그러나 불안은 전염병이다. 상대방에게 그대로 전달된다.

상대방도 마찬가지다. 삶의 여유와 즐거움이 있는 상대방은 자신의 순서에 자연스럽게 반응한다. 말하는 이의 비언어적 질문에 아주 자연스럽게 반응하는 것이다. 그래서 나는 아줌마들을 대상으로 강연을 하면, 그렇게 기분 좋을 수가 없다. 아기를 키워본 엄마들은 알기 때문이다. 언제 어떻게 반응해야 하는가를. 아줌마들의 트레이드마크인 "맞아 맞아…", "그래, 그래…" 하는 추임새가 바로 이 '순서 바꾸기'의 신호다. 아기의 사소한 변화에 반응해서 상호작용을 이끌어내던 그 실력이, 강연장에서도 유감없이 발휘되는 것이다.

입 꽁지가 처진 중년 남자들을 대상으로 하는 강연은 그래서 어렵다. 어떠한 상호작용도 일어나지 않는다. 어떤 유머도 통하지 않는다. 도무지 자신들이 언제 반응해야 하는지 모른다. 아니, 알면서도 '반응하는 것'이 '쪽팔린다'고 생각한다. 존귀와 위엄을 갖춘 사람은 쉽게 웃거나 가벼이 반응하면 안 된다고 생각하기 때문이다. 불안한 존재들의 특징이다. 그러나 이러한 '순서 바꾸기'의 손상은 단순히 상대의 기분을 나쁘게 만드는 정도로 끝나지 않는다. 더 큰 문제를 야기한다. '관점 바꾸기'의 상실이다. 이건 아주 '치명적 오류'다.

'관점 바꾸기perspective-taking'는 상대방의 관점에서 세상을 보는 능력이다. '순서 바꾸기'라는 기본 능력이 갖춰지면 이제 '관점 바꾸기'라는 기본 원리를 익혀야 진정한 의미의 의사소통이 가능해진다. 살다 보면 정말 남의 말귀 못 알아듣는 사람들이 있다. 어찌 그리 자기 생각만 고집하는지, 돌아가실 지경이다. 말하는 사람의 입장에서 세상을 안 보기 때문이다.

최근의 발달심리학 이론에 의하면 타인의 관점에서 세상을 보는 능력은 네 살이면 가능하다고 한다. 그러나 네 살이면 가능한 이 '관점 바꾸기' 능력이 사회적 지위가 높아지면 높아질수록, 하는 일이 성공적이면 성공적일수록 사라진다. 과도한 자기확신으로 인해 타인의 관점이 존재한다는 사실조차 인정하지 않게 되는 것이다. 이런 문제는 주로 자수성가한 사람들에게서 나타난다.

"해봤어?"

정주영 회장은 토론 말미에 꼭 그랬다고 한다. 한때 우리는 이 리더십에 감동했다. 그 성과 또한 대단했다. 개발시대의 카리스마 리더십이다. 정 회장이 고인이 된 후에도 그의 강의 영상이 담긴 광고를 보며 그 시절을 그리워한다. 하지만 이런 종류의 리더십이 필요한 사회적 맥락은 따로 있다. 이런 종류의 일방적 리더십은 밀어붙여야 할 목표가 분명하고, 대중이 접할 수 있는 정보 수준이 리더를 따라가지 못할 때에 한해서만 작동하는 리더십이다.

21세기 대한민국은 "해봤어?"의 리더십이 필요한 사회가 아니다. 지금의 한국인들의 인지능력은 1970년대의 그 수준이 아니다. 세계 최고 수준의 정보 공유 능력을 가진 사회다. 정보를 생산하고 소비하는 그 양상이 상상을 초월한다. 이런 지식정보사회에 자신의 관점만을 고집하며 그 결과를 믿고 기다려달라는 식의 리더십은 당연히 저항에 부딪히게 되어 있다. 더 큰 문제는 따로 있다. "해봤어?"의 카리스마적 리더십은 한번 무너지면 다시 회복하기 어렵다는 사실이다.

개발시대를 지나온 이 땅의 사내들은 누구나 '순서 바꾸기', '관점 바꾸기'가 잘 작동하지 않는 치명적 결함을 가지고 있다. 삶이 갈수록 팍팍하다고 느껴지는 것은 바로 이 소통의 기본원리가 망가져 있는 까닭이다.

자녀와 제대로 된 대화 한 번 없던 한 아버지가 있었다. 우연히 아버지 역할에 관한 책을 읽고 느낀 바가 많았다. 그날 저녁 그는 아들을 식탁으로 불러 이야기한다.

"아들아, 우리 이제부터 대화하자!"

당황한 아들은 어찌할 바를 모른다.

한참을 기다리던 아버지는 참다못해 한마디 한다.

"너 요즘 몇 등 하냐?"

슈베르트의 창

잘츠부르크의 작은 서점 창 안으로… 슈베르트를 본다.
모차르트 하나로 먹고사는 잘츠부르크지만
그 서점 창 너머로 나는 슈베르트를 본다.
아, 말러도 있었다.

하루도 빼놓지 않고 '죽겠다'는 소리만 했던,
평생 지독한 우울증에 시달렸던 구스타브 말러의 사진이
인상 깊었던 작은 서점의 창 안으로
나 는 …
이 상 하 게 도   슈 베 르 트 를   본 다 .

사는 게 재미없는 상사와
일하면, 죽고 싶다

'관점 바꾸기perspective-taking'는 재미의 가장 중요한 차원이다. 영화 보는 것이 재미있는 이유는 영화 속 주인공의 관점을 빌려오기 때문이다. 주인공의 관점을 통해 세상을 볼 때, 우리는 현재의 내 지루한 삶과 관계없는 전혀 다른 세계를 경험할 수 있다.

여행을 가는 이유도 마찬가지다. 그 지역, 그 나라의 문화에 숨겨져 있는 또 다른 관점을 찾아내느라 여행을 가는 것이다. 단지 카메라로 사진 찍기에 바쁜 여행은 여행이 아니다. 말 그대로 관광일 뿐이다.

드라마를 보는 것도 마찬가지다. 요즘 젊은 사람들은 '미드(미국 드라마)'나 '일드(일본 드라마)'를 많이 본다. 특히 시즌1, 시즌2 하는 식으로 이어지는 각종 '미드'에 수많은 마니아들이 열광한다.

'한드(한국 드라마)'와 '미드'의 차이는 바로 이 관점 전환의 속도 때문에 생겨난다. 미드는 공간적 관점이 다양할 뿐만 아니라, 심리적 관점 전환의 속도가 화려하기 그지없다. 예를 들어, 수많은 폐인들을 만들어낸 〈프리즌 브레이크〉와 같은 미국 드라마에는 매 회마다 예상치 못한 반전이 지속된다. 그 마음의 '관점 바꾸기' 속도를 따라잡기 힘들 정도다. 그러나 그 속도에 한번 익숙해지면 '한드'가 지루해진다.

〈개그콘서트〉나 〈웃찾사〉와 같은 프로그램을 보며 따라 웃지 못하는 것도 같은 이유다. 요즘 개그맨들의 황당한 대사를 이해하려면, 다양한 맥락의 관점 바꾸기가 가능해야 한다. 그 속도를 따라 가지 못하면, 웃어야 할 순간을 한참 지난 후에야 웃게 된다. 그런 사람에게는 고춘자 장소팔 식 만담이 어울린다. 고춘자 장소팔 식 유머는 이야기 속도만 빠를 뿐, 스토리텔링은 아주 단선적이다. 관점 바꾸기가 그리 복잡하지 않다는 이야기다.

삶이 재미없다는 것은 관점 바꾸기가 원활하게 돌아가지 않는다는 뜻이다. 그래서 사는 게 재미없는 사람에겐 반드시 의사소통의 문제가 생기게 되어 있다. 타인의 관점에서 세상을 바라보지 못하기 때문이다. 이 문제는 요즘 내가 피부로 겪는 문제다.

누군가를 모시고 지시를 받게 되면, 내 일처리는 스스로 생각해도 완벽하다. 나는 가장 먼저, 지시를 내리는 '윗사람의 관점'에서 사태를 파악하려고 애를 쓴다. 그 지시의 맥락이 명확하지 않을 경우, 여러 가지 가설을 세우고 시뮬레이션을 반복한다. 그 결과 내가 하는 일처리에 문제가 생기는 경우는 흔치 않다. 한번 내게 일을 맡겨본 사람들은 대부분 다시 나와 함께 일하고 싶어 한다. 윗사람과의 관점 바꾸기가 탁월하기 때문이다. 그러나 내 문제는 전혀 반대편에서 생긴다.

내가 운영하는 연구소의 연구원들에게 일을 지시하고 돌아오면 제대로 되어 있는 일이 거의 없다. 나는 환장한다. 연구원들을 불러 "이따위밖에 일을 못하냐"고 소리를 지르고 내 방에 들어오면, 가빠진 숨을 다스리기가 쉽지 않다. 씩씩거리며 나는 생각한다.

'아니, 왜 내 밑에는 나 같은 놈 하나 없단 말인가. 나 같은 놈 하나만 있다면 세상을 바꿀 텐데….'

아마도 나와 같은 생각을 하는 사람이 많을 것이다. 그러나 엄밀하게 한번 생각해보자. 도대체 '나 같은 놈'이 흔한가? 한걸음 더 나아가 생각해보자. 우리 연구원들과 나는 적어도 10년 이상 나이 차가 난다. 10년 이상의 내 경험과 노하우를 제쳐놓고 젊은 연구원들이 나와 똑같이 일하기를 요구하는 것이 도대체 정상인가?

절대 정상이 아니다. 또라이다. 윗사람과의 관점 바꾸기는 탁월하면서 아랫사람과의 관점 바꾸기는 형편없는, 이런 종류의 오류는 스스로 똑똑하다고 생각하는 이들이 대부분 범한다. 이를 바로 '리더십의 위기'라고 하는 것이다. 그래서 사는 게 재미없는 리더를 모시는 일처럼 불행한 일은 없는 것이다. 아랫사람과 관점 바꾸기가 작동하지 않기 때문이다.

어떤가? 당신의 삶은 재미있는가? 부하직원들과의 관점 바꾸기는 원활한가? 아니면 매일같이 앉아, "왜 내 밑에는 나 같은 놈 하나 없나"만 중얼거리는가?

문화체육관광부에서 회의를 마치고 택시를 탔다. 50대 중반의 운전사는 내가 관공서 앞에서 택시를 잡았다는 이유만으로, 자리에 앉자마자 우리의 현실을 마구잡이로 개탄했다. 여야 구분이 없었다. 모두 다 '죽일 놈'이었다. 도로는 꽉 막혀 있었다. 내게 쉴 새 없이 동의를 구하는 그에게 서서히 짜증이 나기 시작할 때쯤, 고급승용차 한 대가 깜빡이도 켜지 않고 갑자기 끼어들었다.

바로 그 순간부터 택시운전사와 나는 하나가 됐다. '우리'는 한국의 교통질서에 대해 침을 튀겨 가며 격분했다. 대낮에 할 일 없이 돌아다니는 '아줌마'나 외제차를 모는 '젊은 것들'을 욕할 때는 주먹으로 차 유리를 두드리기까지 했다. 그런데 아뿔싸! 이 개탄을 채 끝마치기도 전에 우리의 택시운전사는 용감하게 버스전용차로로 들어가면서까지 앞의 차들을 추월하는 게 아닌가.

그러나 '우리'의 차로위반은 시급한 사회경제적 현안에 비교하면 그리 심각한 문제가 아니다. 게다가 나는 빨리 학교에 도착해 한국사회의 병리현상을 강의해야 했다.

늘 이런 식이다. 세상은 항상 잘못됐고 남들은 그렇게 무례할 수가 없다. 물론 내가 무례하거나 사소한 잘못을 범할 때도 아주 가끔은 있다. 그러나 이는 반드시 피치 못할 사정이 있기 때문이다. 비난받아야 할 대상에서 나는 항상 제외된다.

대한민국 사람이 모두 나 같은 모양이다. 최근 발표된 통계청의 사회통계조사 결과에 따르면 89.1퍼센트의 사람들이 '자신은 장애인을 차별하지 않는다'고 답변했다. 하지만 74.6퍼센트가 '남들은 장애인을 차별한다'고 보고 있다. 또 조사 대상의 64.3퍼센트가 '자신은 법을 잘 지킨다'고 답한 데 비해, '다른 사람도 법을 잘 지키고 있다'는 응답은 28퍼센트에 불과했다. 자신이 법을 지키지 않는 이유 중에는 '다른 사람이 지키지 않아서'라는 답이 25.1퍼센트로 가장 많았다. 이런 황당한 궤변으로 우리는 아주 자주 스스로를 변호한다.

인간의 가장 기본적인 의사소통 능력은 타인의 관점에서 사물을 볼 수 있을 때 비로소 시작된다. 앞서 설명했듯이 이를 심리학에서는 '관점 바꾸기perspective-taking'라고 부른다.

이와 관련된 흥미로운 심리학 실험이 있다. 두 아이에게 연필이 든 필통을 보여준다. 두 아이를 내보낸 다음, 필통에서 연필을 빼고 사탕을 넣었다. 그리고 한 아이만 불러 묻는다.

"이 안에 뭐가 들었을까?"

아이는 당연하다는 듯 대답했다. "연필이요."

심리학자는 필통 뚜껑을 열어 사탕이 들어 있음을 보여준다. 그리고 필통 뚜껑을 다시 닫으며 물었다.

"그런데 저 밖에 있는 친구에게 '이 안에 뭐가 들었니?' 하고 물으면 뭐라고 대답할까?"

물론 '연필'이 정답이다. 정답을 알아맞히려면 상대방의 관점에서 사물을 바라보는 능력이 필요한 것이다. 만약 필통을 보면서 "사탕이요"라고 대답한다면 자신의 관점과 타인의 관점이 다르다는 사실을 구분할 능력이 없다는 뜻이 된다. 이 능력은 4세 정도면 갖추게 된다.

그럼 마흔 후반의 내가 네 살짜리의 인지능력에도 미치지 못하는 이 현상을 도대체 어떻게 설명해야 할까?

이 모두가 파렴치한 정치인들 때문이다. 지역감정으로 국민의 판단을 흐리게 하고, 그저 당리당략으로 권력을 얻을 생각만 하기 때문이다.

또 있다. 앞에서는 윤리경영이니 책임경영이니 하지만, 뒤로는 온갖 분식회계와 정경유착을 서슴지 않는 경제인들 때문이기도 하다.

윤리와 가치를 강조하지만 스스로는 전혀 윤리적이지 못한 종교인들 때문일 수도 있다. 아니면 혹시 공무원들의 무사안일주의 때문인가? 아! 연예인들의 불건전한 사생활 때문일 수도 있겠다.

좌우간… 난 아니다.

거울같이 맑은 물에
송어는 잡히지 않는다

오스트리아 알프스의 만년설이 녹은 물은
이렇게 산 아래 집들 사이로 맑게 흐른다.
가끔 송어가 슈베르트의 노래처럼 살같이 빠르게 헤엄친다.
그러나 이렇게 거울같이 맑은 물에 송어가 잡힐 리 없다.
슈베르트는 그걸 알았다.
그래서 여자를 하나도 제대로 못 낚았다.
거울같이 맑은 영혼이었기 때문이다.
내 영혼은 거울보다
더 맑은 크리스털이다.

남자가 흘리지 말아야 할 것은?
눈물 그리고…

어떤 사람을 만나면 무척 불쾌한 느낌을 받는 경우가 가끔 있다. 하루 종일 '기분이 이토록 나쁜 이유가 뭘까?' 곰곰이 생각해보면, 아침에 바로 그 인간을 만난 까닭이다.

알고 보면 좋은 사람이다. 사실 알고 보면 안 좋은 사람이 어디 있겠냐마는, 그래도 그렇게 하루 종일 내 신경을 자극할 만큼 내게 중요한 사람도 아니다. 그럼 왜 그는 이토록 불필요하게 나의 하루를 망치는가?

정서 공유의 과정이 방해받았기 때문이다. 누구나 남과 이야기할 때, 정서를 공유하자고 무의식적인 신호를 계속 보낸다. 얼굴 표정, 손짓, 말투로 전달되는 이 정서 공유의 신호가 상대방에 의해 거부되면 불쾌해진다. 반대로 이 신호가 상대방에 의해 받아들여지게 되면 즐거워진다.

도대체 남의 마음을 이해하는 능력은 어디서 나오는 것일까? 그것은 바로 남의 정서를 흉내 내는 것에서 시작된다. 남의 정서를 흉내 내면서 우리에게는 '이심전심'의 능력이 생긴다. 서로의 정서를 흉내 내는 것으로부터 타인의 감정을 이해하고, 추론할 수 있게 되는 것이다.

허나, 한국의 남자들은 이 생물학적 원리를 거역한다. 이 현상을 독일의 심리학자 한스 요하힘 마츠Hans-Joachim Maaz라는 심리학자는 '감정정체Gefuehls-Stau'라는 용어로 설명한다. 감정정체란, 감정이 자연스럽게 표현되고 물처럼 순환되어야 하는데 러시아워의 꽉 막힌 도로처럼 감정이 표현되지 못하고 정체되어 있는 현상을 뜻한다.

독일이 통일된 지 20년이 지나간다. 그러나 지금도 서독과 동독에는 무너지지 않는 심리적 장벽이 존재한다. 이 심리적 갈등의 이유를 마츠는 '감정정체' 때문이라고 주장한다.

동독의 사회화 과정은 권위적이고 억압적이었다. 이러한 사회에서 자주적이고 독립적이며 자유로운 사고를 하는 사람에게는 성공의 기회가 주어지지 않는다. 순종적이며 획일적인 사고에 쉽게 적응하는 의존적인 성격의 사람들만이 살아남을 수 있는 사회였다. 그런 사회에서 자라난 어린이는 자신의 가능성이나 꿈을 구체화하려는 어떠한 시도도 할 수 없다. 오히려 어릴 때부터 자신에게 주어지는 타인의 눈길을 의식하며, 타인의 기대와 요구를 재빠르게 찾아내는 재주만 발달할 뿐이다.

타인의 요구에만 적응하는 사회화 과정은 여타의 심리적 기본 욕구들이 억압되는 결과를 낳는다. 이를 '결핍증후군'이라 한다. 어릴 때 사랑을 받지 못하고 자란 사람은 이 부족한 부분을 다른 방식으로 채우려고 한다. 예를 들어 다양한 형태의 중독현상으로 이어지게 된다. 이 중독현상은 단지 알코올이나 마약에만 해당되는 것이 아니다. 일중독, 성공중독, 쇼핑중독, 권력욕, 자기과시욕 등도 이에 해당한다.

억압된 삶의 경험들은 '감정정체'라는 결정적인 정서장애로 이어진다. 인간은 기본적으로 감정표현을 통해 남과 의사소통할 뿐만 아니라 자신의 기본적인 욕구를 해소하기도 한다. 성공 뒤에는 기쁨의 표현, 실패와 좌절 뒤에는 슬픔의 감정이 자연스럽게 표출되어야 한다. 이러한 정서표현은 인간의 기본적인 욕구인 동시에 인간을 인간답게 만들어주는 기제이기도 하다.

그러나 "울지 마, 남자는 울면 안 돼" 하는 감정억압의 교육으로 인해 남자들은 '감정정체'라고 하는 스트레스 상황에 빠지게 된다. 이는 호르몬상의 변화를 야기시키며 우울, 강박관념과 같은 정서적 장애는 물론 알레르기, 위장장애 등의 신체적 장애의 원인이 된다. 나와 다른 생각을 하는 사람에 대한 적개심, 호전성과 같은 사회적 현상도 감정정체의 결과라고 할 수 있다.

마츠에 따르면 독일의 통일은 서독인들과 동독인들 모두에게 '감정정체'를 제대로 극복할 수 있는 기회를 박탈했다. 서독인들은 동독인들에 대한 우월감으로 끊임없는 계몽적 태도를 취함으로써 감정 정체를 탈출하려고 한다. 동독인들은 서독인들에 대한 열등감과 좌절을 더 약한 외국인들에 대한 폭력으로 탈출하려고 한다. 이러한 방식으로 마음의 장벽은 결코 해결될 수 없다.

감정정체를 해결할 수 있는 바람직한 방식은 '내적 민주화'다. 내적 민주화란 자신의 정서적 장애와 결핍증후군을 인식하고 남에게 피해를 주지 않는 방식으로 해결하는 것을 의미한다. 이를 위해 많이 슬퍼하고 타인에 의해 진심으로 수용되고 인정받을, 인내의 시간과 공간이 필요하다. 그렇지 못할 경우 편견과 적대감, 폭력의 위험이 생겨난다. 내적 민주화는 '치료적 문화'를 통해 가능하다. 치료적 문화란 함께 정서를 공유할 수 있는 문화를 뜻한다. 강요나 억압에 의해 동참하는 것이 아니라 사소한 정서의 공유를 통한 의사소통 방식이 필요한 것이다.

오늘날 우리에게 요구되는 가장 시급한 과제는 타인과의 정서 공유를 통해 내적 민주화를 가능케 하는 문화다. 이는 흥미롭게도 논리적 체계에 기반을 둔 지식기반사회의 발전을 가능케 하는 동력이 되기도 한다.

지식에는 두 가지가 있다. '형식적 지식explicit knowledge'과 '암묵적 지식tacit knowledge'. 우리가 회의나 지식관리시스템으로 전달하고 공유하려는 것은 '형식적 지식'이다. 즉 문장과 같은 언어체계로 옮길 수 있는 것들이다. 회사의 주요한 경영상의 이슈들, 기술적 노하우 등이 이 형식적 지식의 내용이 된다.

경영자들은 매일, 매주, 매달 열리는 각종 회의를 통해 이 형식적 지식을 공유하려고 애쓴다. 물론 회의는 형식적 지식을 공유하는 매우 중요한 수단이다. 그러나 형식적 지식이 반드시 회의를 통해서만 공유되는 것이 아니다. 오히려 습관적으로 반복되는 회의가 형식적 지식의 공유를 방해하는 경우도 있다. 그래서 '망해가는 기업일수록 회의시간이 길어진다'고 한다. 내 주장이 아니다. 하버드대학 경영학 관련 보고서의 내용이다.

형식적 지식은 이메일이나 기타 공식서류를 통해 얼마든지 공유될 수 있다. 중요한 사실은 이 형식적 지식은 암묵적 지식의 기반 위에만 공유된다는 사실이다. 일본의 경영학자인 노나카 이쿠지로野中郁次郞 교수가 '암묵지暗黙知'와 '형식지形式知'를 구분해 경영학계에서 한동안 화두가 되었지만, 사실 암묵적 지식을 처음 강조한 이는 마이클 폴라니Michael Polanyi라는 과학철학자다.

객관적이고 명확한 지식처럼 보이는 자연과학적 지식에도 주체와 객체의 상호작용이 전제가 되어 있다는 그의 '인격적 지식론personal knowledge'의 핵심은 바로 이 암묵적 지식에 있다. 모든 지식의 공유 과정에는 전하는 이와 전달받는 이 사이의 암묵적 추론이 전제가 되어 있다는 것이다. 이 암묵적 추론을 제하고 전달되는 지식은 공허한 문장에 불과한 것이 되어버린다는 것이다. 도대체 폴라니가 강조하는 이 암묵적 추론, 혹은 암묵적 지식의 실체는 무엇인가?

정서 공유다.

폴라니 교수나 노나카 교수가 추측만 하고 구체적으로 예시하지 못하는 이 암묵적 지식의 실체가 '정서 공유의 방식'이라고 나는 생각한다. 우리가 기업문화라고 이야기할 때, 그 기업문화란 바로 이 정서 공유의 정형화된 과정을 뜻한다.

현대 앞의 술집과 삼성 앞의 술집 분위기가 다르다고 한다. 실제로 현대에 다니는 동창들과 삼성에 다니는 동창들을 함께 만나면 그 차이가 피부로 느껴진다. 함께 대학을 다니며, 강의실보다는 막걸리집에서 뒹굴던 동창들이다. 그러나 각기 다른 회사에 입사한 지 20여년이 지나 만나니 전혀 다른 스타일로 변해 있었다. 도대체 무엇이 이토록 사람을 바꿔놓았을까? 정서 공유의 방식이다.

정서에는 기쁨, 슬픔과 같은 개념적으로 정의할 수 있는 '명사적 정서'만 있는 것이 아니다. '사랑받는 듯한', '가슴 설레는' 것과 같은 '형용사적 정서'도 있다. 그러나 가장 근본적인 정서는 오감을 통해 감각적으로 느껴지는 '부사적 정서'다. 같은 이야기를 하더라도, 그 말하는 속도, 음의 높낮이, 말하는 이의 표정을 통해 전달되는 느낌이 달라진다.

부사적 정서란 오감을 통해 전달되고 느끼는 정서적 신호를 뜻한다. 같은 말이라도 '아' 다르고, '어' 다르다는 이야기는 바로 이 정서 공유의 부사적 차원을 가리키는 것이다. 마치 '얼씨구'라는 단어가

탈춤에서는 감탄사가 되지만, 일상에서는 비꼬는 단어로 느껴지는 바로 그 차원이다.

정서 공유가 가능하려면 가장 먼저 이 부사적 정서가 활성화되어야 한다. 기쁜 일이 있을 때, 우리는 어떻게 기쁨을 공유하는가? 슬픔은 또 어떻게 공유하는가?

"지금 이런저런 기쁜 일, 슬픈 일이 있으니, 하나, 둘, 셋을 세는 것과 동시에 우리의 기쁨, 슬픔을 공유하자"고 하는가? 아니면 논리적으로 우리가 기뻐해야 할 이유를 설명하고, 공유할 것을 설득하는가? 아니다. 그런 식으로 공유되는 정서는 없다.

기쁜 일이 있으면 하이파이브를 하며 소리를 지르며 어쩔 줄 모른다. 슬픈 일이 있으면 서로 껴안는다. 흥미로운 것은 이 과정에서 우리는 상대방의 표정, 몸짓, 목소리를 서로 흉내 낸다는 사실이다. 그래야 부사적 정서가 공유되기 때문이다. 이 정서 공유의 과정이 망가지면 재미가 없어진다. 재미란 바로 이 부사적 정서를 공유하는 과정, 그 자체를 의미한다. 재미있으면 서로의 정서를 자동적으로 공유하게 된다.

부사적 정서, 즉 감각적으로 경험되는 정서 공유는 수도관에 비유할 수 있다. 우리가 전달하려는 논리적인 형식지는 '물'이다. 물은 수도관이 있어야 흘러갈 수 있다. 수도관의 한구석에 구멍이 나 있으면 물이 흘러가지 못하고 다 새 나간다. 지식 공유가 가능하려면 바로 이 부사적 정서로부터 활성화되는 정서 공유의 과정이 있어야 한다. 이 부사적 정서가 가장 강하게 활성화되고 공유될 때는 재미있을 때다. 함께 축구를 구경하며 응원할 때처럼 서로의 감각적 정서 표현이 공유될 때만 논리적 지식이 공유된다. 정서 공유의 과정을 생략하고 월급만으로 사람을 움직이려는 것은 곳곳에 구멍 난 수도관에 물을 흘려보내는 일과 마찬가지다.

오늘날 한국 남자들이 겪는 감정정체는 독일의 상황보다 훨씬 더 심각하다. 이 땅의 남자들은 입 꽁지를 내려 긍정적 정서 표현을 억누를 뿐만 아니라, 아무리 슬퍼도 울지 못하게 되어 있다.

아니, 한국의 남자들은 '법적'으로도 울지 못하게 되어 있다. 고속도로 화장실에 가보라. 남자 소변기 앞에는 한결같이 다음과 같은 문구가 쓰여 있다.

'남자가 흘리지 말아야 할 것은 눈물만이 아니다!'

이 문구를 처음 봤을 때, 나는 숨이 콱 막혔다. 오줌도 막혔다. 감정정체에 걸려 콱 죽어버리란 이야기다. 한국 남자들이 그토록 분노와 적개심에 가득 차, '건들기만 해봐라!' 하며 사는 이유는 아무리 슬퍼도 울지 못하기 때문이다. 아무리 기쁘고 즐거워도 그 느낌을 드러내면 안 되기 때문이다.

아는가?

바로 그 때문에 이 땅의 사내들이 빨리 죽는 것을….

흐르는 강물처럼

오래전부터 나는 내 두 아들을 데리고 낚시하는 게 꿈이었다.
브래드 피트가 나온 영화 〈흐르는 강물처럼〉을 본 이후부터다.
그 영화에서 브래드 피트의 아버지는
브래드 피트와 그의 형에게 낚시하는 법을 가르친다.

나도 내 두 아들이 크면 꼭 낚시를 가르치리라 마음먹었다.
아주 어릴 때 나도 아버지에게서 낚시를 배웠다.

큰아들이 군대를 제대한 이듬해 어느 늦여름이었다.
난 드디어 두 아들을 데리고 평창 인근 어느 한 여울에서 견지낚시를 했다.
고기도 무척 많이 잡혔다.
아이들도 너무 재미있어했다.
난 너무 행복했다.
이렇게 낚시하는 행복을 느끼기 위해 아들 둘을 낳은 듯했다.

그렇게 나는 그해 늦여름 어느 날,
내 아들들과 흐르는 강물처럼 낚시를 했다.
먼 훗날, 내 아들들도 자신의 아들들에게
낚시를 가르쳤으면 좋겠다.

해병전우회, 고대교우회, 호남향우회의
공통점

외국인들은 한결같이 한국 사람이 무례하다고 한다. 그리고 지나가다 어깨를 부딪쳐도 미안하다는 말을 하지 않는다는 이야기를 꼭 덧붙인다.

정말 그렇다.

독일에서 13년을 살고 한국에 막 돌아왔을 때, 우리 부부도 매일 우리나라 사람들의 무례함과 불친절함에 대해 불평했다. "도대체 우리는 왜 이렇게 무례한 것일까?" 한동안 참 깊이 고민했던 주제다. 결론부터 이야기하면 무례한 것이 아니다. 무례해 보일 뿐이다. 다들 이런 문제를 지적하며 한국인들의 교양수준을 높여야 한다고 목소리를 높인다. 물론 세계 10위권의 경제력을 자랑하는 나라의 국민으로 글로벌한 매너와 규칙을 존중할 필요가 있다. 그러나 무조건 무례하고 잘못된 것이라 이야기하기 전에, 왜 그런가를 이해해야 한다.

　무엇보다도, 상호작용의 원칙이 다르기 때문이다. 서양의 근대화란 다양한 방식의 집단, 즉 민족, 계급, 종족 등으로부터 자유로운 '나'라고 하는 주체의 성립 과정이다. 물론 이 집단적 구속으로부터 완전히 자유로운 존재는 불가능하다. 그러나 적어도 근대성이라는 비판적 사고를 통해 집단 속에서 '나'라는 존재가 어떻게 구성되는가를 인식할 수 있게 된 것이다. 서구적 합리성의 근거는 '나'라는 주체의 성립이다. '나'가 있어야 그에 상응하는 '너'라는 존재가 가능해진다. 그리고 '나'와 '너'의 동등한 관계로 만날 때, '우리we'가 가능해진다.

　서양인들에게 타인의 존재는 항상 '나'의 상대방으로서의 '너'다. 동등한 주체로서의 상대방에 대한 무례함은 곧 '나'라는 주체에 대한 부정이 된다. 그래서 그들은 생판 모르는 사람과도 곧바로 '날씨' 이야기를 할 수 있고, 낯모르는 사람에게도 웃으며 이야기를 건넬 수 있다. '너'의 존재를 인정할 때, '나'가 성립하기 때문이다. 마르틴 부버Martin Buber가 그의 책 《나와 너Ich und Du》에서 '나'라는 존재의 근거로 '너'와의 관계를 지적하고, 이 '나'와 '너'의 관계를 모든 의미 구성의 기본 단위로 여기는 이유도 바로 이러한 문화적 맥락 때문이다.

　한국인의 상호작용의 양상은 사뭇 다르다. '나'와 '너'의 상호작용이 서구인들처럼 곧바로 성립되는 것이 아니다. '나'와 '너'라는 상호 주체의 만남은 무엇보다 먼저, '우리'와 '남'이라는 경계선을 넘어야만 가능하다. '남'은 상호작용의 상대방이 아니다. 그래서 "우리가 남이가?"라는 질문이 무서운 것이다. '남'은 상호작용의 주체가 될 수 없다. 그래서 무시해도 된다. 관심의 대상이 아니기 때문이다. 물건이나 크게 다를 바 없다.

그러나 타인이 일단 '우리'라고 하는 경계 안으로 들어오는 순간부터, 그 '타인'은 더 이상 남이 아니다. 그에게 절대 무례해서는 안 된다. '우리'라는 경계선을 넘어오는 순간부터 상대방은 '너'라는 가치를 갖기 때문이다. 한국인들에게 '나'와 '너'라는 주체적 상호작용은 '우리'가 성립되는 바로 그 순간부터 이뤄진다는 이야기다.

서구인들에게는 '나'와 '너'가 만나 '우리'가 성립된다면, 한국인들은 '우리'가 먼저 만들어지고 난 후에 비로소 '나'와 '너'가 성립된다는 이야기다.

그래서 한국인들은 섭섭한 마음을 이렇게 표현한다. "네가 어떻게 나한테 그럴 수 있니?" 혹은 "우리 사이에 정말 이럴 수 있는 거니?" 거기다 대고, "그래, 그럴 수 있어"라고 말할 수 있는 한국 사람은 아무도 없다. 그 이야기는 바로 '우리'라고 하는 울타리를 깨고, '남'이 되자는 이야기가 되기 때문이다.

'남'이 되는 순간, 어떠한 합리적 상호작용도 성립하기 어려워진다. 그래서 한번 성립된 '우리'는 좀처럼 깨지기 어려운 것이다. 그리고 서구인들과 달리 이 '우리' 안에 들어 있는 '너'에게 '나'는 정말 간까지 빼줄 만큼 잘한다. '우리 사이'에는 그래야만 하기 때문이다.

이전 시대를 지탱해왔던 '우리'라는 공동체가 해체되는 것은 어찌 보면 당연한 일이다. 산업사회의 공동체 구성방식으로 포스트모던 사회를 살아갈 수는 없기 때문이다. 지금까지 한국인들의 존재근거가 되었던 '우리'라는 그 울타리가 변형되고 해체되고, 새로운 형태의 '우리'가 만들어져야 한다. 그러나 문제는 지금 그 대안적 '우리'가 잘 형성되지 않는다는 사실이다. 새로운 시대에 적합한 존재 확인 방식이 없다는 이야기다.

그때는 그랬다. 아침마다 학교 운동장에서 조회를 하며 우리는 우리 삶의 목적을 확인해야 한다.

"우리는 민족중흥의 역사적 사명을 띠고 이 땅에 태어났다."

누구나 그토록 힘들게 찾아내려 하는 내 삶의 목적을 국가가 그렇게 간단히 정해준 것이다. 월요일이면 전교생이 모여 우리가 태어난 목적을 확인해야 하는 그때의 국민의례는 지금 생각하면 진짜 황당한 일이다. 그러나 과거를 지금의 관점에서 판단하고 비난하는 일은 조심해야 한다. 어설픈 페미니스트가 예수, 석가, 공자를 마초, 남성우월주의자로 비난하는 것과 비슷해지기 때문이다.

집단주의, 민족주의, 국가주의적 냄새가 가득하고, 독재체제를 유지하려는 의도가 농후한 국민교육헌장과 국민의례지만 당시의 사회적 맥락에서 가지는 기능은 결정적인 것이었다. 박정희 정권은 후진적 경제구조를 벗어나 국가의 일대변혁을 꾀하기 위해선 의식의 변화가 필요하다고 판단했다. 이를 위해 의례, 즉 리추얼처럼 강력한 수단은 없었다. 당시 아침마다 외웠던 국가를 위한 내 삶의 목적은 지금까지도 내 입안을 빙빙 돈다. 나뿐만이 아니다. 1970년대에 학교를 다녔던 모든 이들에게 물어보라. 왜 이 세상에 태어났냐고. 그럼 대부분 아주 자연스럽게 이렇게 대답할 것이다. "민족중흥의 역사적 사명을 띠고." 혹은 '국민교육헌장'과 '국가에 대한 맹세'를 헷갈려 하는 이들은 이렇게도 대답할 것이다.

"조국과 민족의 무궁한 영광을 위해."

리추얼은 그토록 강력한 것이다. 단순히 반복되기 때문만은 아니다. 계속해서 의미가 재생산되기 때문이다. 국민의례나 국기에 대한 맹세는 국가가 가지는 의미를 재생산한다. 그래서 나는 지금도 애국가가 나오면 가슴 한구석이 묘하게 저려온다. 어쩌다 TV를 방송이 끝날 때까지 켜놓을 때가 있다. 그러면 언제나 그렇듯, 애국가가 장엄하게 나온다. 백두산이 나오고, 한라산이 나온다. 동해에서 해가 떠오르는, 지금은 불에 타버린 낙산사의 일출도 빠지지 않는다. 올림픽에서 메달을 따는 장면쯤에 이르면, 난 눈물이 난다.

애국가나 태극기에 대한 요즘 젊은 사람들의 정서적 반응은 이전 세대와 크게 다르다. 특히 2002년 월드컵 이후로 젊은이들의 태극기에 대한 태도는 기성세대들이 당황할 정도로 달라졌다. 그전까지 태극기는 함부로 다룰 수 없는 엄숙한 것, 성스러운 것이었다. 어릴 때 우리는 태극기를 정성스럽게 접어 보관하는 법까지 배웠다. 그런 태극기를 젊은이들이 축구가 재미있다고 치마를 해 입고, 머리띠를 하고, 민소매 옷까지 만들어 입은 것이다. 엄숙하게 감동의 눈물을 흘려야 하는 태극기가 이제는 재미의 소재가 되어버렸다.

자신이 속한 공동체를 사랑하는 방식이 변한 것이다. 태극기를 앞에 두고 눈물을 흘리는 것은 젊은이들도 마찬가지다. 그러나 그 눈물의 내용은 다르다. 젊은이들이 흘리는 눈물은 더 이상 서러움과 고통의 눈물이 아니다. 즐거움과 재미와 벅찬 감동의 눈물이다. 리추얼이 동반하는 정서의 내용도 달라진 것이다.

리추얼이 강력한 문화현상이 되는 까닭은 정서를 동반하기 때문이다. 사실 리추얼은 종교적 제의, 혹은 의례에서 출발한다. 아직 국가나 민족의 개념이 없었던 고대사회의 집단은 오직 종교적 의례와 같은 리추얼로 유지되었다.

부족의 리더는 종교적 의례의 우두머리를 겸하고 있었다. 프로이트는 이 종교적 의례에서 종교와 도덕의 기원을 설명한다. 아버지가 모든 것을 독점한 것에 불만을 품은 아들들은 편먹고 아버지를 살해한다. 그러나 아버지를 살해한 것에 대한 죄책감에 아들들은 괴로워한다. 이를 아버지를 상징하는 토템동물을 숭배하는 종교적 의례를 통해 극복하려 한다. 프로이트에 의하면 이것이 바로 종교의 기원이다.

또한 아버지의 여자(어머니와 누이들)와 아버지의 환생동물을 독점하는 것을 금지한다. 즉 터부에 관해서 서로 합의한 것이다. 아들들

중 어느 하나가 다시 강력한 아버지의 위치에 올라서, 모든 것을 독점하는 것을 원천금지하는 것이다. 그리고 이를 정기적인 종교적 의례를 통해 반복적으로 확인한다. 프로이트에 의하면 원시부족의 질서는 이런 식의 종교적 의례를 통해 유지되었다. 프로이트 아니면 누구도 상상할 수 없는 해석이다.

고대사회뿐만이 아니다. 오늘날에도 리추얼은 여전히 강력한 집단 유지의 수단이다. 특히 한국 문화에서 이 리추얼의 기능은 절대적이다. 한국 집단주의의 원형이자 원흉(?)으로 일컬어지는 해병전우회, 고대교우회, 호남향우회를 살펴보자.

이 세 집단의 결속력이 그토록 강한 이유는 무엇인가? 리추얼이 존재하기 때문이다. 동네마다 컨테이너를 놓아두고, 때만 되면 해병 예비군복을 입고 나타나는 이 해병전우회가 즐기는 것은 '귀신 잡는 해병'의 정서적 리추얼이다.

고대교우회도 마찬가지다. 모이면 자기들끼리 '고대'를 외친다. 밖에서 보면 정말 웃긴다. 그러나 그 리추얼에 익숙해지면 정말 즐겁다. 행복하다. 얼마 전 고대 경영대의 최고위과정 워크숍에서 강연한 적이 있다. 강연이 끝나자 신입생 환영회가 이어졌다. 이 신입생 환영회에 행해진 행사는 단 한 가지였다.

"민족고대…" 어쩌구! 하는 건배구호 학습이었다. 선창자가 "…을 위하…" 하면 다른 사람들은 이어서 모두 "…고!"를 외치고 그다음은

"고!, 고!", 그다음은 "고!, 고!, 고!" 하는 식이다. 고대라 "고!"란다.

연대에서는 "위하…" 하면 다들 "…세!" 하고 외친다. 그러나 "고!"를 외칠 때의 정서적 충격이 훨씬 강력하다. 아, 그 '무식한' 구호만 돌아가면서 외치고, 틀리면 벌주를 마시는 데만 세 시간은 족히 걸렸다. 남들이 보면 정말 황당하기 그지없다. 그러나 그 안에 들어 있는 이들은 이 리추얼의 학습을 통해 자신들만의 소속감을 확인하고, 확대재생산한다. 남들이 뭐라고 하든 행복하다. 나 스스로도 그곳에 속해 있는 까닭에 너무도 잘 안다.

호남향우회도 마찬가지다. 남도 특유의 리추얼은 언어에서도 그대로 드러난다. 뒤끝을 흐리며 말끝마다 상대방의 정서적 공감을 유도하는 "아따, 형님, …하지요, 잉!" 하는 방식의 커뮤니케이션은 전 세계 어딜 가도 호남 사람들을 서로 뭉치게 하는 강력한 정서 공유의 수단이다.

해병전우회, 고대교우회, 호남향우회의 시도 때도 없고 물불 안 가리는 집단주의는 비판받아 마땅하다. 그러나 이 세 집단이 끊임없이 재생산하는 강력한 리추얼은 정서 공유를 통한 공동체 구성원리를 우리에게 확실하게 가르쳐준다.

이렇게 쓰고 나니 이런 생각이 갑자기 든다. 호남 사람이 고대 다니다 해병대 다녀오면 정말 '골 때릴 것' 같다는 생각.

5

체
대
도

에
문
때
엇
무

?
까
니
십
사

CULTURAL PSYCHOLOGY
OF
MASCULINITY

이건 국정원도 모른다,
독일 통일은 내가 시켰다!

　　20세기 내내 지속되던, 그 잔인했던 이데올로기 투쟁이 끝났음을 알렸던 독일 통일이라는 엄청난 사건 뒤에 숨겨져 있는, 아무도 모르는 이야기가 있다.

　　베를린 장벽이 무너지던 1989년 11월 9일 밤, 서베를린으로 넘어온 동독인들이 줄까지 서며 만나려 했던 '한국인'이 있었다. 그 엄청난 인물에 대해 지금까지 한국의 국정원은 전혀 아는 바가 없다. 통일부도 까맣게 모른다.

　　베를린 장벽이 무너지자, 동독 주민들은 기다렸다는 듯이 서베를린 슈판다우 외곽지역으로 몰려갔다. 그곳에는 지난여름 동독을 탈출한 그들의 가족들이 모여 살고 있는 난민수용소가 있었다.

그러나 난민수용소의 철문은 굳게 닫혀 있었다. 저녁 7시 이후에는 야간경비원의 허가를 받아야만 출입할 수 있었기 때문이다. 그들은 난민수용소 밖으로 길게 줄을 섰다.

그러나 왜소한 체격의 동양인으로 보이는 야간경비원은 "상부의 지시가 없기 때문에 출입을 허용할 수 없다"고 완강하게 버티고 있었다. 그 야간경비원이 앞서 이야기한 바로 그 한국인이다. 눈치 빠른 이는 낌새를 알아차렸을 것이다. 그 경비원이 바로 나다.

당시 서베를린에 유학하고 있던 한국 유학생들에게 가장 인기 있는 아르바이트는 야간경비원 일이었다. 주말마다 공장이나 관공서의 경비실에 앉아 공부하고 오면, 한 달치 생활비는 가뿐히 벌 수 있었기 때문이다. 바로 그 야간경비원 아르바이트를 하다가, 나는 독일 통일이라는 그 엄청난 역사적 사건을 온몸으로 겪은 것이다.

무전기로 아무리 본부 사무실의 지시를 요청해도 연락이 되질 않았다. 난민수용소의 철문을 잠가놓고 버티고 서 있는 내 앞으로, 동독의 트라비 자동차의 줄은 갈수록 길어졌다. 2기통 엔진의 트라비 특유의 매캐한 매연으로 참지 못할 지경이 되었다.

갑자기 한 젊은 녀석이 내 앞으로 왔다. 나보다 머리는 하나 더 있어 보였다. 그 녀석이 느닷없이 권총을 꺼냈다. 허접해 보이는 한 동양인이 자신들의 역사적인 가족상봉을 막고 있는 것을 도무지 못 참겠던 모양이었다. 권총 끝이 옆구리에 닿는 느낌은 정말 희한했다.

마치 면도칼이 두꺼운 옷을 뚫고 들어오는 기분이었다. 등으로 식은 땀이 죽 흘렀다.

그 순간 나는 '민족중흥의 역사적 사명'을 떠올렸다. 암기교육은 그래서 무서운 것이다. '조국의 빛난 얼을 오늘에 되살려'야 하는 내가, 지구 반대편에서 고작 야간경비원 하다 총 맞아 죽으려고 태어난 것은 분명 아닐 거라는 생각이 들었다. 나는 그 녀석에게 바로 철문의 열쇠뭉치를 던져줬다. 그러고는 돌아서서 냅다 뛰었다. 어디선가 본 건 있어서, 갈 지ᶻ 자로 왔다 갔다 하며 뛰었다. 권총으로 사람 맞히기는 정말 어려운 일이다.

그다음 날 나는 바로 해고당했다.

독일 통일은 정말 코미디처럼 이뤄졌다.

1989년 소비에트의 고르바초프는 개혁개방 원칙이 동구의 사회주의 국가들에게도 적용됨을 역설했다. 폼 나는 이야기 같지만, 실제 내막은 "우리끼리도 먹고살기 힘드니 니네들은 니네들끼리 알아서 먹고살라"는 이야기일 뿐이다.

그해 여름, 헝가리와 체코슬로바키아가 바로 오스트리아와의 국경을 개방했다. 여름 휴가철, 인근 국가로 여행을 떠났던 동독 사람들은 헝가리와 체코슬로바키아의 국경선을 넘어 오스트리아로 탈출했다. 동독 정부가 급히 이를 저지하자, 동독 주민들은 여행자유화, 언론자유 등을 외치며 매주 시위를 벌였다. 그러나 그들이 동독의

'사회주의 체제'까지 반대한 것은 절대 아니었다. 시위대의 대부분은 '인간의 얼굴을 한 사회주의'를 부르짖었다.

그러나 사건은 정말 엉뚱한 곳에서 터졌다.

여름을 지나 가을까지 시위가 지속되던 11월 9일 저녁, 동독 정부는 여행자유화에 대한 정책을 수정 발표한다. 그러나 그 내용은 이전에 비해 크게 다를 바 없는 것이었다. 특별한 내용이라고는 여권 발급 기간을 단축한다는 것뿐이었다. 저녁 6시 58분, 동독 공산당 대변인 귄터 샤보브스키Günter Schabowski는 기자회견을 열어 그 내용을 발표한다. 그러나 정작 샤보브스키는 여행자유화 정책회의에 참석하지도 않아, 자신이 무슨 내용을 발표해야 하는지도 몰랐다.

새로운 여행자유화 정책을 읽어나가던 그에게 한 이탈리아 기자가 그 정책이 언제부터 유효한지 물었다. 새 정책에 대해 별로 아는 바 없던 그는 멀뚱한 표정으로 아무 생각 없이 대답했다.

"지금부터! 바로!"

대부분의 독일 기자들은 별 내용 없는 여행자유화 정책에 시큰둥해했다. 그러나 독일어에 서툰 이탈리아 기자는 오버하며 본국으로 급전을 쳤다. "베를린 장벽이 무너졌다!" 미국 기자들도 덩달아, "내일부터 당장 동베를린 사람들이 베를린 장벽을 통과할 수 있다"고 전했다. 이날 밤 서독 TV는 외신을 짜깁기하여 "동독이 드디어 국경을 개방했다"는 애매한 보도를 내보냈다.

뉴스를 시청한 동독 주민들은 대책 없이 베를린 장벽으로 몰려갔다. 정말 당장에 서독 여행이 가능해졌는지 알아보려는 호기심에서 나가본 것이다. 국경수비대가 저지했지만 동독 주민들은 "뉴스를 듣지도 못했냐?"고 오히려 따졌다. 황당해진 국경수비대는 결국 길을 터줬고, 일부 동독 주민들은 베를린 장벽을 올라타 넘어가기 시작했다. 이에 흥분한 일부 주민들은 도끼, 망치를 들고 나와 아예 장벽을 부수기 시작했다. 반대편 서베를린의 젊은이들도 망치로 벽을 부수기 시작했다.

역사는 항상 이런 식이다.

샤보브스키의 엉뚱한 브리핑이 없었더라면 베를린 장벽은 그렇게 쉽게 무너지지 않았다. 이렇게 역사는 필연적 인과관계보다는 아주 황당하고 우연한 방식으로 변화한다. 한반도도 분명 예외는 아니다.

"지식인은 혁명의 주체가 될 수 없다!"

지금은 남대문에서 안경점을 하는 사학과 선배는 확신에 차 이야기했다. 가치는 '노동'에서 나오는 것이기 때문이다. "지식노동자는 가치를 생산하지 않는다. 가치가 자본에 의해 생겨나는 것이 아님에도 자본가가 주인처럼 행세하는 자본주의는 해체되어야 한다. 그 사회변혁의 주체는 물론 노동자다. 그럼 대학생인 우리는 역사변혁의 주체가 될 수 없는 것인가?" 열정적인 그 선배는 아니라고 했다. 가치를 생산하지 않기 때문이다.

1980년대 초, 안암동 사회학과 병옥이네 자취방 앞, 좁은 골목의 차가운 겨울 안개는 내 가슴만큼이나 무거웠다. 최근까지 경실련 사무총장을 했던, 머리가 유난히 큰 데다 곱슬머리인 병옥이는 이불 속에 숨겨놓았던 문건을 조심스럽게 내왔다. '한국사회 계급구조 분석 도표'였다. 우리는 고대 경영관 뒷문의 복사가게에서 그 문건을 복사해 나눠가졌다. 주인아저씨는 짐짓 모른 척하며, 가게 한구석의 작은 방 안으로 들어갔다. 골목을 돌아나오며 나는 중얼거렸다.

"가치는 오직 노동에서만 나온다."

마르크스가 옳았다. 산업사회에서의 가치란 투여된 노동시간에 비례해 나온다. 근면과 성실만이 가치를 창출한다는 이야기다. 사회가 복잡해지면서 가치는 분화된다. 물건의 '사용가치'와 그 물건의 가치를 객관적으로 규정해주는 '교환가치', 즉 화폐로 나눠지는 것이다. 문제는 교환가치와 사용가치가 더 이상 일치하지 않게 된 것이다. 가치의 자본주의적 왜곡이다. 이는 곧바로 상품 생산의 전 과정으로부터 노동자가 소외되는 인간소외 현상으로 이어진다. 뿐만 아니라 가치가 마치 자본에 의해 만들어지는 것처럼 느껴지는 착시현상이 일어난다. 이것이 마르크스 가치론의 핵심내용이다.

사회변혁의 이데올로기인 마르크스의 후기이론을 제하고 살펴보면, 박정희 시대의 새마을운동은 매우 마르크스적이다. 새벽부터 일찍 일어나 노동하는 시간만큼 가치가 만들어지기 때문이다. 그러니까 마르크스의 잉여가치론, 박정희 시대의 새마을운동, 북한의 새벽별보기운동이나 천리마운동 등은 산업사회의 동일한 철학에 기반한 쌍생아들이라 할 수 있다. 아이러니하게도 '좌파정권'을 종식한다며 나타난 이명박 정부의 '어얼리 버드론'도 문화심리학적 관점에서 보면 심각한 좌파적 발상이 되어버린다.

20세기 초, 러시아를 무너뜨리며 호기롭게 시작한 사회주의는 1989년 11월 9일 베를린 장벽이 무너지면서 붕괴되기 시작해, 21세기가 시작되기 직전 흔적도 없이 지구상에서 사라져버린다. 20세기 초반에 나타난 마르크스 이론이 21세기가 시작하기 바로 직전에 사라진 것은 전혀 우연이 아니다. 21세기에는 '노동시간'이 더 이상 '가치'를 창출하지 않기 때문이다. 마르크스의 잉여가치론은 노동시간이 아닌, '지식'이 가치를 창출해내는 새로운 시대를 설명하기에는 턱없이 낭만적인 이론이었다. 베를린 장벽 붕괴는 아주 우연한 동독 공산당 대변인의 실수로 일어났지만, 그 배후에는 아주 거대한 시대정신의 변화가 숨겨져 있다.

그래서 역사는 우연이 아닌 것이다.

차이트가이스트Zeitgeist, 즉 시대정신은 자유, 민주와 같은 엄숙한 단어에만 해당되는 것이 아니다. 재미와 행복은 21세기의 차이트가이스트, 즉 시대정신이다. 독일 통일의 사건은 이 시대정신의 변화를 아주 단호하고도 분명하게 설명해준다.

독일 통일은 언론 담당 정치국원의 오버에서 비롯된 우연적이고도 지엽적인 사건이었다. 그러나 보다 큰 틀에서 본다면 '근면·성실'이라는 20세기적 가치의 몰락을 의미한다. 그리고 '재미'와 '행복'이라는 21세기적 가치의 등장을 예고한다. 문화심리학적 시각에서 본다면 사회주의가 망한 이유는 단순하다.

재미없어서다.

보다 재미있는 사회를 가능케 하는 정치 시스템에 대한 동경이 동독의 몰락을 가져왔다. 여타 사회주의 국가들과는 달리, 당시 동독은 절대 가난한 나라가 아니었다. 1989년 당시 동독의 1인당 국민소득은 1만 달러 이상이었다. 당시 한국의 두 배를 넘는 수준이었다.

동독 사람들이 정말 원한 것이 무엇인가를 알려면, 통일 후 그들이 제일 먼저 한 일들을 살펴보면 된다. 장벽을 뚫고 서독으로 넘어온 다음 날부터, 서독 시내의 섹스숍은 동독 사람들로 인산인해를 이뤘다. 발그레한 얼굴로 섹스숍을 나서는 그들에게 기자들이 느낌을 묻자, 그들은 그랬다.

"망해야 하는 것은 자본주의인데, 오히려 사회주의가 망했다"고. 인간의 섹슈얼리티를 단지 노동력 재생산의 수단으로만 생각했던 동독의 현실사회주의는 인간 욕구의 가장 중요한 부분을 간과했다. 왜 인간은 매일 발정기인가를.

반면 인간에게 섹스는 재미를 보장해주는 가장 즐거운 놀이라는 사실을 간파한 자본주의는 아주 교묘하게 이를 상품화한다. 결국 오늘날 자본주의의 모든 상품에서 에로티시즘과 섹슈얼리티라는 키워드를 제하고 나면 남는 것이 거의 없는 상황이 되어버렸다.

통일 후, 동독 사람들은 너 나 할 것 없이 서독 자동차를 구입했다. 오직 자동차를 구입하기 위해 장벽을 무너뜨린 것처럼 보였다. 동독 사람들은 모이면 새로 산 자동차 이야기뿐이었다. 한때 동독에도 세계 최고 수준의 자동차가 있었다. 트라반트^{Trabant}, '트라비'라는 애칭으로 불리는 자동차다. 1957년에 개발된 이 자동차는 당시로서는 획기적인 기술력을 갖춘 제품이었다. 2기통이지만 속도는 시속 120킬로미터까지 낼 수 있었다. 효율적인 연비는 물론, 강화플라스틱으로 만들어진 차체 역시 세계적인 화젯거리였다. 그러나 거기까지였다.

동독 공산당은 '그 이상으로 빠른 차는 자본주의의 사치'라고 했다. '사회주의적 인간에게 더 예쁜 차는 필요 없다'고도 했다. 베를린 장벽이 무너질 때까지, 트라비의 디자인은 한 번도 바뀌지 않았다. 더 빠른 속도를 내기 위한 기술개발도 없었다.

그 사이, 서독의 벤츠, BMW, 폭스바겐은 매년 새로운 차를 만들어냈다. 그 차들은 시속 200~300킬로미터까지 달렸다. 서베를린과 서독 본토를 잇는, 동독 한가운데를 관통해서 달리는 아우토반에서 트라비를 타고 달리던 동독 주민들은 그저 넋을 놓고 그 신형차들을 바라볼 따름이었다. 통일이 되자, 그들은 트라비를 농장 창고에 처박아버린다. 그리고 서독의 번쩍이는 차를 사, 서유럽으로 한없이 달려나갔다.

솔직히 나는 시속 200킬로미터 이상을 달리는 자동차를 사는 것은 정말 무의미한 짓이라고 생각한다. 그러나 속도 무제한의 아우토반에서 시속 200킬로미터 이상으로 달려본 사람들은 안다. 손끝으로 느껴지는 그 재미를. 그 감동을. 그래서 나는 지금도 언제든 그 무의미한 짓을 할 준비가 되어 있다. 사회주의가 몰락한 문화심리학적 이유는 이렇게 단순하다.

'재미와 행복'이라는 21세기의 시대정신에 저항했기 때문이다. 섹스숍과 보다 빠른 자동차를 만들어내지 못해 사회주의가 망했다면, '나름 지식인'들은 입술을 삐죽거린다. 그렇지 않다. 인간의 경험은 아주 구체적인 감각의 경험에서 시작된다. 감각의 변화는 의식의 변화로 이어진다. 사회주의는 구체적인 감각으로 느껴지는 재미와 행복을 생산하는 데 실패했기 때문에 몰락했다. 자본주의는 사람의 입맛까지 바꿔버린다. 이북 출신 어르신들이 그토록 그리워하던 오리지널 평양냉면이 이제 서울 변두리의 냉면 맛보다 못한 이유도 바로 이 때문이다.

재미와 행복의 상품화에 한번 성공한 자본주의는 그 끝을 모르고 인간의 감각을 왜곡하기도 한다. 그러나 어쩌랴! 사회주의는 망했고, 자본주의는 여전히 멀쩡하다. 당분간 더 나은 대안도 없어 보인다. 나는 한국사회의 미래에 관해 어설픈 이데올로기적 대안을 주장할 생각은 전혀 없다. 왜 한국 사람들이 이토록 분노와 적개심에 가득 차, 재미라고는 하나 없는 삶을 살고 있는가에 대한 심리학적 설명이 내 주된 관심이다.

보다 나은 사회에 대한 전망은 '왜 우리는 이토록 재미없는 삶을 살고 있는가'에 대한 구체적 설명이 이뤄진 후에나 가능한 일이기 때문이다.

아들은

아버지를 닮는다.

어쩔 수 없이.

큰아들이 막 걷기 시작했을 때, 파리로 여행을 간 적이 있다.

공원에서 놀던 중 여자아이가 보이자, 내 아들은 급 흥분했다.

눈치를 보며 조금씩 다가가더니, 갑자기 그 여자아이를 와락 껴안았다.

놀란 여자아이는 주저앉아 울기 시작했고,

아이의 아빠는 딸을 끌어안고 공원을 돌아 나갔다.

당황한 내 아들은 우리를 보며 어색하게 웃었다.

지켜보던 우리가 따라 웃자, 억울한 듯 울기 시작했다.

나중에는 거의 통곡을 하며 울었다.

나도 억울하면 운다.

내 아들은 나의 바로 그 부분을 닮은 거다.

난 예쁜 여 자 는 돌 보 듯 한 다 . 진 짜 다 .

맥시마이저와 새티스파이저의
'황야의 결투'

얼마 전, 아내와 나는 독일에 다녀왔다. 뮌헨을 거쳐 베를린으로 가는 비행기는 텅 비어 있었다. 잘츠부르크의 대학과 유아 음악교육에 관한 협력과정을 개발한다고 나름 바쁜 아내는 같은 라인의 좌석 세 개를 접수(?)하고 온갖 서류를 펼쳐놓았다.

그러나 비행기가 이륙하자마자 이내 눈을 감더니, 식사시간을 제외하고는 비행시간 내내 취침상태다.

그러나 이 호사스러움은 단지 '가는' 비행기에서뿐이었다. 모든 일을 마치고 귀국하는 비행기의 상황은 정반대였다. 모든 일이 잘 끝나 흐뭇하게 비행기에 오르며 우리는 떠날 때와 같은 넉넉한 좌석을 기대했다. 허나 이코노미 좌석은 단 한 곳도 빈자리가 없었다. 좁게

가는 것은 참을 만했다. 그러나 문제는 우리 바로 옆 좌석에 젊은 부부가 갓난아이를 안고 타면서부터 시작되었다.

2세 미만의 아이는 좌석을 구입할 필요가 없기 때문에, 대부분의 젊은 부부는 아이를 위한 좌석을 따로 구입하지 않는다. 그래도 승무원들이 알아서 맨 앞좌석이나 공간이 여유로운 좌석으로 안내하는 것이 보통이다.

그러나 이 독일 비행기의 승무원들은 스스로 그런 번거로움을 처리할 심리적 여유가 전혀 없어 보였다. 일단 전 좌석이 만원이었다. 비행기가 이륙하기 전부터 아기는 울기 시작했다. 좁은 좌석이 답답한 듯, 몸을 뻗쳐대며 어쩔 줄 몰라 했다. 젊은 아기 엄마는 당황해서 얼굴이 벌게졌지만, 상황을 바꿀 방법은 없었다.

보다 못한 아내가 승무원을 불러, 앞쪽의 좌석과 자리를 바꿔줄 수 없느냐고 물었다. 매번 아내는 이렇게 오지랖이 넓다. 유학 시절, 비슷한 상황을 많이 겪었던 아내는 승무원이 해줄 수 있는 재량의 범위를 잘 알고 있는 듯했다. 그러나 독일 승무원은 잘라 말했다. "나인Nein." 안 된다는 이야기다.

아내는 바로 열 받았다. 독일에 살면서 우리가 가장 질린 단어가 바로 이 '나인Nein'이었기 때문이다. 무슨 일이 있어 독일 관공서에 가면 독일 공무원들은 '나인'부터 이야기한다. 마치 '나인'을 이야기하기 위해 그 자리에 있는 사람들 같다. 아무리 따져도 안 되는 이유만 장황할 뿐이다.

아내	빈자리가 없으면 최소한 앞좌석의 사람들에게 자리를 바꿔줄 수 있는지 물어봐주는 성의는 보여야 하는 것 아닌가?
승무원	나인! 앞좌석의 사람들도 그 자리를 사전에 예약한 고객이고, 이 아기의 부모나 그 앞좌석의 사람들이나 내게는 똑같은 고객이다. 아기를 위해 따로 좌석을 구입하지 않은 아기 엄마의 잘못이다.
아내	갓난아이를 위해 비행기표를 따로 구입하는 사람이 세상에 어디 있는가? 비즈니스 클래스 좌석도 다 찼느냐?
승무원	자리는 있다.
아내	그럼 그 빈 비즈니스 좌석에 아기와 엄마를 앉게 하면 안 되나?
승무원	나인! 비즈니스 좌석은 그만큼 비싼 비용을 지불한 사람만 타는 좌석이지, 이코노미 클래스의 아기 엄마가 조금 불편하다고 옮겨갈 수 있는 좌석이 아니다.
아내	그래도 이렇게 딱한 상황에서는 얼마든지 유연하게 할 수 있는 일 아니냐?
승무원	나인! 나는 어쩔 수 없다. 내 권한 밖의 일이고 나는 승무원의 복무규정에 따를 뿐이다.
아내	그럼 이 규정을 책임지는 사람이 누군가? 그 사람하고 이야기 좀 해야겠다!

드디어 나왔다. 그저 '나인'만 연발할 뿐인 승무원에게 열 받을 대로 받은 아내는 결국 독일의 관공서에 가면 항상 꺼내던 그 '무서운

단어'를 꺼내고야 말았다. "'책임자'와 이야기하자!" 이제 사건이 마무리되려면 최소한 두 시간은 넘게 걸리게 되어 있다.

승무원은 바로 하얀 수염을 기른 잘생긴 팀장을 데려왔다. 잘생긴 팀장의 주장은 조금 길었지만, 내용은 동일했다.

잘생긴 팀장	아기 엄마의 딱한 사정을 알겠다. 좌석을 옮기는 것은 큰 문제가 아니다. 하지만 매번 그렇게 좌석을 옮겨주면, 앞으로 세상의 모든 엄마들이 아기를 안고 타면서 비즈니스 클래스의 좌석으로 옮겨달라고 할 것이고, 그렇게 되면 우리의 모든 요금체계 및 고객 서비스의 원칙이 깨진다.
아내	일부러 그런 짓을 하는 엄마가 세상에 어디 있느냐? 그런 근거 없는 미래에 대한 걱정은 독일 사람에게만 가능한 이야기다. 이런 것을 두고 바로 전형적인 독일식 관료주의라고 한다!

아내는 민족주의적 발언까지 서슴지 않았다. 이제 사건은 두 가지 세계관의 충돌로까지 발전한 것이다. '원칙은 어떠한 상황이든 지켜져야 한다'의 독일식 원칙론과 '상황에 따라 원칙은 언제든 달라질 수 있다'의 한국식 상황론의 대결이다.

사실 독일의 저력은 바로 이 원칙론에 있다. 독일 자동차가 그렇게 튼튼한 이유는 바로 이 원칙 때문이다. 모든 자동차의 부품은 규격에 따라 생산된다. 한 치의 오차도 없다. 심지어는 집집마다 유리창 크기도 정해져 있다. 그래서 커튼을 따로 맞출 필요가 없다. 백화점에 가면 유리창의 크기에 정확히 일치하는 커튼이 다양하게 있다.

독일인들에게 원칙을 어기는 것은 상상할 수 없는 일이다. 원칙이 없는 미래의 낯선 상황을 독일인들은 매우 불안해한다. 그래서 그들은 예상되는 미래의 모든 상황을 예측하고 대비하고, 가능한 모든 상황에 적용되는 원칙을 세운다. 그리고 그 원칙은 꼭 지켜져야 한다. 그래서 그들은 "법은 법이다"라는 이야기를 입에 달고 산다. 정확한 원칙으로 불확실한 미래를 대비하는 것이다.

독일의 IT 관련 산업의 발전이 그들이 가지고 있는 잠재력에 비해 상당히 느린 이유도 바로 이 때문이다. 예측이 되지 않는 분야이기 때문이다. 원칙을 세워 대비할 수 있는 영역이 아니기에 투자할 수도 없다. 대신 예측 가능하고 안전한 자동차와 같은 기계산업에 집중 투자한다. 그래서 여전히 독일 자동차가 세계 최고인 것이다.

반면 한국이 IT 분야에서 눈부신 발전을 이룩한 것은 '상황에 따라 달라지는 유연한 사고'와 '무모할 정도의 과감함' 때문이다. 그 과감함이 한편으로는 고속성장의 원인이 되고, 다른 한편으로는 온갖 사고와 혼란의 원인이 된다.

독일에 살면서 나는 독일의 그 원칙론과 치밀함이 너무 부러웠다. 독일에서 배워야 할 것은 바로 그것이라고 생각했다. 실제로 내가 배운 독일 학문의 명료함은 오늘날 내 사고체계의 가장 중요한 토대가 된다. 그러나 그 독일식 원칙론과 치밀함이 한순간에 무너지는 것을 독일 역사의 한가운데서 나는 경험했다. 바로 앞서 말한 독일 통일의 사건이다.

독일 통일은 우연히 일어났다.

그런데 내가 정말 이해할 수 없는 일은 '독일이 아주 우연히(?) 통일되었다는 사실'을 지금까지 아무도 내놓고 이야기하지 않는다는 거다. 역사가들은 빌리 브란트의 동방정책부터 헬무트 콜의 실용적인 정치노선에 이르기까지, 독일 통일이 마치 정치가들의 치밀한 외교력과 수십 년에 걸친 집요한 노력의 결과인 것으로 설명한다. 그러나 그것은 사건이 일어난 이후에나 가능한 '사후예측 hindsight', 즉 뒷담화에 불과할 따름이다. 순전히 '구라'란 이야기다. 역사가나 사회학자들이 내놓은 이론은 대부분 이런 종류의 아무 도움 안 되는 사후예측일 따름이다.

독일 통일은 실제로 엉뚱한 과정을 통해 이뤄졌다. 정치가들이 그과정에서 한 일이라고는 전혀 없다. 그 구체적인 역사의 현장에서 독일의 미래예측 능력은 형편없이 빗나갔다. 그날 저녁 정신 나간 동독 공산당 대변인이 그런 실수만 하지 않았더라면, 아니 그 이탈리아 기자가 그런 식의 제멋대로의 기사만 작성하지 않았더라도, 독일 통일은 이뤄지지 않았을 것이다. 이뤄졌더라도 훨씬 이후에, 전혀 다른 방식으로 이뤄졌을 것이다.

세상의 모든 일은 우리가 세운 원칙과 예상을 훨씬 뛰어넘는, 아주 다양한 방식으로 움직인다. 독일 정부가 독일 통일을 예측하고 대비하기 위해 세워놓은 원칙과 치밀함은 독일 통일이라는 이 엄청난 역사적 사건 앞에 지극히 무기력할 따름이었다. 실제 통일의 과정은 그때마다의 상황론적 판단에 따라 일어났을 따름이다. 독일식 원칙론과 치밀함이 그 효력을 발휘한 것은 모든 사건이 일어난 한참 이후부터다. 그래서 헤겔은 "미네르바의 부엉이는 해가 진 이후에나 비로소 난다"고 한 것이다.

불확실한 미래를 예측하고 대비하기 위해 세운 원칙이란, 그 본질에 있어 이미 일어난 사건들에 의미를 부여하고 정당화하는 사후예측에 불과하다. 그렇다고 이 사후예측이 불필요하다는 이야기는 절대 아니다. 의미부여와 정당화 없이 공동체의 질서가 유지될 수 없기 때문이다. 그러나 불확실한 미래를 대처하는 자세로 원칙론보다는 상황론이 훨씬 더 유연하고 편안한 방식이다. 한마디로 서구식 원칙론을 일방적으로 부러워할 이유가 전혀 없다는 이야기다.

개인의 삶에서도 마찬가지다. 원칙론자는 모든 일을 미리 계획해서 완벽하게 준비한 이후에 비로소 행동에 옮긴다. 상황론자는 어느 정도 만족할 만한 수준이면 곧바로 결정하고 행동한다.

쇼핑을 할 때도 그렇다. 인터넷으로 며칠에 걸쳐 검색하고 시장에 나가 실물을 확인하고 가격 비교까지 끝낸 이후에 행동하는 사람과 일단 자기가 원하는 몇 가지 조건이 충족되면 사고 보는 사람, 두 가지 종류가 있다.

자신이 정한 원칙에 따라 앞뒤를 철저하게 계산하여 행동하는 원칙론자를 심리학에서는 '맥시마이저maximizer'라고 부른다. 무질서한 현상을 어떤 원칙에 따라 정리하여 무언가를 극대화하려는 이들이라는 것이다. 반대로 상황론자들은 '새티스파이저satisficer'라고 부른다. 웬만하면 만족하려는 경향을 지녔기 때문이다.

이 둘을 비교해보니 '새티스파이저' 쪽이 주관적 행복감을 더 느끼며 편안한 삶을 산다고 한다. 반대로 '맥시마이저'는 완벽주의에 대한 편집증과 자책감에 빠져 삶의 만족도가 현격하게 떨어진다고 한다. 그러나 세상은 이 두 종류의 인간들이 섞여 살게 마련이다. 대부분은 상황론자들이 일을 저지르며 치고 나가고, 원칙론자들은 쫓아다니며 정리하는 방식이다.

"죽어도 아기와 아기 엄마를 비즈니스 클래스의 빈 좌석에 앉게 할 수 없다"는 독일 비행기의 잘생긴 팀장과 "뭐 그따위 원칙이 있느냐"고 따지던 내 아내는 한 시간에 가까운 토론 끝에 이렇게 합의했다. 아기와 아기 엄마가 승무원들을 위한 특별 좌석에 앉아 가기로. 잘생긴 팀장의 원칙론을 훼손하지도 않고, 아기와 아기 엄마가 편하게 가야 한다는 아내의 상황론도 만족시키는 훌륭한 합의였다. 세상은 이렇게 원칙론자와 상황론자가 서로 합의하며 함께 살게 되어 있다.

그렇다고 모든 문제가 해결된 것은 아니다. 매번 이렇게 저지르고 보는 아내와 평생 살아야 하는 내 실존의 문제는 여전히 미결 상태로 남아 있다.

그래서 나는 내 아내와의 결혼을 후회한다. 가끔….

무슨 심리학 박사가

그래?

내 독일 지도교수 마틴Martin과 그의 부인 일제Ilse.
내겐 평생 잊지 못할 너무나 고마운 분들이다.
남편은 심리학 교수이고 부인은 교육학 교수이다.

첫째 아들 호백이가 태어나자, 마틴 교수는 내게 아주 진지하게 충고했다.
아이 키우는 데 어설프게 심리학 이론을 들이대지 말라고.
아기 엄마가 본능적으로 느끼는 대로 키우도록 놔두라고….
그럼 뭐하러 심리학을 하느냐고 나는 따졌다.
마틴 교수는 그냥 싱긋 웃었다.

우리 아이들은 아주 자주 삐치고,
열 받고, 씩씩거리는 내게 매번 그런다.
무슨 심리학 박사가 그래?
그럼 나는 그때 그 마틴 교수의 말이 생각나
그 냥 싱 긋 웃 게 된 다 .

노천카페에 혼자 앉아
천천히 커피를 마셔보라

술집에서 돈 쓰는 것처럼 아까운 일은 없다. 나는 그렇게 생각한다. 마셔봐야 다음 날 속만 아프다. 지끈거리는 두통은 적어도 다음 날 저녁이 되어야 사라진다. 한 이야기 또 하고 또 하는 술친구의 이야기를 들어주며 버려야 하는 시간은 정말 아깝다. 몇 번 자리를 함께하면 요다음에 무슨 이야기를 할지 정신 멀쩡한 내가 더 잘 안다. 정말 환장할 일이다. 그래도 친구와 함께하는 술자리에서는 참아야 한다. 친구니까.

그러나 정말 참을 수 없는 일이 있다.

안주만 축내고, 그 비싼 술을 몰래 재떨이에 버리기 일쑤인 술집 아가씨에게 팁을 주는 일이다. 그런데도 내 친구 귀현이는 술집에서 돈 쓰는 일을 밥 먹듯 한다. 우리끼리 이야기할 때는 말끝마다 욕이다. 그러나 술집 아가씨들에게는 그렇게 상냥할 수가 없다. 오래된 친구지만 여전히 이해 안 되는 부분이다.

그러나 누구에게나 남들이 이해할 수 없는 묘한 습관이 있다. 물론 내게도 있다.

수첩, 필기구와 같은 학용품을 사는 일이다. 특히 외국에 나가면 고급 만년필 하나는 꼭 사와야 한다. 내 아내는 내가 그동안 쌓아놓은 만년필을 볼 때마다 속이 뒤집힌다고 한다. 그러나 아내는 모른다. 만년필 금촉 끝에서 잉크가 새어나오며 종이의 감촉이 전달될 때 그 느낌을.

난생 처음 느꼈던, 그때 그 진명여고 여학생의 머리카락에 대한 기억만큼이나 떨리고 강렬하다. 그녀의 머리카락에서는 '다이알 비누'의 향기로운 냄새가 났다. 내게 잉크 냄새는 다이알 비누 냄새다.

매일 아침 나는 만년필 수집상자를 열고, 오늘 가지고 나갈 만년필을 고른다. 하루도 빼놓지 않는 나만의 아침 리추얼이다. 아침마다 이 만년필 저 만년필을 만지작거리는 내 뒤통수에 대고 아내는 밉지 않게 빈정댄다. 이 또한 아내의 정기적인 아침 리추얼이다.

하지만 나는 안다. 아내가 바로 이런 내 모습을 사랑한다는 것을. 물론 착각이다. 그러나 그렇게 생각해야 마음 편하다. 누구나 한 여자와 오래 살려면 자기 마음대로 해석하고 즐거워하는 습관을 가능한 한 많이 개발해야 한다.

최근 내가 집중적으로 골라 품에 넣고 나서는 만년필이 있다. 일본에서 산 대나무 만년필이다. 몇 년 전, 나는 일본 와세다 대학에서 안식년을 보냈다. 그때, 정기적으로 학용품 전문점을 순회하는 일은 내게 유일한 즐거움이었다. 우연히 집어 든 만년필 마니아들을 위한 잡지에서 나는 넋이 나갔다. 대나무로 된 만년필을 본 것이었다.

어릴 때부터 만년필은 소심하고 내성적인 내게 참 좋은 친구였다. 친구가 별로 없었던 나는 학교에서 돌아오면 펜촉과 튜브를 이용해 다양한 만년필을 만들곤 했다. 내 손엔 항상 잉크 자국이 있었다. 교복의 가슴 부분 또한 지워지지 않는 잉크 자국으로 항상 더러웠다. 그때 나는 작은 대나무 주사기를 이용해 만년필을 만들려고 시도했었다.

그런데 오래전 내가 꿈꿨던 바로 그 대나무 만년필을 수십 년이 지난 후, 도쿄에서 발견한 것이다. 가슴이 어찌나 뛰던지. 만년필 잡지를 샅샅이 뒤져 대나무 만년필이 있는 곳을 찾아갔다. 시부야의 허름한 뒷골목에 있기에는 너무 고급스런 만년필 전문점이었다. 목소리만 귀여운 여점원은 흰 장갑을 끼고 유골단지 모시듯 만년필을 꺼내왔다. 손끝에 와 닿는 그 대나무의 느낌이란…!

고급 피리를 만드는 교토의 대나무를 가지고 일본의 유명한 장인이 직접 손으로 만들었다는 그 만년필은 엄청 비쌌다. 몽블랑 만년필의 스페셜 에디션보다 비쌌다. 그러나 나는 과감히 그 돈을 지불했다. 어릴 때부터 꿈꿔왔던 대나무 만년필을 가질 수 있다는 기쁨은 이루 말할 수 없었다.

"어릴 적 꿈꿨던 일을 이루는 것이 가장 큰 행복"이라고 프로이트는 말했다. 아무리 사소한 것이라 할지라도 충족되지 않는 어릴 적욕구는 어떤 방식으로든 내 삶의 그림자가 되기 때문이다. 그러나 대나무 만년필은 내게 단순히 욕구충족의 수단만이 아니다.

대나무의 마디를 만질 때마다 나를 짓누르는 내 두려움과 불안에 대한 성찰이 가능해진다. 시도 때도 없이 반복되는 내 두려움은 다름 아닌 '나이를 먹는' 일이다. 마흔이 넘으면서부터 생긴 아주 위험한 생각이다.

"도대체 인간이 어떻게 마흔이 될 수 있단 말인가!"

그때 마흔이 되던 해, 나는 매일같이 이 말을 반복하며 절망했다.

그러나 그 후 매년 세월은 내가 감당할 수 없을 정도로 빨리 지나갔다. 머리가 빠지기 시작하고, 흰머리도 나고, 화장실에서 갑자기 신문의 작은 글씨가 눈에 들어오지 않고, 배가 나온다. 이제 목욕탕 거울에 비치는 내 모습에선 그 어떠한 '수컷의 향기'도 없다. 이런 속도라면 쉰이 되고 예순이 되는 것은 정말 한순간이다. 가슴이 갑갑해온다.

나보다 먼저 이 위기를 뚫고 지나가신 선배들은 "허어~" 하며 혀를 찰지 모른다. 허나 세월의 속도를 막 느끼기 시작한 내겐 아주 엄청난 두려움이다. 내게 대나무 만년필은 이런 두려움을 극복하는 수단이 된다.

대나무 만년필 뚜껑의 마디처럼, 삶의 시간은 마디를 만들 때 통제 가능해진다. 시간의 흐름이 두려운 것은 방향도 알 수 없고, 그 속도 또한 통제할 수 없기 때문이다. 나이가 들수록 삶의 속도에는 가속도가 붙는다. 나는 이를 이런 공식으로 설명한다. '하루의 삶의 속도=1/나이.'

열 살 먹은 아이의 하루는 1/10이다. 오십 살 먹은 사람의 하루는 1/50이다. 훨씬 짧다. 이 공식에 의하면 오래 살수록 느끼는 시간의 속도는 빨라질 수밖에 없다. 아주 훌륭한 공식이다. 그러나 이는 단순한 공식일 뿐, 왜 속도가 빨라지는지는 설명하지 못한다.

나이가 들수록 삶의 속도가 빨라지는 이유를 심리학자들은 '회상효과'로 설명한다. 기억 속에 저장되어 있는 내용이 많으면 그 삶의 시기를 길게 느끼고, 기억할 수 있는 내용이 적으면 적을수록 그 시기는 짧게 느껴진다는 것이다.

일반적으로 유년기로부터 청소년기까지의 기억은 생생하고 많은 내용이 저장되어 있다. 그래서 노인도 자신의 어린 시절의 일은 마치 어제 일처럼 생생하게 기억해내는 것이다. 그러나 가장 분주하게 열심히 살았다고 여겨지는 40~50대의 기억은 별로 특별한 것이 없다. 그리 오래되지 않았음에도 불구하고 딱히 설명할 일이 많지 않다. 정신없이 바쁘기는 했지만 별로 의미를 부여할 일이 많지 않았다는 이야기다.

한마디로 재미없이 살기 때문이다.

어린 시절의 크리스마스, 청소년기 여자친구와 처음으로 함께했던 생일파티, 첫 키스의 기억 등등 어른이 되기 전까지의 기억들은 모두 감당하기 어려울 정도로 가슴 벅찬 일들이 대부분이다. 새로운 경험에 의미를 부여하고 장기기억장치로 저장하는 정보처리 과정이 매번 활성화되었다는 이야기다. 그러나 나이가 들수록 모든 일들이 '그저 그런' 것들이 된다. 그다지 기억해야 할 가치가 없다고 느끼기 때문이다.

자신의 경험에 의미를 부여하는 일은 바로 삶의 마디를 만드는 일이다. 대나무의 마디처럼 삶의 마디가 있을 때만 삶은 살 만한 것이 된다. 이 마디를 만드는 것은 다름 아닌 '축제'다. 내 청춘의 삶이 활어처럼 펄떡거렸던 까닭은 온통 축제로 가득 찼었기 때문이다.

요즘 젊은이들의 삶을 보라. 온통 축제투성이다. 달력에 가득한 빨간날들로도 부족해서 서로 사귄 지 100일, 200일 등을 기념하며 축제로 즐긴다. 서양의 희한한 기념일들을 수입해서 즐기기도 한다. 밸런타인데이, 화이트데이 등등. 이것으로도 부족해서 짜장면데이, 빼빼로데이와 같은 토종축제도 만들어낸다. 이를 단지 자본주의의 상술로만 비판하는 것은 참으로 상상력이 뒤떨어지는 설명이다.

우리가 지내는 설날, 추석 같은 명절 또한 화살처럼 날아가는 시간을 붙잡아두기 위한 '마디 만들기' 축제다. 축제를 통해 시간은 반복되는 것처럼 느껴지고, 축제를 할 때마다 시간은 내가 통제할 수 있는 것이 된다. 그러니까 축제는, 영원으로 흘러가는 시간을 마치 매번 반복되는 것처럼 느껴지도록 내 삶의 통제력을 높이는 수준 높은 문화전략인 것이다.

그러나 나이가 들수록 삶의 축제는 사라진다. 크리스마스의 저녁은 오래된 미국영화나 보다 잠드는 날이다. 추석이나 설날은 슈퍼에서 사온 송편이나 떡국으로 저녁을 때우는 날이 되어버렸다. 모처럼의 여름휴가조차 한풀이식 시간 죽이기로 흘려버린다. 삶이 매듭 지어지지 않고 마디가 없으니, 느끼는 시간의 속도는 빨라질 수밖에 없는 것이다.

대나무의 마디는 속이 비어 있는 그 가느다란 나무를 20~30미터까지 올라가게 한다. 마디가 촘촘하고 튼튼한 대나무는 웬만해선 부러지지도 않는다. 마디가 있는 삶은 천천히, 그리고 의미 있게 흘러간다. 기억할 일이 많아지기 때문이다.

착각하지 말자.

사회적 지위나 정치적 사건을 기억하는 일이 내 삶의 가치를 높여주지 않는다. 나와 관계없는, 허접한 기억들로 인해 내 삶의 속도는 더욱 정신없어진다. 마디가 없이 그저 뻣뻣하게 위로만 올라가는 삶은 언젠가는 한 번에 부러지게 되어 있다. 이렇게 부러진 삶을 다시 일으켜 세우기란 여간 어려운 일이 아니다.

내 삶에서 기억해야 할, 의미 있는 일들을 꼼꼼히 챙기는 일만이 내 삶의 속도를 낮춰준다. 올해에는 아주 완벽하게 혼자 보내는 휴가를 계획해보는 것은 어떨까? 지금까지 한 번도 제대로 된 마디가 없었던 내 삶에, 마디 한번 제대로 만들어보자는 이야기다.

혼자 떠난 며칠간의 휴가 동안, 허름한 시골마을의 담벼락을 기웃거리며 걸어보는 것은 어떨까? 혼자 산에 오르고, 혼자 밥을 먹고, 혼자 영화를 보며 철저하게 외로워해보는 것은 어떨까? 아니면 매일같이 분위기 있는 노천카페를 순례하며 한구석에 혼자 앉아 만년필과 가죽수첩을 꺼내, 내 일상의 마디를 적어보는 것은 또 어떨까?

혹시 아나?

부작용으로 오래전에 사라졌던 '수컷의 향기'가 다시 돌아올지….

© by Kim, Jung-Woon

베를린 쿠담에 있는
켐핀스키 호텔의 노천카페

잘츠부르크에 살던 카라얀은
베를린 필하모니의 연주가 있는 날이면
포르쉐를 직접 몰고 올라와 이 켐핀스키 호텔에 묵었다.
가끔 검은 선글라스를 끼고,
금발의 아름다운 아내와 여기서 커피를 마셨다.
나도 아내와 이 노천카페에서 커피를 마신다.
나는, 노천카페에는 금발의 아름다운 여인만 앉아서
커피를 마셔야 한다고 중얼거린다.
내 옆에서 커피를 마시던 아내는,
노천카페에는 장동건처럼 키 큰 남자만
커피를 마셔야 한다고 중얼거린다.
매 사 에 , 그 냥 넘 어 가 는 법 이 없 다 !

도대체 댁은
누…구…세요?

자신의 존재를 확인할 수 없는 것처럼 슬픈 일은 없다. 자신의 존재를 확인하는 방식을 심리학에서는 '아이덴티티'라고 한다. 즉, 어떤 것과 자신을 동일시^{identify}한다는 이야기다. 자신의 존재를 확인하려는 이 끊임없는 노력이 곧 삶의 내용이다. 혼자, 고립된 삶의 방식으로 자신의 존재를 확인할 수 없다.

그래서 사람들은 다양한 방식으로 자신의 존재를 확인하려 한다. 자신이 하는 일, 사회적 관계 등등. 그러나 세상에 바보 같은 짓이 '사회적 지위'로 자신의 존재를 확인하는 일이다. 사회적 지위는 반드시 변하고, 사라지기 때문이다. 제아무리 높은 지위라 할지라도 길어야 10년이다. 연임이 불가능한 우리나라 대통령 임기는 고작 5년

296

이다. 그 후 죽을 때까지 '전前 대통령'으로 살아가야 한다. 과거의 지위로 미래를 살아가는 것처럼 서글프고 초라한 일은 없다.

내가 지금까지 어떤 방식으로 아이덴티티를 확인하고 살아왔는지를 확인하려면, 내 친구에게 물어보면 된다. 누군가 나를 가리키며 내 친구에게 물어본다.

"저 사람 누구지요?"

"아, 저 사람, 잘나가는 회사의 전무예요."

"○○그룹의 CEO입니다."

"첨단기술을 가진 탄탄한 중소기업 사장이랍니다."

만약 내 친구들의 입에서 이런 식의 대답이 나온다면 내 미래는 곧 참담해진다. 지금 아무리 잘나가도 곧 망하게 되어 있다. 사회적 지위로 자신의 존재를 확인하기 때문이다. 사회적 지위로 자신의 아이덴티티를 확인하게 되면, 그 사회적 지위를 지키려고 아등바등하게 되어 있다. 사회적 지위가 사라지는 순간 내 존재도 사라지기 때문이다.

그러니 '즐겁고 재미있는 삶'이 아니라 '참고 인내하는 삶'이 될 수밖에 없다. 내 삶의 주인이 더 이상 내가 될 수 없는, 이러한 삶의 방식에서는 어떠한 창의적 아이디어도 나올 수 없다. 모든 관계가 권력의 유무로 확인되는 삶의 방식에서는 사람의 마음을 움직이는 어떠한 리더십도 기대하기 어렵다. 그러니 곧 잘리고, 곧 망하게 되는 것이다.

내 존재는 내가 좋아하는 일, 재미있어하는 일로 확인되어야 한다. 내가 좋아하는 것으로 존재를 확인하게 되면 사회적 지위가 아무리 변하더라도 내 존재를 찾아 헤맬 일은 없다.

내가 좋아하는 것은 그 어떤 일이 되었든 상관없다. 새소리 듣는 일이든, 개미새끼 보는 일이든 상관없다. 나훈아의 노래가 되었든, 슈베르트의 가곡이 되었든 상관없다. 내가 헤맬 때, '나'와 '내가 아닌 것'이 구분되지 않아 헷갈릴 때, 내 면역시스템을 가동시켜 내 안의 항상성을 유지시킬 수 있다면 그 어떤 것이 되어도 상관없다. 남들에게 피해주지 않는 범위 내에서 내가 좋아하는 것을 찾아내야 한다. 그것이 바로 내 존재를 확인하는 비결이다.

한가함을 즐기는 것을 그리스어로 '스콜레scole'라고 한다. 이 스콜레라는 단어는 오늘날 서로 상반되는 단어로 발전했다. 한편으로는 여가를 의미하는 '레저leisure'로, 다른 한편으로는 '학교school'로 발전했다. 서로 상반되는 두 단어가 그 본질에 있어서는 동일하다는 이야기다.

학교나 여가나, 그 본질은 한가로움을 즐기는 동일한 심리적 과정이다. 한가로움을 즐기는 가장 좋은 방법은 공부라는 것을 그리스의 현인들은 이미 알고 있었다. 오늘날에도 마찬가지다. 가장 즐거운 일은 공부하는 일이다. 이 무슨 황당한 이야기냐고 하겠지만, 지금까지 우리는 왜곡된 공부만 했다. 그래서 공부가 재미없는 것이다.

학교는 자신이 정말 좋아하는 것을 찾아내고, 그것을 공부하는 곳이 되어야 한다. 그것이 진정한 의미의 학교다. 적어도 미국이나 유럽의 학교는 이런 교육학적 이념에 충실하려고 한다. 그러나 우리의 학교는 '남의 돈 따먹는 방법'을 가르치는 곳으로 전락했다. 어떻게 하면 좋은 대학 들어가, 높은 연봉을 받는 좋은 직장을 갈 수 있는가에 관해서만 관심 있을 뿐이다. 그러니 아무리 좋은 학교를 나오고, 좋은 직장을 다녀도 평생을 자신이 무엇을 좋아하는지 모르고 살아간다. 자신의 사회적 지위로 존재를 확인할 뿐, 자신이 정말로 좋아하는 것이 무엇인지 모른다. 그러다 보면 은퇴 이후 정말 황당해진다.

가장 훌륭한 노후대책은 자기가 좋아하는 것을 발견하고, 그것을 공부하는 일이다. 이제 우리는 웬만하면 90세까지 살 수 있다. 그러나 직장에서의 은퇴는 오래 버텨야 65세다. 보통 50대 후반이면 은퇴한다. 그럼 나머지 30년을 도대체 어떻게 살아야 한단 말인가. 은퇴한 후의 인생도 내 인생이다. 내 전체 인생의 1/3이나 된다. 그저 죽기만 기다리기에는 너무 귀하고 아까운 시간이다. 이 실존의 문제를 아주 적나라하게 시로 표현한 글을 동아일보의 한 칼럼(2008년 8월 14일)에서 읽은 적이 있다. '어느 95세 어른의 수기'라는 시다.

나는 젊었을 때
정말 열심히 일했습니다.

그 결과

나는 실력을 인정받았고 존경을 받았습니다.

그 덕에 63세 때 당당한 은퇴를 할 수 있었죠.

그런 지금 95번째 생일에

얼마나 후회의 눈물을 흘렸는지 모릅니다.

내 65년의 생애는 자랑스럽고 떳떳했지만,

이후 30년의 삶은

부끄럽고 후회되고 비통한 삶이었습니다.

나는 퇴직 후

이제 다 살았다. 남은 인생은 그냥 덤이다.

그런 생각으로 그저 고통 없이 죽기만을 기다렸습니다.

덧없고 희망이 없는 삶…

그런 삶을 무려 30년이나 살았습니다.

30년의 시간은

지금 내 나이 95세로 보면…

3분의 1에 해당하는 기나긴 시간입니다.

만일 내가 퇴직을 할 때

앞으로 30년을 더 살 수 있다고 생각했다면
난 정말 그렇게 살지는 않았을 것입니다.

그때 나 스스로가
늙었다고, 뭔가를 시작하기엔 늦었다고
생각했던 것이 큰 잘못이었습니다.

나는 지금 95세지만 정신이 또렷합니다.
앞으로 10년, 20년을 더 살지 모릅니다.
이제 나는
하고 싶었던 어학공부를 시작하려 합니다.
그 이유는 단 한 가지…

10년 후 맞이하게 될 105번째 생일날!
95세 때 왜 아무것도 시작하지 않았는지
후회하지 않기 위해서입니다.

　　내가 좋아하는 것을 발견하고 공부하는 것과 더불어, 내 안의 심
리적 상태를 끊임없이 성찰할 수 있어야 한다. 정말 행복하기 위해
서는 '쉬는 것'과 '노는 것'을 구별할 수 있어야 한다. 사람은 자신이
유지해야 하는 적정 각성수준이 있다. 적정 각성수준이라 함은 가장
상쾌하고 즐거운 기분이 유지되는 심리적 상태를 뜻한다. 아침에 커

피를 마시며 일정한 각성수준을 유지하는 것처럼, 우리가 편안함을 느끼는 일정한 심리적 각성수준이 있다.

적정 각성수준을 유지해야 하는 이유는 외부자극과의 적절한 긴장관계를 유지하며 내면의 항상성을 유지하기 위해서다. 만약 외부의 자극이 내가 즐거움을 느끼는 각성수준보다 높으면 스트레스를 받거나 불안해진다. 이때는 쉬어야 한다. 만약 외부의 자극이 너무 낮으면 지루하거나 심심해진다. 이때는 놀아야 한다.

쉰다는 것은 '내면의 나'와 대화하는 것을 의미한다. '휴식休想'이라는 한자가 그 의미를 아주 정확하게 보여준다. 휴식의 한자를 풀어보면 '사람人이 나무木에 기대어 스스로自의 마음心을 돌이켜보는 것'을 의미한다. 쉬는 것이란 이렇게 자신의 마음을 돌이켜보는 것이다.

내 안에는 내 사회적 역할에 따라 다양한 '나'가 존재한다. 남편, 아버지, 선배, 후배 등등. 이 다양한 나를 불러내 서로 이야기를 나누는 것이 쉬는 것이다.

이때 주의해야 할 일이 있다. 어떤 한 가지 '나'가 일방적으로 대화를 주도하거나 통제해서는 안 된다. 서로 다른 '나'가 느끼는 대로 이야기하도록 놔둬야 한다. 쉰다는 것은 이렇게 내 안에 숨겨진 '또 다른 나'를 찾아내는 것이다.

논다는 것은 내가 좋아하는 일에 몰입하는 것이다. 내가 정말 좋아하는 것에 푹 빠져 나 스스로를 망각하는 수준에까지 이르러야 정말 놀았다고 할 수 있다. 이렇게 내가 좋아하는 대상에 푹 빠져 시간을 보내고 나면 정말 영혼이 맑아지는 느낌이 든다. 잘 논다는 것은 이렇게 나를 망각하고, 말 그대로 정신없이 대상에 몰입하는 것이다. 쉬는 것과 노는 것은 이렇게 정반대의 과정이다. 쉬는 것과 노는 것의 적절한 조절을 통해 내면의 항상성이 제대로 유지될 수 있다.

우리는 쉰다면서 정신없이 논다. 2차, 3차로 이어지도록 마셔대고 흔들어댄다. 그러고는 이튿날, 어제 필름이 끊겼다고 한다. 땅바닥이 갑자기 일어나 자신의 이마를 받았다고 한다. 주말이 되면 가족들에게 충성한다며 차가 미어지는 고속도로를 낑낑대며 달린다. 사람들로 미어지는 놀이공원에서 짜증만 내다 돌아온다.

이런 식의 삶을 행복하다고 말할 수 있는 사람은 없다. 자신의 노후가 어떻게 될지 빤히 알면서도 또 그렇게 하루를 보낸다.

도대체 왜들 이러고 사는 것일까?

산 정상에 오르면
모두 멀리 본다

참 이상하다.

산 정상에 오르면 모두 멀리 본다.

넋 놓고 멀리 바라본다.

빨리 달리는 차 안에서도 멀리 봐야 한다.

그래야 멀미가 나지 않는다.

삶도 마찬가지다.

높을수록, 빠를수록, 멀리 봐야 한다.

만년설로 덮인 알프스의 눈 위에서

나 도 넋 을 놓 고 멍 하 니 멀 리 본 다 .

식욕, 성욕은
인간의 욕구가 아니다

당신은 도대체 왜 사는가?

"웬 황당한 질문이냐?" 반문할는지 모르겠다. 그러나 가끔은 이런 본질적인 질문을 던져봐야 한다. 도대체 왜들 사는가?

'왜 사냐건 웃지요' 하는 시詩가 있다. 그건 시에서나 하는 이야기다. 그냥 웃을 일이 절대 아니다. 삶의 목적을 분명하게 해야 한다.

우리는 행복하려고 산다.

문제는 사람마다 행복의 내용이 각기 다르다는 사실이다. 그래서 세상은 매번 그토록 복잡하고 난해한 것이다. 행복의 내용이 각기 다르다지만, 행복하면 나타나는 사람들의 신체적 반응은 한결같이 동일하다.

"이야~!" 하며 감탄한다. 행복하고 재미있고 즐거우면 사람은 자동적으로 "이야~!" 하는 행복한 신음소리를 내게 되어 있다.

그럼 삶의 목적을 다시 한번 정리해보자. 우리는 행복하려고 산다. 행복하면 감탄이 저절로 나온다. 줄여서 말하자. '우리는 감탄하려고 산다.' 감탄은 인간을 다른 동물과 구별 짓는 가장 중요한 특징이다. 어설픈 구라가 아니다. 인간 문명의 비밀은 바로 이 '감탄하기'에 있다.

감탄은 인간만의 욕구다. 식욕, 성욕은 인간의 욕구가 아니다. 개나 소나 다 가지고 있는 동물적 욕구다. 인간과 원숭이의 차이에 관해 수많은 주장이 있다. 누구는 인간만 도구를 사용한다고 했다. 틀렸다. 원숭이도 도구를 사용한다. 원숭이는 땅 속 개미를 잡기 위해 낚싯대를 사용한다. 그것도 한 번에 많은 개미를 끌어올리기 위해 혀와 이빨을 이용해 아주 정교한 낚싯대를 만든다.

뿐만 아니다. 원숭이는 사물의 복잡한 인과관계도 아주 정확히 이해한다. 국내에서도 다큐멘터리로 소개된 적이 있는 독일 라이프치히 대학교 막스플랑크 연구소의 실험 결과를 보면 침팬지는 자신의 행위와 사물의 인과관계에 관한 아주 정밀한 이론을 가지고 있다.

아주 좁고 가는 실험용 유리관 바닥에 땅콩을 넣고, 그 유리관을 벽에 고정시켜놓은 방에 침팬지를 집어넣는다. 침팬지는 손가락으로 시험관 안의 땅콩을 꺼내려고 애쓴다. 그러나 이내 쓸데없는 짓임을 알고 포기한다.

그러나 땅콩의 유혹을 어쩌지 못한다. 침팬지는 주위를 두리번거린다. 곧 방 한쪽의 물통을 발견한다. 그러나 물을 마실 수 있는 컵은 없다. 침팬지는 그 물통의 물을 입안 한가득 담는다. 그리고 유리관 안으로 물을 뱉는다. 몇 번이고 유리관과 물통을 왔다 갔다 하며 유리관 속을 물로 가득 채운다. 땅콩이 물에 떠올라 손가락에 닿자, 아주 간단히 집어올려 입에 넣고 의기양양하게 사라진다.

정말 놀라운 인지능력이다. 자신의 행위의 가역성과 비가역성에 관한 통찰로부터, 사물의 인과관계에 관한 정확한 표상이 있어야만 가능한 능력이다. 가끔은 사람도 하기 어려운 발상이다.

누구는 인간만 언어를 사용한다고도 했다. 아니다. 침팬지도 훈련시키면 언어를 사용할 줄 안다. 뿐만 아니라 자신만의 언어를 개발하기도 한다는 것을 수많은 연구는 보고하고 있다.

예를 들면 이런 식이다. 우선 침팬지는 물건 그림이 찍혀 있는 카드로 자신이 원하는 것을 표현하도록 훈련받는다. 조금 지나면 바나나 그림이 있는 카드를 이용해 '바나나를 달라'는 의사표현을 적극적으로 할 수 있게 된다. 카드를 통한 의사소통에서 자신의 단순한 욕구를 충족시킬 수 있게 된 침팬지는 자신의 어휘를 점점 넓혀가, '배고프다'와 같은 내면의 느낌까지도 표현할 정도로 발전하게 된다. 그러니까 인간만 언어를 사용할 수 있다는 주장은 틀렸다.

도구 사용, 언어 사용이 인간만의 능력이 아니라면 도대체 다른 포유류와 구별되는 인간문화는 어디서 기인하는 것일까?

심리학자들은 어머니와 아기의 상호작용에서 다른 포유류의 '어미-새끼'의 상호작용과는 다른 아주 중요한 메커니즘을 발견한다.

원숭이를 비롯한 모든 포유류의 새끼는 태어나자마자 자신의 몸을 스스로 가눈다. 태어난 지 채 몇 시간이 지나지 않아 스스로 움직이기 시작한다. 조금 지나면 어미의 젖을 스스로 찾아 먹는다.

그러나 인간의 아기는 미숙아로 태어난다. 꼼짝 못한다. 그저 목청을 키워 울 따름이다. 인간이 다른 포유류와 같이 성숙된 상태로 태어나려면, 어머니의 배 속에서 적어도 18개월은 있어야 한다. 그러나 그렇게 오래 어머니 태내에 있다 보면 태어나지도 못하고 다 죽게 된다. 뇌가 커져 바깥세상은 구경할 수도 없게 된다. 그래서 모든 어머니는 겨우 9개월을 꽉 채워 아기를 세상으로 밀어낸다.

모든 인간은 미숙아로 태어난다. 그래서 인간의 문명이 생긴 것이다.

스스로 어미의 젖을 찾아먹는 다른 포유류와는 달리, 갓 태어난 인간의 아기는 꼼짝 못한다. 잘 보이지도 않는 눈을 겨우 뜰 수 있을 따름이다. 이 미숙아를 인간의 어머니는 품에 안고 젖을 먹인다. 그러나 그냥 먹이지 않는다. 끊임없이 말을 건다. 그러나 아이는 아무런 반응이 없다. 그래도 어머니는 혼자 말을 걸고, 웃고, 만진다. 어느 순간부터 아기가 웃기 시작한다. 이때부터 어머니와 아기 사이에는 둘만의 아주 독특한 놀이가 시작된다. 정말 단순하기 그지없는 놀이가 하루 종일, 몇 달이 되도록 반복된다. 하루에 수백 번도 더 반복한다.

어머니-아기의 상호작용에 관한 분석이 내 박사학위 논문의 주제다. '도대체 인간 문명은 어떻게 시작되었는가?' 하는 거대한 주제를 나는 '어머니-아기'의 초기 상호작용에서 풀고자 했다.

15년 전, 베를린 자유대학의 지하 연구실에서 나는 단조롭기 그지없는 이 어머니-아기 놀이 장면만 수천 번도 더 봤다. 백인이 아기를 키우는 장면, 흑인이 아기를 키우는 장면, 한국 사람이 아기를 키우는 장면을 비디오로 녹화해, 적어도 3년은 들여다봤다. 미칠 것 같았다. 초 단위로 나눠 분석해보기도 했다. 그러나 흑인이나 백인이나 한국 사람이나 모두 똑같았다. 세상의 모든 어머니들은 하루 종일 "그랬어?", "어이구", "까꿍"과 같은 단순한 표정놀이를 한도 끝도 없이 반복할 뿐이다.

도대체 인간 문명의 기원은 어디인가?

몇 년이 지나도록 내 비디오 자료의 어머니들은 하루 종일 아이를 바라보며, 아이를 흉내 내며 감탄만 연발할 뿐이었다. 아, 그러나…. 바로 그거였다.

감탄! 인간의 어머니는 하루 종일 아이의 세밀한 변화에 '감탄'할 뿐이다. 그거다! 바로 이 감탄으로 비롯되는 다양한 정서적 상호작용이 원숭이를 비롯한 다른 포유류에게는 존재하지 않는다. 그래서 '엄마는 거짓말쟁이'가 되는 것이다.

아기를 처음 키우는 모든 가정에서 빠지지 않고 일어나는 일이다. 회사를 다녀오니 아기 엄마는 흥분하며 "오늘 아기가 걸었다"고 한다. 그러면 아빠는 기대에 가득 차 아기의 손을 잡고 걸어보라고 한다. 이런, 아기는 전혀 걷질 못한다. 어제와 다를 바 없다. 어색해진 아기 엄마는 머리를 긁적이며 되뇌인다.

"나하고 있었을 때는 분명히 걸었는데…."

그다음 날 아기 엄마는 아빠의 회사에 전화를 걸어 흥분한 목소리로 말한다. "오늘 우리 아기가 '엄마'라고 분명하게 말했다"고 한다. 그러고는 아기의 목소리를 들려준다며 수화기를 아기의 입에 댄다. 아빠는 "엄마 해봐, 엄마, 어엄~마!" 하며 애타게 아기의 '엄마' 소리를 듣고 싶어 한다. 그러나 수화기 건너에는 아기가 씩씩거리는 소리만 들릴 뿐이다. 그러다 엄마가 "야, 빨아 먹으면 안 돼!" 하며 갑자기 아기에게서 수화기를 뺏는다. 그러고는 말한다. "어, 조금 전에는 분명히 했는데…."

아기의 변화에 흥분한 엄마와 실망한 아빠의 툴툴거림은 첫아기를 가진 젊은 부부에게서 항상 일어나는 현상이다. 엄마를 아주 우스운 거짓말쟁이로 만든 아기는 그러나, 일주일이 지나면 걷기 시작한다. 일주일이 지나면 "엄마, 엄마!" 하고 말하기 시작한다. 일주일

전, 아기 엄마는 바로 그 변화의 징조를 보고 흥분했던 것이다. 아기의 아주 섬세한 변화가 일어나는 순간, 모든 엄마는 어쩔 줄 모르며 감탄한다.

"어머, 얘 봐, 얘 봐!"

나도 그랬다. 나도 직접 기저귀 갈고, 아내가 젖을 짜 냉장고에 넣어둔 것을 먹이며 그 초짜 엄마들의 흥분을 직접 겪어봤다.

첫아이를 낳자마자, 아내는 베를린 필하모니 합창단의 부지휘자로 일하게 되었다. 그러나 그 자리에서 일하려면 갓 태어난 아기를 두고 밤마다 일하러 나가야 한다. 모든 연주회는 밤에 있기 때문이다. 그렇다고 지도교수가 추천해준 최고의 일자리를 포기할 수는 없었다. 아무한테나 오지 않는 기회였다. 아무리 연습 지휘자라지만, 베를린 필하모니 아닌가!

나는 아내에게 그 일자리를 절대 포기하지 말라고 했다. 아기는 내가 보겠다고 했다. 당시만 해도 나는 남녀가 가사분담을 해야 한다고 생각했었다. 아기 양육에 아빠도 적극 협조해야 한다고 주장했다.

'그땐' 정말 그랬다!

낮에 내가 학교에서 공부할 동안 아내가 아기를 보고, 밤에는 아내가 베를린 필하모니로 출근하며 아기를 내게 맡겼다. 그러나 함부로 갓난아이를 보겠다고 해서는 절대 안 된다. 아내가 없는 저녁 내

내, 아기와 혼자 있는 일은 '상상'과는 전혀 달랐다. 혹시라도 아기가 아프기라도 하면, 이건 정말 환장할 지경이었다. 아기를 달래는 법이라고는 팔로 안아 흔들어주는 것밖에 모르니, 저녁 내내 아기를 안고 흔들어댈 뿐이었다. 팔이 빠지는 것 같았다.

잠시라도 내려놓으면 아기는 울고 또 울었다. 그 아기를 달래다 지쳐 나도 울었다. 아기가 불쌍해서 운 게 아니다. 정말 팔이 빠지도록 힘들어서, 너무 힘들어서 울었다. 참다못해 아기에게 소리를 질렀다. 놀란 아기는 더 크게 울었다. 나중에 보니 토한 젖이 귀로 들어가 염증이 생겨 그렇게 운 것이었다. 아, 난 그 고통스러운 아기에게 소리를 지르며 화를 낸 것이다. 그 갓난아이에게.

지금도 가끔 그 기억이 나면, 고등학교 다니는 큰아들 놈에게 속으로 참 많이 미안한 생각이 든다. 몇 해 전, 이 녀석이 사춘기를 지나며 우리를 그토록 힘들게 한 것도 그때 내가 아픈 녀석에게 마구 소리 질러서인 것 같다. 난 그렇게 생각한다.

젖은 또 왜 그렇게 자꾸 토하는지. 아기가 토한 젖을 바로 치우지 않으면 그 냄새가 장난이 아니다. 그 냄새를 피하려면 트림을 제때, 제대로 시켜줘야 했다. 트림을 시켜준다며 아기의 등을 정말 열심히 두드려댔다. 아기 등에 시퍼런 멍이 들어 있기도 했다. 놀란 아내에게 무지하게 혼났다.

그러나 지금 우리 큰놈이 수영을 잘하는 것은 그때 내가 세게 등을 두드려줬기 때문이다. 등 두드려주는 것과 폐활량이 무슨 상관이냐고 아내는 매번 황당한 표정을 짓는다. 그러나 난 그렇게 굳게 믿는다. 그렇게라도 내 고통스런 육아의 흔적을 확인하고픈 것이다.

매일 꼭 그렇게 힘든 것만은 아니었다. 나만 알게 되는 아기의 변화는 정말 엄청난 감동이었다. 나 이외에는 누구도 감지할 수 없는 아이의 작은 변화 하나하나가 그렇게 신기할 수 없었다. 그 이야기를 하고 싶어 아내가 집에 오는 시간이 어떻게나 기다려지던지. 아내가 오면, 다른 초짜 엄마들처럼 나도 흥분하여 신발도 채 벗지 않은 아내에게 그랬다.

"아기가 오늘 걸었어, 걸었다고!"

그러면서 현관문에 서 있는 아내 앞으로 아이를 세웠다. 아니, 이런. 세워놓은 아기는 이내 고꾸라졌다. 그리고 버둥대며 엄마 쪽으로 기어갈 뿐이었다.

'제길, 나하고 있을 때는 분명히 걸었는데….'

누구도 눈치채지 못하는 아기의 섬세한 변화를 눈치채고 감탄해주는 것. 바로 이것이 인간과 다른 포유류를 구별 짓는 가장 중요한 인간만의 상호작용이다. 인간의 어머니는 끊임없이 아기의 변화에 감탄하며 그 사소한 변화를 반복하게 만든다. 그래서 문화심리학자 비고츠키는 "인간의 모든 발달은 상호작용에서 먼저 나타나고 내면화되어 개인의 변화로 이어진다"고 주장했다.

'사람 간inter-individual'에서 '사람 내inner-individual'로의 전환이다. 그래서 인간의 모든 발달은 생물학적 발달이 아니라 '문화적 발달cultural development'인 것이다. 20세기 후반, 미국 심리학의 패러다임 전환을 이끌었던 제롬 브루너Jerome Bruner는 이러한 비고츠키의 이론을 건축물 옆에 세우는 '비계scaffolding'에 빗대어, '비계설정'이라는 교육학적 개념으로 번역하기도 했다.

진화의 과정이 조금만 달랐다면 원숭이도 얼마든지 인간 수준의 인지능력으로 발달할 수 있었다. 뒤늦은 인간의 조련으로도 인간 수준에 버금가는, 때에 따라서는 인간 수준을 훨씬 초월하는 인지능력을 보여준다. 그러나 원숭이의 어미에게 빠져 있는 것이 있다. 감탄이다.

인간의 어머니는 아이가 작은 변화를 보일 때마다 끊임없이 감탄하며 그 변화를 반복하게 만든다. 이를 또 다른 교육학적 용어로는 '유도학습guided learning' 혹은 '적극적 교육active teaching'이라고 한다. 이러한 학습의 과정은 인간에게만 존재한다.

한마디로 아기는 '엄마의 감탄'을 먹고 자란다. 전쟁고아를 데려다가 아무리 잘 먹이고 잘 입혀도, 이 아이들의 발달은 다른 아이들보다 훨씬 늦다. 전 세계적으로 이미 수없이 확증된 연구 결과다. 자신의 변화를 보고 감탄해주는 사람이 없기 때문이다. 엄마는 자신만이 알아차릴 수 있는 아기의 변화를 수없이 감탄하며, 이를 확 끌어올려 아기의 발달을 가능케 한다.

우리가 인간이 된 것은 엄마의 감탄을 받았기 때문이다. 그래서 인간은 끝없이 감탄해야만 한다. 죽을 때까지 누구로부터든 감탄을 받아야만 한다. 식욕, 성욕은 인간의 본질적 욕구가 아니다. 감탄이 인간의 본질적 욕구다. 그래서 인간 문명이 생긴 것이다.

지난 3일간 감탄한 기억이 있는가? 있다면 다행이다. 그러나 아무리 생각해도 감탄한 기억이 없는가? 그럼 먹고는 살았지만, 인간은 아니다. 다시 말하지만 식욕, 성욕은 인간의 욕구가 아니다. 동물의 욕구다. 인간의 욕구는 감탄하는 데 있다.

그러면 당신은 도대체 인간으로 살고 있는가?

우리는 감탄하려고 산다,
아닌가?

인간의 모든 행위 뒤에는 감탄의 욕구가 숨겨져 있다. 음악을 도대체 왜 작곡할까? 그림은 또 왜 그릴까? 먹고사는 것과 아무 상관없는 이런 종류의 다양한 인간의 행위는 도대체 왜 하게 된 것일까?

간단하다. 감탄하기 위해서다.

왜 여행을 가는가? 에펠탑을 '보러' 가는가? 아니다. 에펠탑을 보는 순간 모두 "와~!" 하며 그 꼭대기를 올려다본다. 에펠탑을 보러 가는 것이 아니란 이야기다. 에펠탑을 보고 '감탄하러' 가는 것이다.

여름이면 다들 바닷가로 휴가를 떠난다. 왜 바닷가로 가는가? 바다 '보러' 가는가? 아니다. 바다가 보이는 순간 모두들 한결같이 반응한다. "우와~!" 바다 보러 가는 것이 아니라는 이야기다. 바다 보고 '감탄하러' 가는 것이다.

산에 모두들 열심히 올라간다. 도대체 왜 산꼭대기에 오르는가? 누군가는 폼 잡고 이렇게 이야기했다. "산이 거기에 있기 때문에 산에 오른다"고. 또라이다. 왜 그렇게 산에 오르는지 자기도 모르기 때문에 그냥 그렇게 폼 잡고 이야기하는 거다.

산꼭대기까지 죽어라 오르는 이유는 건강을 위해서도 아니다. 그저 건강하려고 산을 오른다면 중간까지 왔다 갔다 하면 되지, 왜 그렇게 죽어라 하고 정상까지 올라가는가? 산에 오르는 이유는 산이 거기 있기 때문도 아니고, 건강을 위해서도 아니다. 감탄하기 위해서다.

산꼭대기에 올라 막혔던 숨을 토해내며 "우와~!" 하며 감탄하고 싶기 때문이다. 내가 어릴 때, 엄마가 날 보고 끝없이 반복해준 그 감탄이 그리워서다. 나이가 들수록 아무도 나를 보고 감탄해주지 않는다. 감탄할 일도 없다. 그래서 한국 남자들이 죽어라 골프장에 간다.

전 세계에서 한국 남자들만큼 골프에 미친 사람들이 없다. 전날 손바닥에 물집이 잡히도록 연습하고도 새벽 네 시면 벌떡벌떡 일어난다. 도대체 왜 그럴까? 왜 우리는 그토록 골프를 좋아하는 것일까? 앞서 설명한 스토리텔링의 힘도 있지만 또 한 가지, 골프장에 가면 '감탄'이 있기 때문이다.

드라이버 한 번 치고 나면 모두들 외친다. "나이샷!", "우와~!" 바로 그 맛이다. 그 감탄의 맛을 보고 싶어 몇 야드 더 나가는 드라이버가 나왔다면 바로 바꾼다. "나이샷!" 하는 그 소리를 듣고 싶어서. 그러나 사람 참 좋은 한일시멘트의 허기호 사장은 드라이버만 치고 나면 매번 소리 지른다. "뽀~올!" 놀란 캐디들까지 쫓아나가며 옆홀 사람들에게 다급하게 외친다. "뽀~올, 뽀~올!"

감탄 때문이다.

다른 곳에서는 아무도 나보고 감탄해주지 않는다. 그러나 골프장에서는 감탄이 된다. 그것도 네 시간, 다섯 시간 동안 계속된다. 그래서 골프에 그토록 미치는 것이다. 허나 그 다양한 삶과 문화의 영역을 제쳐두고 오직 산비탈 한구석에 모여서 자기들끼리만 감탄을 주고받는 것처럼 소외된 삶은 없다. 그래서 시간 나는 대로 음악회도 열심히 가야 하고, 미술관도 아내와 팔짱 끼고 가야 하고, 축구장과 야구장에 아이들 손잡고 가야 하는 것이다.

여자들이 오래 사는 이유 중 하나도 바로 이 '감탄' 때문이다. 찜질방에 가보면 안다. 옆자리 아줌마들의 수다가 하도 시끄러워, 들고 있는 책에 도무지 집중할 수 없다.

도대체 무슨 이야기를 하는지 들어보면, 이야기 내용은 별게 없다. 그저 "맞아, 맞아, 그래, 그래"만 반복할 뿐이다. 서로 돌아가며 그 소리만 2박 3일 한다. 2박 3일 내내 감탄만 하는 것이다. 이 집중적 감탄의 효과는 바로 수명 연장으로 나타난다. 그래서 나는 아내가 고등학교 동창들과 찜질방에 간다면 가능한 한 오래 놀다 오라고 한다. 유럽여행 가는 것보다 가격은 수십 배 싸고, 그 심리적 효과는 수백 배 높기 때문이다.

예술을 통한 가장 중요한 정서적 경험을 독일의 철학자 임마누엘 칸트Immanuel Kant는 '장엄함'이라고 했다.

입이 쩍 벌어지는 엄청난 자연의 풍광 앞에서, 폭풍우 치는 바다나 은하수 가득한 밤하늘을 보면서, 우리는 말로는 도무지 설명할 수 없는 그 벅찬 느낌을 그저 숨 막히도록 감탄할 뿐이다. 칸트는 바로 이 '숭고함' 혹은 '장엄함'의 경험이 인간이 추구하는 가장 궁극적 경험이라고 주장한다. 모든 예술, 종교의 목적은 바로 이 숭고함과 장엄함이라는 궁극적 경험을 추구하는 데 있다는 것이다.

칸트식 '장엄의 미학Ästhetik des Erhabenen'에는 현대심리학의 결정적 한계로 지적되는 '인지와 정서', 혹은 '감정과 이성'의 이분법이 존재하지 않는다. 우리의 인지적 능력으로는 개념화할 수 없는 이 초월적 영역은 숭고함이라는 미학적·정서적 경험을 통해 끊임없이 우리의 구체적 생활을 자극하고 변화시킨다. 숭고함의 경험을 통해 감정과 이성이 화해하게 된다는 것이 칸트 미학의 핵심이다.

감탄은 이 숭고함과 장엄함의 구체적 반응이다. 말로 형언할 수 없고 개념화할 수 없으나, 삶의 가장 궁극적 경험이 우리에게 와 닿는 유일한 통로가 바로 감탄이다. 그래서 인간의 모든 어머니는 자신의 아이를 감탄으로 양육한다. 감탄이 사라지는 순간, 더 이상 인간이 아니기 때문이다.

그러나 이 땅의 사내들은 나이가 들수록 이 감탄의 욕구를 채우지 못해 어쩔 줄 모른다. 아무도 자신을 보고 감탄해주지 않기 때문이다. 회사에 가면 감탄은커녕 책임만 늘어간다. 집에 오면 아내는 돈 이야기밖에 안 한다. 아이들은 클수록 내 곁에 오지 않는다. 아직 아이들이 어릴 때는 놀러 가자면 흥분해서 따라 나서고, 내가 조금 늦기만 해도 전화를 해, "아빠, 지금 어디야?" 했다. 그런 애들이 중학교, 고등학교에 들어가면서부터는 함께 놀러 가기는커녕, 얼굴 보기도 힘들다. 어쩌다 말을 걸어도 대답이 우물쭈물, 영 신통치 않다. 대화 자체가 불가능해지는 느낌이다. 어디서도 이 감탄의 욕구는 채워지질 않는다.

충족되지 않는 감탄의 욕구는 욕구좌절이 된다. 욕구좌절은 심리학적으로 뒤집어져 분노가 된다. 적개심이 되고 공격성이 된다. 모두들 '어디 한번 건들기만 해봐라' 하는 표정으로 거리를 헤맨다. 아, 그러나 이 아저씨들에게 감탄을 연발해주는 곳이 단 하나 있다. 룸살롱이다. 화려한 화장을 한 젊은 아가씨들은 밤마다 끝없이 외친다.

"어머, 오빠!", "오빠는 왜 이리 멋있어?"

이 싸구려 감탄에 환장한 사내들은 넥타이를 풀어헤친다. 지갑까지 풀어헤친다. 정말 슬픈 이야기 아닌가?

내 삶이 어려운 이유는 간단하다. 경제가 어려워서가 아니다. 정치가 개판이라서가 아니다. 이 감탄의 욕구를 채워줄 수 있는 문화적·예술적·종교적 체험이 부재하기 때문이다. 한국인들에게는 감탄이 존재하지 않는다. 서양 사람들은 '원더풀wonderful'이라는 단어가 아예 입에 붙어 있다. 가만히 살펴보라. 별일이 아니어도 '원더풀'을 끝없이 반복한다. 독일어로는 '분더바wunderbar'다. 정서적으로는 거칠고 한없이 무뚝뚝해 보이는 이 독일인들도 매일 '분더바'를 연발한다.

유학 시절, 아르바이트로 식당에서 음식 나르는 일을 한 적이 있다. 내가 음식을 식탁 위에 올려놓으면 독일 사람들은 이렇게 중얼거린다. "분더바!", "수퍼!", "아우스게짜이흐네트!"…. 자기 돈을 내고 받아먹는 음식조차 놀랍다고, 감동스럽다고 감탄하는 것이다.

일본 사람들도 감탄을 아주 잘한다. '스고이', '스바라시이'. 정말 별일 아닌데도 민망할 정도로 '스고이'를 연발한다. 세계 어디에서나 빠지지 않고 매일 반복하는 이 감탄사가 한국어에는 존재하지 않는다. 도대체 'wonderful!'이 한국말로 어떻게 번역될 수 있는가? 내가 억지로 번역해봤다. 이렇게 번역된다.

"오, 놀라워라!"

원래 우리나라에는 감탄사가 많았다. "지화자!", "니나노!", "얼쑤!" 등등. 100년 전만 하더라도 한국인들의 입에 매일같이 붙어 다니던 단어들이다. 그러나 이 수많은 감탄사들이 모두 사라졌다. 이젠 아무도 이런 감탄사를 사용하지 않는다. 심지어는 감탄사가 욕으로 변했다. 사람들은 맘에 안 드는 사람이 못마땅한 짓을 하면 그런다. "얼~씨구!"

그래도 인간이라면 감탄사가 있어야 한다. 한참을 생각해봤다. 아, 한국인들에게도 감탄사가 있긴 있다. 딱 하나다. 그런데 조금 이상하다. "죽인다!" 감탄사라고 기껏 하나 있는데, 그게 '죽인다!'다. 정말 죽이지 않는가?

내가 지금 행복한 삶을 살고 있는가의 기준은 아주 간단하다. 하루에 도대체 몇 번 감탄하는가다. 사회적 지위나 부의 여부와 관계없다. 내가 아무리 높은 지위에 있다 할지라도, 하루 종일 어떠한 감탄도 나오지 않는다면 그건 내 인생이 아니다. 바로 그만두는 게 정신건강에 좋다. 내가 아무리 돈을 많이 벌어도 그 돈으로 매개된 감탄이 없다면, 그 돈은 내 것이 아니다.

일정 수준의 돈은 필수적이다.

그러나 어떤 한도를 지나치게 되면 돈은 내게 더 이상 감탄을 주지 않는다. 걱정과 불안의 원인이 될 뿐이다. 그러니까 자신에게 필요한 일정 수준의 재산이 넘어가면, 다양한 방식의 기부를 생각하는 것이 정신건강에 좋다.

내 회사가 지금 잘 돌아가는가 안 돌아가는가의 기준 또한, 감탄의 유무에 있다.

가만히 의자에 앉아, 나와 일하는 직원들이 도대체 하루에 몇 번 감탄하는가를 살펴보라. 커피 자판기 앞에서, 혹은 점심식사 후, 사무실 책상에 앉으며 "와~!", "이야~!" 같은 감탄사를 연발한다면 그

회사는 성장할 수밖에 없다. 직원들의 정서적 자아실현이 이뤄지고 있다는 뜻이기 때문이다. 연봉이나 인센티브가 이 자연스럽고 자발적인 감탄을 가능케 하지 않는다. 아무리 월급을 많이 줘도 감탄은커녕 한탄만 나온다면, 그 회사는 5년 내에 망하게 되어 있다. 자발적 노동이 이뤄지지 않기 때문이다. 창의성은 자발적 노동에서 나온다.

내 가족이 행복한가 아닌가의 기준도 마찬가지다. 내 아내, 남편, 우리 아이들이 나와 있을 때 도대체 몇 번 감탄하는가가 행복의 척도다. "아빠, 우와~!", "이야~!"와 같은 감탄사가 우리 아이들의 입에서 끊이지 않고 나온다면 우리 가족은 정말 행복한 가족이다.

얼마 전, 캐나다 퀘벡에서 열린 국제학술회의에 참석하고 돌아올 때의 일이다. 아이들의 선물을 사느라 하루 종일 진눈깨비를 맞고 다녔다. 아이들이 좋아할 만한 것을 찾기가 쉽지 않았다.

저녁에 호텔에 돌아오니 열이 나고, 기침이 나고, 몸이 으슬으슬 떨려왔다. 침대 속에서 끙끙거리며 생각했다. '이토록 아이들의 선물에 집착하는 내 심리적 동기는 과연 무엇이란 말인가?'

감탄 때문이었다. 내가 아이들이 정말 좋아하는 것을 사다 주면 아이들은 어쩔 줄 몰라 하며 내 주위를 맴돌며 그런다. "아빠, 우와~!", "이야~!"

큰놈 걸로는 캐나다 단풍잎이 새겨져 있는 빨간 잠바를 샀다. 작은놈 건 새로 나온, 쥐똥만 한 포켓몬스터 자동차를 샀다. 아니나 다를까. 큰놈은 "아빠, 우와!"를 연발하며 거울 앞을 왔다 갔다 한다.

몇 날 며칠을 그 잠바를 입고 나가며 으스대며 내 어깨를 툭 친다.

"아빠, 죽이지!"

저녁에 돌아오면, 작은놈은 그 포켓몬스터 자동차를 가지고 놀며 계속 내 주위를 맴돈다. 내가 담요 깔아놓고 퍼팅연습이라도 할라치면, 골프공 사이로 자동차를 몰고 다니며 계속 방해한다. 그래도 하나도 싫지 않다. 아니, 너무 좋다. 그놈이 계속 "아빠, 이야~!" 하는 감탄사를 연발하기 때문이다.

행복하다. 이 작은 감탄을 맛보고 싶어, 나는 몸이 욱신거리는 것을 참으며 진눈깨비 내리는 퀘벡의 거리를 헤맸던 것이다.

부부관계도 마찬가지다. 우리 부부관계가 좋다면 내 아내, 내 남편이 나와 있을 때, 끊임없이 감탄해야 한다. "여보, 와~!", "당신, 이야~!" 그러나 이런 젠장, 감탄은커녕 서로 한탄만 한다.

"내 참, 어휴~."

아! 그래도 우리가 계속 함께 사는 이유는 감탄하고 감탄받고 싶어서다. 서로 살을 부대끼는 관계 속에서 그 작은 감탄을 얻고 싶어 가족을 꾸리는 것이다. 그래서 아무리 힘들어도 가족만큼은 지키고 싶은 것이다. 감탄하고 감탄받고 싶어서. 아닌가?

누가 나보다 더 분명하게 우리 삶의 목적을 설명할 수 있다면 나와 보라!

우리는 감탄하려 산다.

안단테 콘 모토

*Andante con moto, 느리게 그러나 활기차게

잘츠부르크 한 공원의 담장 위에서
책을 읽고 있는 처녀.
이 처녀는 내가 공원을
다 돌아보고 나갈 때까지 이러고 있었다.
아 주 확 실 한 ' 안 단 테 콘 모 토 '.

캠핑카를
사야 한다

요즘 자나 깨나 '캠핑카' 생각뿐이다.

이 책이 많이 팔려야 하는 이유도 캠핑카를 사기 위해서다. 차 안에서 잘 수도 있고, 음식을 해 먹을 수도 있고, 화장실까지 있는 캠핑카가 이젠 국내에서 제작 판매된다. 캠핑카 마니아들의 인터넷 동호회도 생기기 시작했다. 나이 오십이 넘으면 일주일에 2~3일은 캠핑카를 타고 밖으로 나가, 풍광이 아름다운 곳에 차를 세워놓고 핸드드립으로 커피를 끓이고, 음악을 들으며 책을 읽고 글 쓰는 것이 내 꿈이다.

내가 제일 행복해하는 것은 글 쓰는 일이다.

몇 년 전, 안식년을 맞아 일본에 가 있는 동안 글 쓰는 일이 내가 정말 좋아하는 것임을 발견했다. 그때까지 나는, 사람들을 만나고, 모임을 조직하고, 각종 프로젝트를 운영하는 것을 내가 좋아하고 잘하는 일이라고 생각했다. 움직이는 만큼 성과도 있었고, 사람들은 내가 조직을 운영하는 일에 재능이 있다고 여겼다.

그러나 어느 순간부터 밤에 자다가 수면무호흡증에 숨이 막혀 깨는 일이 생기기 시작했다. 다리가 저려 자다 일어나는 일도 자주 생겼다. 한번은 저린 다리를 풀려고 일어나다 침대에서 넘어져 발가락이 부러지는 일도 있었다. 몽땅 스트레스였다는 이야기다.

일본에서 고독하게 지내는 동안, 수면무호흡과 다리 저린 증상이 신기하게 사라졌다. 잡지에 연재하기 위해 글을 쓰고 사진을 찍는 것이 그렇게 행복할 수 없었다. 밤늦게 원고를 보내고 잠을 자면, 새벽에 바로 잠이 깨곤 했다. 내 글을 읽고 싶어서였다. 그때 나는 내글을 읽으며 "오, 신이시여! 정말 내가 이 글을 썼단 말인가요?" 했다. 남들의 평가와는 아무 상관없다. 남들은 심각한 자기망상의 '또라이'라고 하겠지만, 내 글에 감동하는 것이 그때부터 생긴 내 취미다(그때 쓴 글은《일본열광》이란 제목으로 출판되었다). 물론 억지로 글을 써야 할 때도 있다. 그렇게 쓴 글은 나도 재미없고 남들도 흥미 없어한다. 그러기에 가능한 한 내가 행복해하는 조건을 만들어, 즐겁게 글을 써야 한다. 캠핑카를 사야 하는 이유도 그 때문이다.

봄이면 꽃 피는 들판에, 여름이면 시원한 물이 흐르는 계곡에, 가을이면 단풍이 내려오는 산언저리에, 겨울이면 아무도 없는 바닷가에 캠핑카를 세워놓고, 음질 좋은 카오디오에 바흐와 슈베르트의 음악을 틀어놓고, 커피를 마시며 글을 쓰고 싶다. 그래야 내 아내도 더 이상 나를 귀찮아하지 않는다.

단순히 나만 재미있으려고 글을 쓰는 것은 물론 아니다. 나는 '재미'와 '행복'이라는 가치가 다양하게 구현되는 한국사회를 꿈꾼다. 문화다양성이란 재미가 다양한 사회를 의미한다. 요즘 '재미있어야 한다'는 주제의 강의를 자주 한다. 그러다 보니 가끔 사람들이 나를 어설픈 교수로 본다. 실력 없이 말재주만 가지고 버티는 허접한 교수 취급하기도 한다. 그러면 정말 열 받는다.

나는 제대로 공부한 문화심리학자다. 독일에서 학위 따는 일은 그리 만만한 일이 아니다. 박사학위를 취득한 후, 나는 베를린 자유대학 심리학과의 전임강사로 독일 학생들을 가르쳤다. 비고츠키, 피아제, 프로이트를 독일말로 가르쳤다는 이야기다. 이렇게 독일의 대학 강단에 서는 일 또한 아무나 할 수 있는 게 아니다. 그런 내가 한국에 돌아와 잘 놀아야 한다고 강의하고 다닌다. 사실 내 입으로 이런 말을 하기가 많이 촌스럽다. 허나 할 수 없다.

내 이야기가 그리 '간단한' 말장난이 아니라는 이야기다. 깊은 학문적 성찰의 결과란 뜻이다. 여전히 많은 이들이 '재미없는 삶'에 대한 내 문제제기를 진지하게 받아들이지 않는다. 아니, 자신의 문제로 받아들이고 싶지 않은 것이다. 자기 내면의 깊숙한 문제를 끄집어내 마주 대하는 것처럼 힘든 일은 없기 때문이다.

　재미있어야 한다. 재미없는 삶은 삶이 아니다. 그래서 이 책도 보다 많은 사람들에게 재미있게 읽혔으면 하는 마음이다.

　이 책이 나오기까지 '희생한' 사람들에게 감사하단 말을 빼먹으면 안 된다. 물론 제일 먼저 내 아내 김성은에게 감사한다. 둘이 안방에서 소곤거리며 해야 할 이야기를 온 동네에 떠들고 돌아다니는 이 철없는 남편을 가장 잘 이해하는 사람이다. 그래서 아내는 나를 "크리스털"이라고 부른다. 무슨 생각을 하는지, 표정만 보면 훤히 들여다보이기 때문이란다. 게다가 잘못 다루면 쉽게 깨지고, '기스'도 자주 나기 때문이란다. 나는 아내가 앞으로도 계속 날 아주 조심스럽고 부드럽게 다뤄주면 좋겠다. 난 교수이기 이전에 '섬세하고 여린 나름 예술가'이기 때문이다.

　이 책에 실명으로 등장하는 친구, 선배, 후배들에게도 감사한다. 그들의 폼 나는 사회적 지위나 명망을 망가뜨리는 이야기가 대부분이다. 그러나 사회적 가면 뒤에 숨겨진 얼굴이 진짜다. 나는 그들의 진짜 얼굴을 사랑한다. 'SERI CEO'라는 아주 '희한한' 무대를 만들어, 수많은 CEO들과 소통케 해준 삼성경제연구소의 강신장 전무께도 고마운 마음을 전하고 싶다. 또한 쉽지 않은 내 성격을 끝까지 인내해준 유경화 PD가 아니었으면 이 책은 이 세상에 나올 수 없었다. 유 PD는 예쁘면서 성격까지 좋다. 책은 절대 혼자 쓰는 게 아니다.

KI신서 5870

영원히 철들지 않는 남자들의 문화심리학
나는 아내와의 결혼을 후회한다

1판 1쇄 발행 2009년 6월 1일
2판 1쇄 발행 2015년 1월 5일
2판 8쇄 발행 2023년 1월 1일

글 ·그림 ·사진 김정운
펴낸이 김영곤 **펴낸곳** (주)북이십일 21세기북스
출판마케팅영업본부 본부장 민안기
출판영업팀 최명열 김다운
제작 이영민 권경민

출판등록 2000년 5월 6일 제406-2003-061호
주소 (10881) 경기도 파주시 회동길 201(문발동)
대표전화 031-955-2100 **팩스** 031-955-2151 **이메일** book21@book21.co.kr

(주)북이십일 경계를 허무는 콘텐츠 리더

21세기북스 채널에서 도서 정보와 다양한 영상자료, 이벤트를 만나세요!
페이스북 facebook.com/jiinpill21 **포스트** post.naver.com/21c_editors
인스타그램 instagram.com/jiinpill21 **홈페이지** www.book21.com
유튜브 www.youtube.com/book21pub
서울대 **가**지 않아도 들을 수 있는 **명강**의! 〈서가명강〉
유튜브, 네이버, 팟캐스트에서 '서가명강'을 검색해보세요!

© 김정운, 2015

ISBN 978-89-509-5759-9 03180
책값은 뒤표지에 있습니다.

이 책 내용의 일부 또는 전부를 재사용하려면 반드시 (주)북이십일의 동의를 얻어야 합니다.
잘못 만들어진 책은 구입하신 서점에서 교환해 드립니다.